Max Zweig

Dramen

LITERATUR

Max Zweig

Dramen 1

Max Zweig

Dramen

Der Abgrund – Medea in Prag
Die Entscheidung Lorenzo Morenos
Israel, was tun?

Mit einem Nachwort herausgegeben von
Eva Reichmann

LITERATUR

Verlag und Herausgeberin danken dem Bundesministerium für Wissenschaft, Verkehr und Kunst sowie dem Bundesministerium für auswärtige Angelegenheiten für die freundliche Unterstützung beim Zustandekommen dieses Bandes. Besonderer Dank gebührt der Witwe des Dichters, Frau Wilhelmine Bucherer-Zweig, für ihre Förderung.

Zweig, Max: Dramen
Hg. mit einem Nachwort von Eva Reichmann. (Zweig Gesammelte Werke 1)
1. Auflage 1997 | 2. überarb. Auflage 2010
ISBN 978-3-89621-238-2

© IGEL Verlag Literatur & Wissenschaft, Hamburg 2010
Alle Rechte vorbehalten.
Igel Verlag Literatur & Wissenschaft
ist ein Imprint der Diplomica Verlag GmbH
Hermmanstal 119 k, 22119 Hamburg ,www.igelverlag.com

Printed in Germany

Die Deutsche Bibliothek verzeichnet diesen Titel in der
Deutschen Nationalbibliografie.
Bibliografische Daten sind unter http://dnb.d-nb.de verfügbar

Inhalt

Der Abgrund 7
   Erster Akt 8
   Zweiter Akt 29
   Dritter Akt 47

Medea in Prag 59
   Erster Akt 60
   Zweiter Akt 76
   Dritter Akt 89
   Vierter Akt 109
   Fünfter Akt 121

Die Entscheidung Lorenzo Morenos 129
   Erster Akt 130
   Zweiter Akt 142
   Dritter Akt 158
   Vierter Akt 175

Israel! Was tun? 187

Nachwort 211

Der Abgrund

Schauspiel in drei Akten

Personen:

CÄCILIE ACKERMANN, Witwe des Arztes Prof. Ackermann
ANDREAS, ihr Sohn, Doktor der Chemie
AGNES, ihre Tochter, früher Lehrerin an einem Lyzeum
DR. STEPHAN STRAUB, Agnes' Verlobter, Ministerialbeamter
DR. VALENTINER, Arzt
PATER GREGORIUS GESSNER

Die Handlung spielt in Wien, um das Jahr 1930

Erster Akt

Ein bürgerliches Wohnzimmer in einem westlichen Außenbezirk Wiens. Eine Mitteltür; zu beiden Seiten je eine Tür, von denen die links in den Flur führt. Das Zimmer zeigt Reste früheren Wohlstandes. Es ist ein schöner, sonniger Oktobernachmittag.

AGNES: *kommt aus der Mitteltür und geht durch das Zimmer, auf einer Schüssel Verbandzeug tragend. Sie ist 26 Jahre alt, sieht aber älter aus; unter einer Pflegerinnenschürze ist sie grau und streng, beinahe klösterlich, gekleidet. Andreas, 30 Jahre alt, tritt durch die Eingangstür links ein. Agnes erschrickt, so daß sie die Schüssel beinahe fallen läßt, und schreit auf:* Andreas! Du sollst doch nicht - Du sollst immer läuten, bevor du hereinkommst!

ANDREAS: Entschuldige! Ich war in Gedanken -

AGNES: Du sollst mich nicht in diesem Aufzug - *Da Andreas zu der Tür geht, durch die sie eingetreten ist:* Du kannst jetzt nicht zu Mama! Doktor Valentiner ist drin.

ANDREAS: *erschrocken* Geht's schlimmer?

AGNES: Es ist immer das Gleiche. Ich tu nur das Verbandzeug weg! *Sie geht rechts hinaus, die Tür hinter sich offenlassend.*

ANDREAS: Ich öffne indes die Fenster, ja? *Er öffnet die Fenster. Darauf geht er nervös rauchend auf und ab.* Agnes! Was treibst du?

AGNES: *Von draußen* Ich wasche mich nur! *Man hört aus dem rechten Nebenraum das Plätschern von Wasser und das Geräusch eines sich Waschenden.*

ANDREAS: Mach rasch! Ich muß gleich wieder weg!

AGNES: *wieder eintretend, etwas enttäuscht* Gleich? Mußt du wirklich - *Sie sieht an sich hinab.* Wie sehe ich aus? Voll Blut und Schmutz! *Sie eilt wieder rechts hinaus und man hört von neuem die Geräusche eines sich Waschenden.*

ANDREAS: Wäschst du dich schon wieder?

AGNES: *Von draußen* Ich bin ja ganz besudelt, von oben bis unten! *Nach einer Weile kommt sie zurück, ohne die Pflegerinnenschürze.* Jetzt kannst du mich umarmen, ohne Widerwillen! *Er umarmt sie kurz. Sie löst sich anscheinend zögernd aus seinen Armen.* Valentiner nimmt die monatliche Generaluntersuchung vor. Wenn sich nur nicht ein neuer Herd gebildet hat.
ANDREAS: Hat er etwas gesagt?
AGNES: Nein. Aber er macht das Gesicht, das ich so fürchte, wenn er die Lippen ganz streng zusammenpreßt.
ANDREAS: Gott behüte! *Nachdem er eine Weile auf und ab gegangen ist.* Und ich bin so froh hergeeilt, um euch eine gute Nachricht zu bringen! Heute früh läßt Direktor Hilgenrein mich rufen und teilt mir mit, daß er mir eine andre, verantwortungsvollere Tätigkeit zuteilen will. Ich vermute, daß Abel zu meinen Gunsten interveniert hat. Kurzum, er fragte mich, ob ich bereit bin, die Einrichtung neuer Laboratorien zu übernehmen, in der Provinz, und später im Ausland.
AGNES: *zögernd* Außerhalb Wiens?
ANDREAS: Du hörst doch, in der Provinz! Ich würde ein höheres Gehalt beziehen, außerdem Zulagen und Spesenersatz. Ich könnte euch dann eine bedeutend größere Summe zukommen lassen.
AGNES: Das wäre schon sehr schön. Nur: hier bist du immer noch in Verbindung mit der Universität. Du kannst bei Professor Abel arbeiten, deine Forschungen weiter betreiben, wenigstens in deiner freien Zeit. Das würde aufhören, wenn du nicht mehr in Wien wärst.
ANDREAS: *etwas unwillig* Gewiß, es würde aufhören! Es muß zurückstehen. Solange Mama krank ist, muß alles zurückstehen. Und dann, meine Arbeiten haben mich in letzter Zeit nicht befriedigt. Sie taugen nichts -
AGNES: *eifrig* Das ist unmöglich! Ich glaube es nicht! Ich glaube nur, daß du gegen dich zu streng bist. Überlege, das hieße doch: auf deine wissenschaftliche Laufbahn verzichten, vielleicht endgültig -

ANDREAS: Es ist überlegt! Ich denke, die kleine Aufbesserung kann euch nur nützlich sein. Und ich selbst, ich werde glücklich sein, wenn ich von dieser scheußlichen Fabriksarbeit befreit bin, dieser Tretmühle, mit ihren aufreibenden Nachtdiensten -
AGNES: Therese wird auch nicht zustimmen, daß du von Wien weggehst. Ich will nicht, daß du für uns dieses neue Opfer bringst! Was du auch sagst: es ist ein neues, schweres Opfer -
ANDREAS: *barsch* Keine Diskussionen, bitte! Ich bin entschlossen, den Antrag anzunehmen!
AGNES: *wider Willen ausbrechend* Dann: Gott sei Dank! Ich habe schon nicht mehr ein noch aus gewußt!
ANDREAS: Was soll das heißen, Agnes?
AGNES: Für mich selbst brauche ich nichts; das mußt du mir glauben! Aber Mamas Krankheit kostet viel, die Medizinen, die Delikatessen, die Wäsche: das alles kostet viel! Ich lebe schon in einer schrecklichen Angst, daß ich werde Schulden machen müssen - und Schulden sind mir in den Tod verhaßt -
ANDREAS: Ich hoffe, du hast keine gemacht?
AGNES: Noch nicht! Ich kann ja nur wenig verdienen. Mama läßt mir keine Zeit dazu. Privatstunden werden elend bezahlt, und Übersetzungen sind kaum aufzutreiben.
ANDREAS: Warum hast du nie darüber gesprochen?
AGNES: Warum sollte ich dich noch mehr belasten? Du hast getan, was nur möglich war, fast alles hergegeben -
ANDREAS: Ja, fast! Ich habe zurückbehalten -
AGNES: *eifrig* Nur das Allernotwendigste! Die Kleinigkeit für Bücher und Instrumente, die du unbedingt für deine Arbeit brauchst -
ANDREAS: Für Bücher! Für Zigaretten! Für Geschenke, die ich Therese gemacht habe! Für dies und das! Du hast nichts zurückbehalten, nicht einmal für ein neues Kleid, *er schaut auf ihr Kleid* das du dringend nötig hast.
AGNES: Was, ich? Ich mache mir ja die bittersten Vorwürfe, daß ich dir die Opfer nicht ersparen konnte -

ANDREAS: Ich nehme Hilgenreins Antrag an. Wenn ich noch gezweifelt habe, ich bin jetzt fest entschlossen!
AGNES: *erschrocken* So bist du's noch nicht gewesen? Und erst durch mein Geschwätz -
ANDREAS: *geht auf und ab, bleibt vor Agnes stehen* Wie lang hast du schon keinen richtigen Spaziergang gemacht?
AGNES: Ach, was brauche ich das?
ANDREAS: Du bist blaß. Du gefällst mir nicht, Agnes.
AGNES: *nähert sich ihm schüchtern* Und du bist mir nicht bös?
ANDREAS: Warum sollte ich dir bös -
AGNES: Weil ich unfähig bin! Weil ich, trotz meines brennenden Wunsches, dir die Sorgen abzunehmen, dich ausplündere -
ANDREAS: Bist du verrückt? An mir wäre es, vor dir schamrot zu werden.
AGNES: *von einer dunklen Röte übergossen, unterbricht ihn schnell* Wenn du mit Mama sprichst, sei nur vorsichtig! Je länger sie krank ist, desto durchdringender wird ihr Blick. Sie beobachtet alles, bemerkt alles. Es ist unheimlich, wie sie manchmal meine Gedanken errät; sogar jene, die ich nicht zu denken wage -
ANDREAS: Valentiner braucht lang. Ich habe Nachtdienst, ich muß gleich weg. *Nach einer Pause:* Morgen habe ich dienstfreien Sonntag. Ich löse dich ab, und du gehst aus.
AGNES: Unmöglich, Andreas. Wenn du frei bist, mußt du dich Therese widmen.
ANDREAS: Immer nur an andre denken! Verabrede dich mit Stephan! Ich bleibe bei Mama.
AGNES: Und wenn sie in meiner Abwesenheit einen Anfall bekommt?
ANDREAS: Ich werde das Kunststück schon zustandebringen, ihr ein paar Tropfen zu geben.
AGNES: Du weißt nicht, wie entsetzlich die Anfälle manchmal sind. Du mit deinem weichen Herzen! Du würdest ganz den Kopf verlieren!
Valentiner kommt von der Mitte.
VALENTINER: Guten Tag, Andreas!

ANDREAS: Guten Tag, Doktor Valentiner! Wie steht's? Schlimmer?
VALENTINER: Nei - ein! Es ist durchaus keine unmittelbare Gefahr. Aber besser auch nicht; nein, besser gewiß nicht.
ANDREAS: Hat sich ein neuer Herd gebildet?
VALENTINER: *ihn über die Brille hinweg ansehend* Nei-ein. Ein neuer Herd hat sich nicht gebildet. Auch ohne neuen Herd sieht's nicht schön aus.
AGNES: Ich gehe Mama den Verband machen. *Ab.*
ANDREAS: Sprechen Sie offen, Doktor!
VALENTINER: Wie gesagt, es ist keine drohende Gefahr. Das Schlimmere ist, daß eine Rettung absolut unmöglich ist, die Krankheit sich aber noch lange hinschleppen kann. Die Zerstörung geht, wie Sie wissen, langsam von statten, und sie ist von fürchterlichen Schmerzen begleitet und von grausamen Qualen für die Patientin und ihre Umgebung.
ANDREAS: Also - Mama kann noch lang bei uns bleiben?
VALENTINER: Wie lang es dauern kann? Schwer zu prophezeien! Es kann Monate dauern, ein Jahr. Auch noch länger, bei Kranken, die sorgsame Pflege haben und ein kräftiges Herz. Und Ihre Mutter genießt eine mustergültige Pflege und hat - leider! - ein bewunderungswürdig kräftiges Herz.
ANDREAS: Gott sei Dank! Wenn sie uns nur noch lang erhalten bleibt!
VALENTINER: Das sagen Sie so leichthin! Ich hingegen - wir sind Männer unter uns! - in solchen hoffnungslosen Fällen bedaure ich, daß es uns verboten ist, anders zu handeln. Nur ein paar Tropfen eingeben: und so eine Unglückliche würde schmerzlos hinüberschlummern. Es wäre eine gute, tapfere Tat, das lange, schwere Elend, das so einer Unglücklichen unvermeidlich bevorsteht, abzukürzen. Aber wir wagen es nicht, gut und tapfer zu sein auf eigene Verantwortung.
AGNES: *tritt ein* Geh jetzt zu Mama! Aber sei vorsichtig! *Andreas ab.*

VALENTINER: Nun zu Ihnen, liebe Agnes! Schauen Sie einmal hinauf! *Er stülpt ihr das untere Augenlid um.* Blutarm. Hochgradig nervös. Daß wir nur nicht bald zwei Patientinnen im Haus haben!
AGNES: Bitte, lieber Doktor! Machen Sie sich um mich keine Sorgen!
VALENTINER: Es ist aber meine Pflicht, mir um Sie Sorgen zu machen. Sie brauchen frische Luft, kräftige Kost, gesunden Nachtschlaf. Sonst bekommen Sie mir eines Tages den schönsten Kollaps! Geben Sie Ihre Mutter endlich ins Krankenhaus!
AGNES: Darüber wird nicht disputiert! Das wissen Sie.
VALENTINER: Ich warne Sie nochmals. Solche Kranke gehören ins Krankenhaus. Um ihretwillen und um der andern willen!
AGNES: Mama hat in dieser Wohnung über dreißig Jahre gelebt. Andreas und ich sind hier geboren. Vater ist hier gestorben. Jedes Möbelstück hier, jeder Teppich und Vorhang ist für Mama ein vertrauter Teil ihres Lebens. Was hat sie noch von der weiten Welt, als daß sie in ihrem Eigenen leben darf? Sie soll auch in ihrem Eigenen sterben!
VALENTINER: Ich habe Sie gewarnt. Nun, wie Sie wollen! *Sachlich:* Behandlung bleibt die gleiche. Häufig die Lage der Kranken verändern. Sie kann noch aus dem Bett auf den Rollstuhl klettern?
AGNES: Es geht, mit vereinten Kräften. Sie sitzt dann gern in der Sonne, und wir machen, was wir unsere Promenaden nennen. Das heißt, ich stehe am Fenster und beschreibe, was auf der Straße vorgeht, oder was ich bei meinem letzten Ausgang gesehen habe, und Mama erlebt eifrig alles mit, mit ihrer lebhaften Phantasie.
VALENTINER: Schön, sehr schön, eine glückliche Phantasie hilft über viele Leiden hinweg. Gegen die Schmerzen geben Sie weiter die braunen Tropfen! Immer nur zehn, höchstens fünfzehn. Sie wissen, daß mehr von gefährlichster Wirkung sein könnten. Die alten Tropfen müssen bald aufgebraucht sein; ich habe ein neues Fläschchen gleich mitgebracht. *Er überreicht es ihr; sie stellt es auf ein Wandbrett.*
AGNES: Sie denken auch an alles. Sie sind ein so lieber Freund -

VALENTINER: *weich* Mein Kind, wollen Sie nicht den Rat eines solchen Freundes -
AGNES: *wie in Verzweiflung* Tun Sie das Menschenmögliche, Mamas Leben zu verlängern! Jeder Tag, den sie bei mir ist, ist mir das gnädigste Geschenk des Himmels!
VALENTINER: *streichelt ihr leicht das Haar* Gott mit Ihnen! Daß Ihre Selbstaufopferung Ihnen nur nicht zum Verhängnis wird -
AGNES: Sie sind so gut. Alle sind so gut zu mir - und ich, ich bin so wenig wert! Ach, da heule ich schon wieder los! *Sie geht schnell hinaus.*
ANDREAS: *tritt ein* Mama ist sehr munter. Ich bin glücklich, daß sie keine Ahnung von ihrem Zustand hat. - Gehen Sie mit, Doktor? Ich soll noch im Vorbeigehen Pater Gregorius bitten, Mama zu besuchen. *Man hört rechts Wassergeplätscher.* Wäschst du dich wieder, Agnes?
VALENTINER: Adieu, Fräulein Agnes!
ANDREAS: Auf Wiedersehen morgen!
AGNES: *kommt eilig, noch naß, herein* Du gehst schon? *Sie gibt ihm einen Kuß. Darauf unsicher:* Wenn du erst den neuen Posten hast, dann... dann kommst du wohl gar nicht mehr nach Wien?
ANDREAS: Was fällt dir ein? An jedem freien Sonntag schaue ich nach euch.
AGNES: Ich werde hier schon allein mit allem fertig werden! *Die beiden ab. Sowie Agnes allein ist, verändert sich ihre Haltung. Sie fährt sich müde und wie verzweifelt durchs Haar und seufzt schwer auf:* Allein also! Allein! *Sie geht in der Mitte ab. Nach einer Weile läutet es. Agnes öffnet. Sie und Stephan kommen von links.*
AGNES: Ich habe es dir untersagt, Stephan! Ich will nicht, daß du herkommst -
STEPHAN: Sei nicht bös! Nur heute, ausnahmsweise, weil heut doch eine Art Festtag ist -
AGNES: Ich verstehe nicht -
STEPHAN: Es sind heut genau sieben Jahre, seit wir uns kennengelernt haben, damals in der Oper, auf der Galerie. Das hast du

vergessen. Heut wird der „Tristan" gespielt, grade wie damals. Ich habe uns Karten besorgt - *Er reicht ihr eine Opernkarte.*
AGNES: *verlegen* Das ist lieb von dir, wirklich sehr lieb. Nur... ich weiß nicht... ich kann Mama nicht lang allein lassen -
STEPHAN: Ich werde sie darum bitten. Warum nicht? Seit einigen Monaten läßt du mich nicht mehr zu ihr -
AGNES: Es geht nicht. Sie ist nicht... sie will niemand empfangen. Ich werde zum „Tristan" kommen, für einen Akt oder für zwei.
STEPHAN: Ich hatte gehofft, endlich wieder einen Abend mit dir zu verbringen. Das ist keine vermessene Forderung, habe ich gedacht, nach sieben Jahren.
AGNES: Ich möchte ja selbst gern - wirklich, ich kann nicht! *Nach einer Weile:* Du armer Kerl! Wenn du nur nicht sieben Jahre um Rahel gefreit hast, und am Ende eine Lea bekommen!
STEPHAN: Wie meinst du: eine Lea?
AGNES: Nun, Lea war schon ältlich, unhübsch, griesgrämig -
STEPHAN: Immer solche Anspielungen! - Es ist nicht meine Schuld, daß die sieben Jahre so vergangen sind. Am Anfang wolltest du erst unbedingt die Universität absolvieren. Als du sie absolviert hattest, wolltest du ein Jahr unterrichten. Und als das Jahr zu Ende war, erkrankte Mama. Dann erklärtest du: erst wenn sie gesund ist!
AGNES: Das erkläre ich noch: wenn sie gesund ist!
STEPHAN: Sie wird aber nicht gesund; du siehst es. *Zögernd:* Kannst du dich noch immer nicht entschließen, sie ins Krankenhaus -
AGNES: Nie! Solange ich die Kraft habe, meine Pflicht zu tun: nie!
STEPHAN: Ich will dich ja nicht drängen, Agnes. Aber - wehrst du dich auch jetzt noch dagegen, eine Pflegerin zu nehmen?
AGNES: *fast wild* Mama gehört mir! Niemand soll sie mir wegnehmen! *Sanfter:* Sie will keine Fremde im Haus dulden.
STEPHAN: Eine Pflegerin wäre doch ein Segen für alle. Weshalb schlägst du es so hartnäckig aus, daß jemand dir bei der Pflege hilft?
AGNES: Habe ich es dir noch nicht gesagt? Ich glaubte, du wüßtest es. Ich war fünfzehn Jahre alt, als ich an Scharlach erkrankte. Ich

war ein hochaufgeschossenes, mageres Ding, ich kam mir häßlich und widerwärtig vor. Mama war damals noch eine schöne Frau, bezaubernd, voll Anmut. Du weißt nicht, wie so ein halbwüchsiges Mädel empfindet, ich war sehr stolz auf meine schöne Mama, zugleich eifersüchtig und, uneingestanden, neidisch. Als ich am Scharlach erkrankte, litt ich schreckliche Angst: ich hatte etwas von Aussatz gelesen, und ich bildete mir heimlich ein, nun für mein ganzes Leben verunstaltet zu sein, und so etwas wie eine Ausgestoßene. Mama muß meine Empfindungen geahnt haben; denn als sie mir einmal die Wäsche wechselte, beugte sie sich und küßte die Schuppen auf meiner Brust. Ich habe erst später gehört, wie ansteckend Scharlach ist, und um wieviel gefährlicher bei Erwachsenen. Damals habe ich erfahren, was Liebe ist.

STEPHAN: Damals hast du dir vorgenommen, ihr mit gleicher Liebe heimzuzahlen. Und was du dir vorgenommen hast, hast du gehalten. Warum aber bemühst du dich, deine schwere Lage noch zu erschweren? Weshalb zu allem noch diese anstrengenden Privatstunden?

AGNES: *schroff* Wir haben kein Geld! Du weißt es.

STEPHAN: Aber ich habe Geld! Die Zinsen meines Erbteils, die auf der Bank liegen, würden hinreichen, dich mit ein wenig Luxus zu umgeben-

AGNES: Ich lasse mich nicht kaufen!

STEPHAN: Kaufen! Was du für Ausdrücke hast! Du könntest deine freie Zeit mit mir verbringen. Andreas müßte nicht in der Fabrik roboten; er könnte sich wieder seiner Krebsforschung widmen -

AGNES: Das ist häßlich! Es ist abscheulich von dir, daß du mich an meiner schwächsten Stelle angreifst -

STEPHAN: *traurig* Alles schlägst du mir ab. Nicht das kleinste liebe gestattest du mir, dir zu tun. - Das ist früher nicht so gewesen. Früher warst du ein heiteres Wesen; du scherztest gern, du lachtest und küßtest gern -

AGNES: Das ist nicht wahr!

STEPHAN: Doch, du tanztest und küßtest. Du warst ein freier, offener Mensch. Jetzt bist du immer verschlossen; wie - wie soll ich sagen? - wie von unsichtbaren Ketten gefesselt; du hast dich in ein eisernes Mieder eingeschnürt, als würdest du sonst mitten entzwei brechen; und streckst jedem starre Stacheln entgegen, als müßtest du eine geheime Wunde schützen.

AGNES: Charmant! Ich möchte nur wissen, was dich an einer solchen Frau noch reizen kann.

STEPHAN: Du verstehst mich nicht. Du verstehst nicht, daß ich aus tiefer Sorge spreche. *Heftig:* Ich kann so nicht weiterleben, Agnes - *Er unterbricht sich und sieht sich um:* Was war das? Hat jemand gestöhnt?

AGNES: Ich habe nichts gehört.

STEPHAN: Es war ein deutliches, schmerzliches Stöhnen. - Ich habe sieben Jahre gewartet. Ich habe dich lieb, wie am ersten Tag, nein, mehr und tiefer; denn es ist eine wunde Liebe geworden. Aber ich bin am Ende meiner Kraft. - Wer ächzt denn da so jämmerlich?

AGNES: *heftig* Niemand! Niemand!

STEPHAN: Wir müssen zu einem Entschluß kommen. - - Es schreit! Gequält! Wie in Verzweiflung! Schreit... sie so?

AGNES: Sie! *Sie eilt hinaus, die Mitteltür hinter sich offenlassend.*

STEPHAN: *verstört* Darum sollte ich nicht herkommen! Darum: um nicht Zeuge dieses Jammers zu sein. *Er geht ruhelos herum, nach der Tür schauend, hinter der schmerzliches Stöhnen, das sich zum Schreien steigert, zu hören ist. Nach einer Weile bricht es ab, und Agnes kommt zurück.*

AGNES: Ein kurzer Anfall. Es ist schon vorbei.

STEPHAN: Schreit... sie immer so? So qualvoll, daß man hinter zwei Türen zusammenfährt?

AGNES: Nur wenn die Anfälle unerträglich sind.

STEPHAN: So also lebst du! Und ich sollte nicht erfahren, wie elend du hier lebst, zusammen mit dieser furchtbaren Krankheit! Ich würde es nicht aushalten -

AGNES: Man gewöhnt sich. Man gewöhnt sich, wenn man lieb hat.

STEPHAN: Daran nicht! Ich wollte dir sagen: heiraten wir, Agnes -

AGNES: *glutrot* Heiraten? Das wolltest du? Und ich habe geglaubt, du willst mich... nur noch so...
STEPHAN: Wie konntest du nur? Heiraten wir schnell! Wir nehmen Mama zu uns. Leben wir drei zusammen, wenn es unvermeidlich ist -
AGNES: Da würde ich dich sehr wenig lieb haben, wenn ich eine solche Mitgift einbringen wollte! Aber du hast mich sehr gerührt! Ich bin gerührt, über deinen Antrag, und die Oper, und die sieben Jahre, und über alles! Glaub es mir, und daß ich nicht undankbar bin -
STEPHAN: Ich kann aber nicht länger warten. Du mußt dich aber entscheiden -
AGNES: Morgen, Stephan! Geh´ jetzt! Ich werde trachten, bis zum Ende des „Tristan" zu bleiben. Ich danke dir. Du hast mir wirklich einen Festtag geschenkt.
Sie drängt ihn hinaus. Die Bühne bleibt eine Weile leer. Dann schiebt Agnes ihre Mutter im Rollstuhl herein.
AGNES: Fühlst du dich wirklich wieder wohler, Mama?
CÄCILIE: Ganz wohl. Der Anfall ist schnell vorübergegangen. Du kannst ruhig in die Oper gehen.
AGNES: Ich bin nicht ruhig. Ich weiß nicht - es liegt mir etwas schwer auf dem Herzen.
CÄCILIE: Weil du immer zu Haus hockst. Willst du mir eine Freude machen? Dann vergiß mich heut und bleib recht lang mit Stephan zusammen! Nun geh, mein Kind, geh!
AGNES: Ich gehe nicht gern. *Sie zögert; dann:* Wollen wir nicht vorher eine Promenade machen?
CÄCILIE: *eifrig* Ja, machen wir heut einen langen Marsch! Über den Sommerheidenweg zur Rohrerwiese! *Agnes rückt den Stuhl ans Fenster.* Wie warm der Tag ist!
AGNES: *steht am Fenster* Der Himmel ist ganz blau und ganz hoch. Die Luft schmeckt nach würziger Herbheit; merkst du es, wie sie nach Herbst schmeckt?
CÄCILIE: Ein wenig berauschend schmeckt sie, wie junger Wein. Und die vielen Menschen auf der Straße!

AGNES: Es ist Samstag nachmittag. Die jungen Mädchen sind hell gekleidet, wie im Frühling. Auf der Bank am Straßenende sitzen ein paar alte Männer, machen sich breit in der Sonne, und blinzeln.

CÄCILIE: Guten Tag, ihr Lieben, guten Tag! - Führ mich weiter! Hier ist das Gymnasium. Der Rasen im Gymnasiumsgarten ist schon dicht bedeckt von abgefallenem Laub.

AGNES: Aber die Buchen haben noch ihre rot flammenden Blätter. Die Eichen haben ihre rostbraunen, und die Birken leuchten in zartem goldenen Grün, und rascheln im Wind.

CÄCILIE: Wie schön! Wie schön! Sind wir nicht bald auf der Rohrerwiese?

AGNES: Eben sind wir angekommen! Über der Wiese liegt ein silbriger Schleier, und drüben, schau! steigen der Kahlenberg und der Hermannskogel wie glühende Kuppeln auf.

CÄCILIE: Wir wollen uns ein Weilchen setzen. Wie rührend die Herbstzeitlose blüht! Es ist ernst und still wie in einer Kirche. Man glaubt, man könnte die Stille hören. Hörst du? Musik!

AGNES: Eine einsame Geige in einem versteckten Gasthausgarten.

CÄCILIE: Eine einsame Geige! Fühlst du es auch, wie ergreifend der späte Oktober ist? Ringsum diese zärtliche Melancholie, diese süße, überirdische Traurigkeit -

AGNES: *erstaunt* Was hast du, Mama? Du hast Tränen in den Augen -

CÄCILIE: Aus Freude! Aus Freude, daß die Welt so wunderbar schön ist, und daß ich das Glück habe, an ihrer Schönheit noch teilzuhaben.

AGNES: *gerührt* Du hast eine so große Begabung für die Freude. Kaum daß die schlimmsten Schmerzen vorüber sind, fühlst du wieder Freude. Ich könnte nicht so sein -

CÄCILIE: Weißt du, warum die Schönheit des Oktobers eine so süße und üppige Schönheit ist? Es ist die Schönheit vor dem Ende. Darum ist auch meine Freude so voll und so reif: weil es die Freude vor dem Ende ist.

AGNES: *ablenkend* Schau, wie schräg die Sonne schon über den Hügeln steht! Der Wind ist kühl geworden; wir wollen umkehren!
CÄCILIE: Glaubst du, ich weiß nicht, was Valentiner gesagt hat?
AGNES: *heftig* Das nicht! Von solchem kein Wort!
CÄCILIE: Vielleicht nicht mit den Lippen. Aber mit den Augen; und mit meinen Augen habe ich gehört, was seine sagten: Verurteilt, alte Freundin! Nur noch eine kleine Frist ist dir gegeben bis zur Vollstreckung des Urteils!
AGNES: Du darfst nicht so reden! Das ertrage ich nicht!
CÄCILIE: Nicht die Wahrheit? Ich weiß, daß das letzte Kapitel begonnen hat, und ich habe nur den einen Wunsch, daß es kurz sei. Ein letztes Kapitel ist immer ärgerlich, wenn es ungebührlich lang ist; alle warten schon ungeduldig auf den Ausgang, den sie genau im voraus kennen -
AGNES: *entsetzt* Wer... wartet?
CÄCILIE: Alle. Valentiner wartet, daß sich der Eiter in meine Bauchhöhle ergießt. Die Nachbarn warten, daß man mich aus der Tür trägt, die Füße voran. Andreas und du, ihr wartet, daß ich von meinen Leiden erlöst werde -
AGNES: Das ist nicht wahr! Niemand, niemand - wartet!
CÄCILIE: Alle warten - auf ihn, der unerbittlich kommt. Und Stephan wartet, daß das Hindernis entfernt wird, das zwischen ihm und dir liegt. Er hat ja recht; er hat lang genug geduldig gewartet. Wenn er die Geduld verliert - es würde ein großes Unglück sein.
AGNES: Mag er! Ich werde mich ihm nicht an den Hals hängen!
CÄCILIE: *erschrocken* So hat er sie schon verloren? *Nach einer Pause:* Es kann nicht lange dauern. Glaubst du, daß er noch warten wird, die zwei, drei Monate - bis Weihnachten?
AGNES: *verwirrt* Was redest du? Zwei, drei Monate? Ein Jahr oder zwei! *Sich schnell verbessernd:* Ein Jahr: so bist du ganz gesund!
CÄCILIE: So lange? Zu so langem Leiden bin ich verurteilt, hat Valentiner gesagt? *Nach einer längeren Pause:* Wenn ein Mensch etwas wünscht, nicht nur obenhin, sondern aus der Tiefe seines Wesens: glaubst du, daß er die Gewährung erzwingen kann?

AGNES: Ich glaube es, Mama. Wenn er das Rechte wünscht, auf die rechte Weise.
CÄCILIE: Dann bitte Stephan noch um ein ganz klein wenig Geduld! Ich weiß das Rechte und weiß, es recht zu wünschen. Die kurze Weile wird er mir noch gönnen: nur drei, vier Monate oder - vielleicht die sechs bis Ostern?
AGNES: *in Cäciliens Schoß stürzend* Geh nicht von mir, Mama! Ich habe auf der Welt keinen als dich!
CÄCILIE: Du hast Stephan. Und Andreas. Es wird für alle besser sein -
AGNES: *verzweifelt* Nur dich! Nur dich!
CÄCILIE: Nun gut, Liebling, schon gut. Ich bin ja noch hier! *Nach einer Pause, während derer sie Agnes leise gestreichelt hat:* Du mußt dich langsam fertig machen. Nimm nicht wieder das graue Kleid! Es macht dich unjugendlich.
AGNES: Soll ich dich zu Bett bringen?
CÄCILIE: Laß mich hier sitzen; ich sitze gut. Du mußt gegen Stephan immer sehr lieb sein, sehr nachgiebig; er hat es um dich verdient. - Pater Gregorius wird gleich hier sein. Reich mir den Spiegel!
AGNES: Hier, Mama.
CÄCILIE: *in den Spiegel schauend* Wie sehe ich aus! *Sie ordnet ihr Haar.* Du lachst mich aus? Ich erinnere mich, was ich einmal von einer großen Dame gelesen habe. Nachdem sie eben die heiligen Sterbesakramente empfangen hatte, verlangte sie einen Spiegel. Und als sie sah, wie bleich und verfallen sie war, begann sie, mit ihrer letzten Kraft sich Puder und Schminke aufzulegen: sie wollte schön vor ihren Herrgott treten. *Nach einer Pause:* So sind wir: eitel bis zum letzten Augenblick. Aber Gott, davon bin ich überzeugt, hat seine echte Tochter lächelnd an sein Herz genommen. *Es läutet. Agnes geht hinaus. Pater Gregorius tritt nach einer Weile ein.*
GESSNER: Das ist brav, meine liebe Frau Ackermann! Brava, bravissima, daß es Ihnen besser geht!

CÄCILIE: Sie dürfen das sagen, Hochwürden: für Sie ist die andere Welt die bessere Welt. Und jener Welt bin ich schon sehr nahe. - Setzen Sie sich, Hochwürden! Ich habe mich unsagbar danach gesehnt, mit Ihnen zu sprechen. Man muß doch einen Menschen haben, gegen den man offen sein kann! Ich halte diese ewige Verstellung nicht aus!

GESSNER: Aber, aber! Verstellung!

CÄCILIE: Verstellung! Vor allen und jedem verstelle ich mich; meine Fassung, Ergebenheit, Heiterkeit sind geheuchelt! Ich muß es endlich aussprechen, alles. Die bohrenden Fragen. Die würgenden Zweifel. Und die Angst, diese unaussprechliche, furchtbare Angst! Sie haben schon viele Sterbende gesehen: sterben alle Menschen so entsetzlich schwer?

GESSNER: Haben Sie keine Angst: Sie sind vom Sterben noch weit. Und wenn es kommt, haben Sie auch keine Angst: Gott wird Ihnen im Sterben gnädig sein!

CÄCILIE: Ich bin eine Sterbende; ich weiß es schon monatelang, daß ich unrettbar sterben muß! O diese immerwährende, unbesiegliche Angst! Wenn ich so liege und grüble - und ich liege und grüble Monat für Monat - nun ja, wir können nicht ewig leben. Das begreift der Mensch; den Tod begreift er. Mit dem Tod kann er sich abfinden, vielleicht sogar versöhnen - aber warum hat Gott das Sterben so grauenhaft gemacht, so langsam und so... so schmutzig?

GESSNER: Vielleicht weil es für unser Heil notwendig ist. Oder wollen Sie an Gottes Weisheit zweifeln?

CÄCILIE: Sie antworten mir, wie halt ein gesunder, rüstiger Mensch einem Todkranken antwortet. So haben die unbedrohten Freunde auch dem leidenden Hiob geantwortet. *Sie unterbricht sich.* Seit ich nämlich selbst so geplagt bin, habe ich das Buch Hiob immer wieder lesen müssen.

GESSNER: Dann haben Sie auch gelesen, daß Hiob gesprochen hat: „Haben wir Gutes empfangen von Gott, und sollten das Böse nicht auch annehmen?"

CÄCILIE: Ja, anfangs! Später schrie er auf: „Warum tust Du Dich nicht von mir und lässest mich nicht?" Wenn ich schon sterben muß: warum gibt er mir nicht ein schnelles Ende?

GESSNER: Warum? Immer warum? Weil Sie eine unchristliche Seele haben! Ja, Sie offenbaren es jetzt, daß Sie eine unchristliche Seele haben, voll Rebellion!

CÄCILIE: Wenn, wie Sie oft gesagt haben, Hochwürden, Christ sein heißt: unablässige Gewissenserforschung üben, dann bin ich nicht eben eine schlechte Christin. Wenn aber: unbedingte Ergebung, dann freilich bin ich keine gute -

GESSNER: Keine gute, ich sehe es mit Trauer. Sie mißachten, was unser heiliger Glaube lehrt: daß das Leid gut ist, eine Stufe zum Heil, eine notwendige Stufe zur Erlösung -

CÄCILIE: Das Leid, sagen Sie. Aber doch nur das eigene Leid.

GESSNER: Wie meinen Sie das?

CÄCILIE: Das Leid, meine ich, das wir selber leiden. Nicht das Leid, das wir andern schaffen. *Nach einer Pause:* Haben Sie einmal von der Macocha gehört?

GESSNER: Sprechen Sie von dem berühmten Abgrund im mährischen Karst?

CÄCILIE: Ja, es ist ein tiefer Abgrund. Wie ein aufgerissener Schlund ist er. Man hat mir dort eine Legende erzählt, warum man ihn die Macocha nennt, das heißt deutsch: die Stiefmutter. Ein Weib in heidnischer Vorzeit, das alterte und siechte, weihte ihre beiden Kinder den Dämonen des Abgrunds und stürzte sie in die grausige Tiefe hinab, um durch diese Kindesopfer ihr eigenes Leben zu verlängern. - - Ich bin eine solche Macocha.

GESSNER: Sie? Eine Stiefmama - wollen Sie sagen?

CÄCILIE: Ich! Ich stürze die Jugend und die Zukunft meiner Kinder, ihre Lebenskraft und ihr Lebensglück in den bodenlosen Abgrund, um durch dieses Opfer mein Leben zu verlängern.

GESSNER: Sie tun sich Unrecht, Frau Ackermann, schweres Unrecht. Sie sind, im Gegenteil, eine vorbildlich gute Mama gewesen.

CÄCILIE: *schüttelt den Kopf* Sie wissen, was für bedeutende Talente Andreas schon immer gezeigt hat. Er war noch ein Student, als

Professor Abel ihn als Assistenten an sein Institut übernahm. Man hat seine Arbeiten genial genannt *sie lächelt glücklich* das glaube ich, das glaube ich, daß mein Bub genial ist. Und dann mußte er seine Wissenschaft und Laufbahn aufgeben und in dieses Industrielaboratorium eintreten, und dort schindet er sich in einer verhaßten Kuliarbeit, nur weil dieser Kadaver *sie zeigt auf sich* Fütterung und Medizinen braucht, um etwas langsamer zu verfaulen. Und jetzt will er von Wien weggehen, das Letzte opfern: meinetwegen, wegen des Geldes, das nötig ist -

GESSNER: Wie ich ihn kenne, bin ich überzeugt, daß er es gerne tut.

CÄCILIE: Und Agnes! Dazu hat die Arme ihre Staatsprüfungen in vier Sprachen gemacht, um sich als meine Krankenpflegerin zugrundezurichten! Was für ein prachtvolles Mädel ist sie gewesen, nur so berstend von Lebenslust! Jetzt hat sie ein schweres Leid, das sie geheim-hält. Sie zehrt sich auf; sie verdorrt vor meinen Augen! Wenn Stephan die Geduld verliert, wenn er sie sitzen läßt: ihr Leben wäre vernichtet, durch mich, für mich, durch meine Schuld -

GESSNER: Nicht durch Ihre Schuld! Sie haben ja nicht aus freiem Willen diese unglückselige Lage geschaffen.

CÄCILIE: Das ist es ja! Warum zwingt Gott eine Mutter, daß sie ohne Schuld, gegen ihren Willen, ihre eigenen Kinder fressen muß?

AGNES: *tritt ein; sie trägt ein Abendkleid, das nicht mehr modern ist.* Soll ich die Fenster schließen?

CÄCILIE: Laß sie offen, solange so warme Luft ist! Morgen, fühle ich, werden wir Stürme und Regen haben.

AGNES: Es dämmert. Ich zünde die Kerzen an. *Zu Gessner:* Mama liebt nicht das grelle elektrische Licht. Bevor Sie gehen, Hochwürden, löschen Sie die Kerzen, bis auf eine! *Sie zündet die Kerzen an.* Die Schmerzen werden so schnell nicht wiederkommen. Wenn du nicht schlafen kannst: Ich mache dir, für alle Fälle, den Trunk zurecht.

CÄCILIE: Stell das Fläschchen her! Ich gieße mir dann selber ein.

AGNES: Ich zähle dir gleich die Tropfen ab. *Sie nimmt das Fläschchen, das Valentiner ihr übergeben hat, vom Regal und gießt die Tropfen in ein Glas.* Eins, zwei... zehn. *Sie stellt das Fläschchen wieder zurück.* Gute Nacht, Mama! Gute Nacht, Hochwürden! Vielen Dank, daß Sie Mama Gesellschaft leisten! *Sie geht zur Tür.*
CÄCILIE: Agnes!
AGNES: Mama? *Sie kehrt um und beugt sich über den Rollstuhl.*
CÄCILIE: *flüstert* Verzeih mir! Um Christi willen: verzeih!
AGNES: Verzeihen? Was?
CÄCILIE: Daß ich nicht abtrete! Verzeih es mir, um Christi willen!
AGNES: *erschüttert* Ich dir? Du mir, Mama! O wenn du wüßtest - - *Sie stürzt hinaus.*
CÄCILIE: *blickt ihr lange nach und sagt nach düsterem Schweigen* Ich bin ein böses Weib!
GESSNER: Sündig vielleicht; elend! Böse nicht.
CÄCILIE: Böse! Ein böses Weib! Ich tue nicht meine Pflicht! Die einzige, die ich habe: aus dem Weg zu treten! Und gerade das wehre ich mich zu tun!
GESSNER: *sich verfinsternd* Ich hoffe, Sie sprechen nicht von Selbstmord. Sie werden nicht vergessen, hoffe ich, daß der Selbstmord die Sünde ist, die unser Glaube am unerbittlichsten verdammt. Die Sünde, die nie vergeben wird, weil sie der Gnade Gottes vorgreift und sie vernichtet!
CÄCILIE: Ich müßte mich nicht selbst morden. Ich bin so sehr krank, daß ich nur noch durch meinen Willen lebe. Aber ich kann den bösen Willen nicht aufgeben.
GESSNER: Sie sprechen heut so sonderbar. Warum nennen Sie ihn bös? Es ist der Wille, durch den wir alle leben, und er ist uns von Gott gegeben.
CÄCILIE: *heftig* Aber nicht ein so gieriger, schamloser, wie es der meine ist! Ich liege jahrelang in diesem Zimmer wie in einem Kerker und verwese allmählich. Wenn ich sterben würde, würde ich rasch verwesen: das wäre alles. Es ist nicht wahr, daß der Mensch sich je mit dem Tod aussöhnt. Mir würde der Tod ein

Erlöser sein, und dennoch entsetze ich mich vor ihm, und ich bäume mich gegen ihn auf!

GESSNER: Sie haben eben noch viel Lebenskraft in sich, das ist es. Sie werden noch lange leben, Frau Ackermann.

CÄCILIE: Ach, Hochwürden, Sie wissen ja nicht, wie entsetzlich meine Schmerzen sind! Sie sind immer da, auch jetzt, nagend, bohrend; aber oft überfallen sie mich mit einer wütenden Gewalt, daß ich mich krümmen, wimmern, schreien muß. Wenn aber diese rasenden Schmerzen nicht nur selten wären und flüchtig, sondern täglich, und sie dauerten täglich stundenlang, fünf oder zwölf oder selbst dreiundzwanzig Stunden: so würde ich auch diese dreiundzwanzig Stunden Qual, Geheul, Hölle tragen wollen - - wenn ich nur leben darf; denn auch Leiden, Wahnsinn, Hölle sind noch Leben, und ich will nur nicht tot sein!

GESSNER: *nach einer Pause* Vielleicht sind wir alle so. Alle, auch ich; wer kennt sich selbst genug? Und Sie, Frau Ackermann, sind nur wahrhaftiger als wir alle.

CÄCILIE: Es ist Lüge, daß das Leid gut ist! Wir Sterbenden sind bös. Ich bin mein Leben lang eher gut als bös gewesen. Das Sterben macht bös, urbös macht es. Wir hassen alle Lebendigen: nur weil sie das Leben haben und wir es lassen müssen! Meine Agnes, die sich für mich aufopfert: wenn ich sie sehe und mir vorstelle, daß sie noch jung ist und den Höhen des Lebens erst entgegengeht, und sie wird beglückte Frau sein und Kinder haben - - während ich dann vernichtet sein werde, zerstäubt, hinuntergestoßen irgendwo in irgendein finsteres Loch... so beneide ich mein eigenes Kind! In den geheimsten Falten meiner Seele wünsche ich... wünsche es mit einem mörderischen Haß... daß alles Lebendige stirbt, wenn ich tot sein muß. Und das ist meine grausamste Angst: daß ich im Hasse sterben könnte! Daß ich sterbend Gott verwünschen könnte - - -

GESSNER: *nach längerem erschütterten Schweigen* Es ist die Erbsünde. Ich habe nie so recht begriffen, was die Apostel und Kirchenväter die Erbsünde nannten. Jetzt habe ich es hier begreifen gelernt.

CÄCILIE: *nach einer Pause, leise* Ich habe gebeichtet. Können Sie, Hochwürden, mir die Absolution erteilen?
GESSNER: *nach einigem Bedenken* Ich denke, ich darf es. Sie sind wahrhaftig vor Gott gewesen. *Er kehrt sich eine Weile betend beiseite. Darauf schlägt er ein Kreuz und sagt laut:* Deinde absolvo te -
CÄCILIE: *nach einem langen Schweigen* Wenn ich noch heute sterben müßte... wenn ich noch heute vor Gott erscheinen müßte... sind mir bis Mitternacht meine Sünden vergeben?
GESSNER: Sie werden bis Mitternacht nicht sterben und auch nicht sündigen. Seien Sie unbesorgt: bis Mitternacht sind Ihnen die Sünden vergeben.
CÄCILIE: Sie haben mir einen wunderbaren Trost gegeben, Hochwürden. Treten Sie heut noch in Ihre Kirche ein? *Gessner nickt.* Dann nehmen Sie dort eine Kerze, weihen Sie sie dem Heiligen Franz und bitten Sie für mich! *Gessner löscht die Kerzen aus und nimmt eine an sich.* Und wenn Sie nachts vielleicht aus dem Schlaf auffahren und fühlen, daß eine umirrende Seele weint: bitten Sie für meine Seele!
GESSNER: *nach einigem Zaudern* Ich muß nun gehen. Zur Abendlitanei.
CÄCILIE: *zieht einen Brief unter ihrem Kopfkissen hervor* Übergeben Sie diesen Brief meinen Kindern, wenn ich plötzlich sterben sollte! Warten Sie! Ich füge noch einige Zeilen hinzu; für Sie, Hochwürden! *Sie schreibt schnell und schließt den Brief.* Und sagen Sie dann meinen Kindern, daß ich mich immer bemüht habe, ihnen eine gute Mutter zu sein, daß ich sie sehr geliebt habe, sie noch mit meinem letzten Atemzug geliebt -
GESSNER: Nun, nun. Das klingt ja fast wie ein letzter Gruß!
CÄCILIE: Und daß sie mir alles Böse vergeben mögen, das ich ihnen getan habe... und das ich ihnen noch tun werde -
GESSNER: Gewiß, ich werde es ihnen sagen - später einmal. Brauchen Sie jetzt noch etwas?
CÄCILIE: *zeigt auf das Regal* Wenn Sie mir dort das Fläschchen reichen wollten! Das braune Fläschchen!

GESSNER: Das braune? Mit dem Totenkopf? Fräulein Agnes hat Ihnen die Tropfen doch schon eingegossen!
CÄCILIE: Wo habe ich nur meinen Kopf? Das hatte ich schon vergessen! Nun gute Nacht, Hochwürden!
GESSNER: Gute Nacht, Frau Ackermann! Ich schaue bald hier wieder herauf. Ich habe heut viel gelernt, und ich fühle, daß ich noch viel mehr von Ihnen zu lernen habe. *Im Abgehen:* Gelobt sei Jesus Christus! *Ab.*
CÄCILIE: *richtet sich, sowie sie allein ist, steil auf. Sie lauscht eine Weile hinaus, bis die Außentür geschlossen ist. Dann flüstert sie fieberhaft:* Bis Mitternacht sind mir die Sünden vergeben. Schnell! Bis Mitternacht muß ich hinüber sein! *Sie beginnt, mit einer ungeheuern, geradezu übermenschlichen Anstrengung, vom Rollstuhl hinabzusteigen, und geht mühsam und schwankend, aber mit einer finstren Entschlossenheit auf das Regal zu. Sie ergreift das braune Fläschchen und setzt es schnell an die Lippen. Plötzlich läßt sie es sinken.* Ich kann nicht! Ich bin zu feig! *Sie fällt zusammen.*

Zweiter Akt

Am nächsten Tag

AGNES: *läßt Stephan eintreten; sie trägt über dem Abendkleid einen Kittel und ist in einer Erregung, die sich allmählich steigert* Hast du denn nicht mein Telegramm bekommen? Ich habe dir für heute abgesagt.
STEPHAN: *die ganze Zeit hindurch ruhig und entschieden* Deshalb komme ich herauf. Ich muß mit dir sprechen. Unbedingt heute noch.
AGNES: *heftig* Ich kann nicht! Ich kann nicht! *Sie zeigt auf eine kleine Pfütze auf dem Boden.* Da! Der Schmutz, den du heraufbringst! Streif doch wenigstens die Schuhe ab!
STEPHAN: Entschuldige! Es gießt in Strömen. *Er geht hinaus, und man hört ihn draußen die Schuhe abstreifen; dann kommt er zurück.*
AGNES: Mama muß einen furchtbaren Anfall gehabt haben. Wie ich in der Nacht nach Hause komme, liegt sie mitten im Zimmer und hält das Fläschchen umklammert. Fast wäre ich im Dunkeln auf sie getreten. Es ist mir unfaßbar, woher sie die Kraft genommen hat, aus dem Rollstuhl zu steigen; sonst ist sie zu schwach, sich selbständig nur aufzurichten -
STEPHAN: Wie fühlt sie sich jetzt?
AGNES: Gott sei Dank, sie ist eingeschlafen. Und wie habe ich dich gestern gebeten, mich gleich nach dem „Tristan" nach Hause zu lassen! Aber nein, erst ins Restaurant; dann spazieren gefahren; dann in den Türkenschanzpark: und immer deine Verführungsversuche -
STEPHAN: Verführungsversuche!
AGNES: Und dann, wie ich hier eintrete, habe ich auch schon meine Züchtigung, und Mama liegt da, ohnmächtig, halbtot, gerade wie damals, als du mich - *Sie unterbricht sich und sagt müde:* Ich

habe kein Auge geschlossen. Ich weiß nicht, wo mir der Kopf steht. Ich bitte dich, geh!

STEPHAN: Es tut mir sehr leid, daß du in einer solchen Verfassung bist. Aber es ist unaufschiebbar. Die Sache ist nämlich die - *Schnell:* Ich bin versetzt worden. Nach Graz.

AGNES: Versetzt? Nach Graz?

STEPHAN: An die Landeshauptmannschaft. Ich werde dort am 15. November antreten. Du hast drei Wochen Zeit, hier alles aufzulösen. Wir reisen am 1.

AGNES: Wir? Soll denn auch ich - ?

STEPHAN: Als meine Frau. In drei Wochen sind wir verheiratet. Morgen bestelle ich das Aufgebot.

AGNES: *verwirrt* Das kommt zu schnell. Ich war nicht vorbereitet - *Rasch:* Und Mama?

STEPHAN: Es war mein ernsthafter Wille, sie mit uns zu nehmen. Aber wir würden uns alle nur unglücklich machen. Wir können nicht mit ihr zusammenleben.

AGNES: Nun wie? Soll ich sie vielleicht...?

STEPHAN: Sie soll in ein Sanatorium. Mach dir keine Sorgen. Ich bringe sie im besten unter. Sie wird es so gut haben, wie nur möglich, hier in Wien -

AGNES: *verzweifelt* Ich kann nicht! Das mußt du doch begreifen, Stephan, daß ich das nicht kann: sie im Stich lassen und einfach davonlaufen -

STEPHAN: Aber du mußt doch auch begreifen, daß auch ich nicht anders kann! Du mußt dich entscheiden, heute noch. Sie oder ich!

AGNES: Ein Ultimatum also?

STEPHAN: *fest* Nenn es so! Du mußt wählen!

AGNES: Sie oder du! *Sie geht verzweifelt auf und ab.* Du oder sie! *Sie denkt angestrengt nach:* Warte, warte... Hast du nicht immer gesagt, daß du gegen deinen Willen nicht versetzt werden wirst?

STEPHAN: Gegen meinen Willen nicht. Bis morgen habe ich Zeit, die Versetzung abzulehnen.

AGNES: So lehne ab! *Stephan schweigt.* Warte... oder vielleicht hast du selbst um die Versetzung angesucht? Um mir dieses Ultimatum stellen zu können?
STEPHAN: *etwas heftig* Ich muß endlich wissen, ob du mich liebst! Ich kann nicht ewig zweifeln und muß es wissen durch einen klaren, unzweideutigen Beweis -
AGNES: Ja um Gottes Willen: wie soll ich's dir beweisen? Wenn alles, was ich für dich fühle und tue, dir nichts beweist? *Schnell:* Wenn ich in der Nacht, wie du mich gedrängt hast, mit dir in deine Wohnung gegangen wäre: wäre das dir ein Beweis gewesen?
STEPHAN: Du bist erwachsen genug, um das zu wissen.
AGNES: Dann hättest du vielleicht nicht auf deinem Ultimatum bestanden? Nicht danach verlangt, mich sofort zu heiraten? *Sie geht erregt auf und ab.* Vielleicht hast du mich gestern nur deshalb ausgeführt, um dir diesen Beweis zu verschaffen? Mich grad zum „Tristan" geführt, weil du weißt, daß diese Musik mich entnervt und schwach macht? - - Also sie!
STEPHAN: Was: sie?
AGNES: *sehr heftig* Sie! Sie! Begreifst du nicht? Ich habe gewählt: sie!
STEPHAN: Nein! Um Himmels willen, Agnes -
AGNES: Geh nach Graz! Ich bleibe bei Mama! *Sie wendet sich, um wegzugehen.*
STEPHAN: Hör mich, Agnes! Ich nehme alles zurück; was du mein Ultimatum nennst, und alles. Ich lehne morgen meine Versetzung ab. Wir nehmen Mutter zu uns. Du hast gesagt: man gewöhnt sich, wenn man lieb hat. Ich werde mich gewöhnen, du wirst es sehen. Wir regeln alles, wie du's willst -
AGNES: Frieden will ich! Das ist's, was ich will: Ruhe! Frieden!
STEPHAN: *immer erregter* Du hast mich rasend gemacht! Hättest du eine Strategie ausgeklügelt, um mich rasend zu machen, du hättest keine wirksamere finden können als dieses halbe Entgegenkommen und ganze Zurückweichen, dein verstecktes Anziehen und offenes Abstoßen. Ich will es nicht länger -

AGNES: Schau mich nicht so an! Du sollst mich nicht so anschaun: so gierig -
STEPHAN: *sich ihr nähernd* Ich lasse dich nicht! Du gehörst mir! Ganz mir - *Er umarmt sie und fällt mit wilden Küssen über sie her.*
AGNES: *die sich willenlos und ohne Widerstand seinen Küssen überläßt, leise* Bitte, bitte, nicht hier! Mama ist nebenan!
STEPHAN: *wie ohne Besinnung* Mir! Alles mir! *Heiß flüsternd:* Wann? Wann?
AGNES: *ganz leise* Wann du willst! Nur hier, bitte, schone mich! *Er läßt sie los und tritt zurück.* Schäme dich! Während Mama nebenan vielleicht leidet!
STEPHAN: *beklommen* Ich schäme mich; du hast recht. Ich fühle selbst, wie ich mir verlorengehe. *In immer stärkerer Erregung:* Ich habe Jahre lang keine Frau angeschaut als dich! Nun aber... Ich muß es dir gestehen. Kürzlich ging ich an einem Abend mit meiner Sekretärin aus. Ich hatte bemerkt, daß ich ihr nicht gleichgültig bin. Als wir gegen Mitternacht vor ihrem Haustor standen, fragte sie mich, ob ich nicht noch hinauf in ihr Zimmer kommen wolle, um einen Tee zu trinken. Und ich wäre beinahe mit ihr gegangen. Das nächstemal, fürchte ich, werde ich gehen -
AGNES: *heftig* Geh! Ich halte dich nicht auf! Wir sind geschiedene Leute!
STEPHAN: *schweigt eine Zeitlang; dann sagt er entschieden:* Ist das dein letztes Wort?
AGNES: *heftig* Mein letztes! Geschieden! *Sie eilt hinaus und kommt sogleich mit einer Bürste und einem Scheuertuch zurück.* Geh jetzt! Ich muß den Schmutz wegwischen, den du mit dir gebracht hast!
STEPHAN: Ich gehe jetzt. Ich gehe in das Café an der Ecke und werde warten, ob du dich anders besinnst. Wenn du bis acht Uhr kommst, gut! Wenn nicht, nehme ich morgen die Versetzung an. Ja, dann sind wir geschieden! *Er geht, bleibt aber in der Tür stehen.* Nein, du wirst kommen, Agnes! Ich werde auf dich bis Mitternacht warten. *Ab.*

AGNES: *ist schon niedergekniet und hat begonnen, den Fußboden zu reiben. Wie die Tür sich hinter Stephan schließt, schreckt sie auf und ruft unterdrückt:* Stephan! Bleib hier! *Sie geht auf und ab und ringt die Hände.* O dieses vermaledeite Dasein! *Ihr Blick fällt auf die Pfütze.* Und der Schmutz überall, wohin ich trete! *Sie kniet nieder und beginnt, heftig zu reiben. Nach einiger Zeit tritt Andreas ein.*

ANDREAS: *von Agnes zunächst unbemerkt, betrachtet sie eine Weile* Liegst du schon wieder auf den Knieen?

AGNES: *fährt auf* Warum läutest du nicht? Ich habe dich gebeten zu läuten! -

ANDREAS: *mißmutig* Ich habe wirklich andres im Kopf! *Sie eilt hinaus, und man hört sie sich waschen. Dann kommt sie ohne Kittel zurück. Andreas ist indes nervös auf und ab gegangen.*

ANDREAS: Sauber gewaschen? Mach dich fertig! Und Adieu!

AGNES: Mama hat eine schlechte Nacht gehabt. Sie schläft jetzt; aber ich gehe nicht aus. Du kannst deinen Sonntag mit Therese verbringen.

ANDREAS: *unwillig* Therese! Therese! Schau lieber, daß du fortkommst! *Er geht auf und ab.* Ach, entschuldige, da habe ich dir den Fußboden wieder kotig gemacht.

AGNES: Das macht ja nichts, das bißchen Kot! *Andreas geht auf und ab.* Was hast du?

ANDREAS: Mich friert!

AGNES: *schnell* Sofort! Ich mache dir ein Feuer an! *Sie kniet beim Ofen nieder.*

ANDREAS: Laß das! Die Kälte ist innerlich. *Er geht herum und bleibt plötzlich stehen.* Welche Pflicht würdest du erfüllen: die höhere oder die nähere?

AGNES: Die nähere?

ANDREAS: Die nähere, nun ja, die gegen den Nächsten, den Allernächsten. *Nach einer Pause:* Und ich bin noch stolz darauf gewesen, das zu tun, was ich für meine höchste Pflicht gehalten habe, nein, meine einzige! Hinter der mußte alles zurückstehen. Und nun -

AGNES: Was nun?

ANDREAS: Nun muß ich mich fragen, ob mich wirklich Liebe dazu getrieben hat - oder vielleicht nur Zweifel an meiner Begabung. *Er unterbricht sich.* Weißt du, was Simonie ist?

AGNES: Ich glaube schon. Verschacherung eines heiligen Gutes.

AGNES: Ja, Verschacherung. Wissenschaft, Forschung, Hingabe an meine Aufgabe ist früher mein Heiligstes gewesen. Und das alles habe ich verschachert -

AGNES: Nicht für dich! Um Mama zu retten!

ANDREAS: Nach dem Motiv wird nicht gefragt; Verschacherung ist Verschacherung! Und weißt du, wie ein Simonist gestraft wird? Mit dem Verlust des Heiligen, das er durch seinen Schacher entheiligt hat! *Nachdem er erregt durchs Zimmer gewandert ist.* Wenn eine Frau empfängt, wiederholt empfängt, und die Frucht, die sie empfängt, immer wieder abtreibt, wird sie nicht schließlich unfähig zu empfangen? Unfruchtbar, nicht?

AGNES: Wie soll ich das wissen?

ANDREAS: Bei geistiger Empfängnis ist es so. *Immer erregter:* Heut in der Nacht ist alles in mir aufgestanden, die Ideen, die ich abgetrieben habe, die Intuitionen, die ich erstickt habe, als flehten sie mich an, ihnen Leben zu geben! Und wenn ich nicht sofort zu meiner Aufgabe zurückkehre, werde ich, das fühle ich, so tief an mir zweifeln, mich so tief verachten, daß ich nie mehr werde schaffen können -

AGNES: Was ist seit gestern mit dir geschehen?

ANDREAS: *nach einer Pause* Wie ich gestern ins Laboratorium komme, steht Abel da. Er hatte schon von Hilgenrein gehört, daß ich entschlossen bin, von Wien wegzuziehen. Er bittet mich, ans Institut zurückzukehren, mich noch zwei oder drei Jahre zu gedulden... dann bekomme ich sicherlich die Professur -

AGNES: Das wäre ja herrlich!

ANDREAS: Gewiß wäre es herrlich. Aber indessen hättest du dich durch Überanstrengung zugrunde gerichtet, und Mama wäre an Entbehrungen vorzeitig gestorben! - Es gehe um sein Lebenswerk, sagte er; er sei ganz nahe daran, den Erreger herzustellen, aber er könne es ohne mich nicht mehr fertig bringen. Und als ich antworte, ich müsse vor allem meine Pflichten gegen Mama erfüllen, sagt er das von der höheren Pflicht und der näheren; daß nämlich gerade ein sittlicher Mensch manchmal genötigt ist, eine nähere Pflicht zu verletzen, um einer höheren willen - du begreifst schon...

AGNES: Ich begreife. In diesem Fall: daß du die Sorge um Mama, die ohnehin nicht gerettet werden kann, mir allein überlassen sollst, um der Hunderte oder Tausende willen, die durch deine Arbeit vielleicht gerettet werden können.

ANDREAS: Das hast du sehr genau begriffen. - Therese war auch da. Sie hatte zu den Worten ihres Vaters geschwiegen. Jetzt erklärte sie, daß in dem Augenblick, in dem ich Wien verlasse, es zwischen uns aus ist. *Sehr erregt:* Alles um das erbärmliche bißchen Geld! Alles ist gut gewesen, bis zu dem Tag, an dem sie erkrankte! Und alles könnte wieder gut sein, wenn - - *Er bricht ab.* Ach, wozu über Unabänderliches jammern?

AGNES: *die ihn aufmerksam beobachtet hat, sagt sehr ernst* Du auch! Also du auch!

ANDREAS: Ich auch? Was? Ich auch?

AGNES: Du also auch! Sprich es nur aus, was du gedacht hast: alles würde gut sein, wenn Mama nicht mehr wäre!

ANDREAS: Bist du verrückt? Wenn ich dem elenden Geld nicht nachlaufen müßte.

AGNES: Du wirst ihm aber nachlaufen müssen, genau so lang, wie Mama am Leben ist! Also: wenn sie nicht mehr wäre! *Schnell:* Nein, du sollst kein Simonist sein! Die Sorge um das elende Geld werde ich dir abnehmen.

ANDREAS: *bitter* Du? Wie willst du's zustande bringen? Vielleicht durch deine Stunden? Damit schaffst du kaum die Butter zum Brot.

AGNES: Durch meine Verheiratung! Stephan läßt es sich viel kosten, wenn er mich endlich in sein Bett kriegt.

ANDREAS: Wie redest du?

AGNES: *holt eine Flasche Wein und zwei Gläser* Komm! Stoß mit mir an!
ANDREAS: Hör auf! Ich bitte dich.
AGNES: Trink: den Wein hat Stephan geschickt. *Sie trinkt.* Er soll zahlen! Für Mama die Krankheitskosten. Für dich den Unterhalt bis zur Professur. Für mich alle Entschädigung für alle Entbehrungen - *Sie trinkt wieder.*
ANDREAS: *die Flasche wegstellend* Tu das weg! - Du hast recht. Ich hätte von dir lernen müssen, das Unvermeidliche mit Fassung zu tragen. Du hast mehr geopfert als ich, ich weiß es - und nie ein Bedauern gefühlt oder eine Änderung gewünscht -
AGNES: *heftig* Was weißt du von mir? Was wißt ihr alle von mir? Was weißt du, was ich fühle und wünsche? Willst du wissen, was ich wünsche? Daß sie stirbt!
ANDREAS: Nein!
AGNES: Ja, ja! Das! Das ist's, was ich inbrünstig wünsche und hoffe! Daß sie stirbt! Daß sie stirbt!
ANDREAS: *leise* Ich verstehe dich. Aus Mitleid mit ihren grausamen Schmerzen.
AGNES: *lacht auf* Aus Mitleid! O ja, dazu wollte auch ich mich überreden, als der schreckliche Wunsch zum erstenmal in mir auftauchte! Damals litt sie wirklich grausame Schmerzen; sie ächzte und weinte ganze Nächte lang. Aber dann wurden ihre Schmerzen erträglich; sie freute sich wieder des Lebens, und Valentiner eröffnete mir, daß es ein langes, vielleicht Jahre langes Siechtum sein könne bis zum Ende. Und gerade da erhob sich der fürchterliche Wunsch wieder, schärfer und klarer, und ich verstand, daß es wohl Mitleid war, aber nicht mit ihr, sondern mit mir selber!
ANDREAS: Du verdienst es auch; nicht weniger als sie -
AGNES: *wild* Seitdem, fast Tag für Tag: ich pflege sie, ich ordne ihr Bett, ich streichle sie, wenn die Schmerzen kommen; das tue ich, ich; und es, es zischt zugleich: Wenn sie nur... Ich fahre aus quälenden Träumen auf; ich lausche; ich höre ihren Atem nicht, und schon zittre ich, daß es flüstern wird, und schon flüstert's: Wenn

sie... Und es spiegelt mir Bilder vor, Bilder von Freiheit, Selbstverfügung, Selbstverschwendung: wenn sie erst tot wäre; wilde, trunkne Bilder...

ANDREAS: Arme Agnes! Meine arme Agnes!

AGNES: Ich habe angefangen, sehr fromm zu werden. Ich versäume keine Frühmesse, ich gehe jeden Monat zur Beichte, ich lege Gelübde ab, um den bösen Wunsch zum Schweigen zu bringen, aber er redet nur um so frecher! Wenn ich die Tropfen gegen ihre Schmerzen abzähle, flüstert er mir schon zu, statt zehn, hundert einzugießen, damit sie aus dem Schlaf nicht mehr erwache! *Mit finstrer Entschlossenheit:* Das aber sage ich dir: wenn ich dem bösen Wunsch erliege, nein, wenn ich nur die geringste Fahrlässigkeit begehe, durch welche Mama Schaden nimmt, stürze ich mich hier aus dem Fenster drei Stockwerke tief aufs Pflaster hinab! *Langsam zusammensinkend:* So bin ich! Es mußte einmal aus mir heraus. Ich weiß nicht, wie andre sind: ich bin so! *Sie verbirgt ihr Gesicht in den Händen.*

ANDREAS: *steht eine Weile unschlüssig, dann geht er leise auf sie zu und küßt sie auf die Stirn.*

AGNES: *fährt auf* Was? Du kannst mich noch küssen? Was willst du damit sagen, daß du mir einen Kuß gibst: gerade jetzt?

ANDREAS: *leise und mit tiefem Gefühl* Daß du keine Schuld hast, Agnes!

AGNES: *außer sich* Nicht so! Jag mich von hier hinaus! *Sie wirft sich zur Erde.* Tritt mit Füßen auf mich!

ANDREAS: Warum? Weil du namenlos gelitten hast? *Er hebt sie zärtlich auf und betrachtet sie schweigend. Nach einer Pause:* Deshalb also hast du Mama mit einer Art heiliger Raserei gepflegt! Deshalb hast du dich mit Pflichten überbürdet und dir die kleinste Freude versagt. Um dir Strafe aufzuerlegen für eine ungewollte Schuld -

AGNES: Ich weiß nicht! Ich weiß nicht!

ANDREAS: Ich habe es bis jetzt nicht verstanden. Und deshalb bist du soviel auf den Knieen gelegen! Und hast nur graue Kleider getragen und täglich den Fußboden gerieben. Um Buße zu tun als eine Büßerin -

AGNES: *verzweifelt* Ich weiß nicht! Nichts, nichts weiß ich, als daß ich eine Verfluchte bin!

ANDREAS: Eine Gequälte; keine Verfluchte! Und darum dich so viel und wild gewaschen: weil du dich innerlich voll Schmutz fühlst -

AGNES: *kläglich* Voll Schmutz, Andreas! Und wenn ich mich Tag und Nacht vom Kopf bis zu den Füßen waschen würde: ich würde niemals rein!

ANDREAS: Du bist's! Für mich bist du rein! Wenn es eine Schuld war: du hast sie längst abgebüßt!

AGNES: *ihr Gesicht in seinen Schoß drückend* Du! Wenn du mich nur freisprichst!

ANDREAS: *zärtlich* Schon gut, du Kind! Deine Nerven sind krank. Du mußt dich erholen. Geh jetzt zu deiner Verabredung!

AGNES: *schreit auf* O Gott! O Gott!

ANDREAS: Was ist? Was hast du?

AGNES: Was habe ich getan? O Gott! Ich habe ihn vertrieben!

ANDREAS: Vertrieben?

AGNES: Nach Graz. Wir sind für immer geschieden!

ANDREAS: Liebt ihr euch nicht mehr?

AGNES: Ja, ja, wir lieben uns! Er hat mir angeboten, gleich zu heiraten! Und ich habe ihn vertrieben!

ANDREAS: Warum? Warum hast du's getan?

AGNES: *verzweifelt* Weil ich ihn nicht elend machen will! Ich mache alle Menschen elend! Und weil ich alt bin -

ANDREAS: Was für ein Wahnsinn! Mit 26 Jahren!

AGNES: Da, da! Schau die Falten um meine Augen! Da, meine Haare werden grau! *Sie zeigt sie.* Und das Herz ist alt! Uralt, Andreas!

ANDREAS: Das ist es nicht. Warum hast du ihn vetrieben?

AGNES: Ich kann's nicht sagen. Ich schäme mich. Weil... weil er die Schuld trägt.

ANDREAS: Schuld? Woran?

AGNES: An den bösen Wünschen! Weil er die bösen Wünsche in mir geweckt hat! Seit er mich genommen hat -
ANDREAS: Nun ja. Weiter!
AGNES: Weil, seit er mich zur Frau gemacht hat, ich nur noch ersehne, nichts als seine Frau zu sein, und weil - o Gott!
ANDREAS: Und weil Mama deiner Sehnsucht im Wege steht!
AGNES: *zusammenbrechend* - - - Weil sie mir im Wege steht.
ANDREAS: Und da hast du dir auch diese Buße auferlegt: den Mann, den du liebst, zu vertreiben! *Nach einer Pause:* Du hast deine Sache schlecht gemacht, meine liebe Agnes! Du wirst mir gestatten müssen, sie nun in meine Hände zu nehmen.
AGNES: *verzweifelt* Rette mich! Rette mich! Ich kann allein nicht mehr -
ANDREAS: Geh zu Stephan! Versöhne dich mit ihm! Tu alles, was er wünscht -
AGNES: Alles! Alles!
ANDREAS: Wenn er heiraten will, heirate! Wenn er nach Graz will, geh mit ihm nach Graz!
AGNES: Und Mama?
ANDREAS: Es ist hart. Mama muß fort von hier!
AGNES: Fort? Wohin?
ANDREAS: Ich sehe keinen andern Weg. Ins Krankenhaus.
AGNES: Niemals! Sie bleibt bei mir!
ANDREAS: Willst du warten, bis du den bösen Wünschen erliegst? Bis du ihr, statt zehn Tropfen, hundert eingießt?
AGNES: Nein, es ist kein andrer Weg! Nur verrat mich ihr nicht -
ANDREAS: Ich werde es ihr schon beibringen. Zwar: ich habe etwas Angst -
AGNES: Du bist so gut! Und du? Was wirst du selbst tun?
ANDREAS: Was jetzt meine einzige Aufgabe ist: ein guter Sohn zu sein. Ich glaube, sie ist erwacht. Geh jetzt, geh - *Er drängt sie gegen die Tür.*
AGNES: *in der Tür stehend, beugt sich schnell und küßt mit Leidenschaft Andreas' Hand* Wenn nur du mich absolviert hast! *Sie eilt*

weg; Andreas ab ins Zimmer. Eine längere Pause. Dann schiebt er Cäcilie im Rollstuhl herein.

CÄCILIE: Lüft nur ordentlich das Zimmer! *Andreas geht ins Nebenzimmer zurück und kommt gleich wieder.* Hast du aber auch nichts Wichtigeres zu tun?

ANDREAS: Nichts Wichtigeres und auch nichts Schöneres, als bei dir zu sein. Wie fühlst du dich heute?

CÄCILIE: Vollständig wohl. Heute kommt gewiß kein Anfall.

ANDREAS: *zögernd* Wirst du auch nicht böse sein? Ich habe über etwas Ernstes mit dir zu sprechen.

CÄCILIE: Heut nicht! Oder später! Mein Leben ist ernst genug; heut wollen wir nur fröhlich sein. - Setz dich näher! Ganz nah zu mir! Ich bin ja so froh, daß ich dich habe, mein Bub!

ANDREAS: Ich auch, Mama.

CÄCILIE: Als ihr klein wart, wolltest du mich immer für dich ganz allein haben, weißt du noch? Jeden Abend erfandest du neue Vorwände, um Agnes frühzeitig ins Bett zu bringen. Aber Agnes war eifersüchtig und wollte nicht. Wenn es doch einmal gelang, sie zu überlisten, hatten wir zwei eine ganz diebische Freude - erinnerst du dich?

ANDREAS: Ja, Mama. Wir freuten uns wie Verschworene über ein geglücktes Komplott.

CÄCILIE: Jetzt ist's beinahe noch ebenso. Dabei tun wir schweres Unrecht an Agnes. Sie liebt uns beide sehr. Dich ganz besonders; du bist ihr Vorbild, ihr oberstes Gesetz. Ich habe auch über etwas Ernstes mit dir zu sprechen: Agnes gefällt mir nicht.

ANDREAS: Wie meinst du das? Warum nicht?

CÄCILIE: Sie findet keinen Schlaf. Ganze Nächte lang wälzt sie sich ruhelos im Bett. Wenn sie dann einschläft, stöhnt sie unter schweren Träumen. Und wie mager sie geworden ist! Ganz fleischlos, wie die Heilige Maria von Ägypten.

ANDREAS: Sie ist übermüdet. Das geht schon wieder vorbei.

CÄCILIE: Du kennst sie nicht. Du hältst sie für gefestigt und ausgeglichen; sie ist aber nur beherrscht. Ich muß bei ihr immer an einen schneebedeckten Vulkan denken; unter ihrer Schneedecke brennt und kocht sie. Sie ist innerlich verzehrt; ich weiß nur nicht, ob von Leidenschaft oder von Reue.

ANDREAS: Woher weißt du das?

CÄCILIE: Die Frau kennt die Frau. Und eine Mutter kennt ihr Kind. Du mußt mir versprechen, deine arme Schwester sehr lieb zu haben. Wenn ich nicht mehr bin, mußt du sie hüten wie deinen Augapfel, und du muß sie sofort verheiraten -

ANDREAS: Gewiß, Mama. Ich verspreche es dir.

CÄCILIE: Sofort, hörst du? Ich bin eine alte Frau und darf über diese Dinge ohne Scheu reden. Agnes müßte schon längst Frau und Mutter sein. Es ist nicht gut, wenn ein junges Weib zu lange allein bleibt; das weckt schwere Träume in ihr auf und wilde Wünsche -

ANDREAS: Hat sie sich vor dir verraten?

CÄCILIE: *blickt ihn aufmerksam an* Verraten? Nein. Hat sie etwas zu verraten? - Warum nur heiratet sie nicht? Vielleicht um deinetwillen, Andreas, weil sie zu sehr an dir hängt und nicht vor dir heiraten will -

ANDREAS: Das nicht! Ganz gewiß; das ist es nicht!

CÄCILIE: Das nicht? Weißt du so viel mehr als ich? Dann also nur um meinetwillen! *Nach einer Pause:* Ich will fort von hier.

ANDREAS: - Fort? Wohin?

CÄCILIE: Am liebsten weit, ganz weit weg. Zuerst aber ins Krankenhaus.

ANDREAS: Das willst du? Du willst -

CÄCILIE: Es kann noch lange mit mir dauern. So wird's das Beste für alle sein. Ich werde dann nicht mehr eine Last sein, für mich und die andern. Agnes wird heiraten, und ich werde ein ruhiges Gewissen haben. Du weißt nicht, wie glücklich es macht, ein gutes Gewissen zu haben -

ANDREAS: Nein, das will ich nicht. Du wirst bei mir bleiben -

CÄCILIE: Ja, wo ist dieses: bei dir? Im Laboratorium? Im Institut? Und wenn du dir ein Heim gründest, willst du deine junge Frau so unglücklich machen, wie es Agnes ist? *Nach einer Pause:* Wir sind also einig. Morgen bringst du mich ins Krankenhaus. Und nun sag mir das Ernste, das du auf dem Herzen hast!

ANDREAS: *in starker Bewegung* Das ist zuviel! Das! Gerade das! Und du hast alles erraten -

CÄCILIE: Und deswegen sollte ich dir bös sein, du dummer Bub? Weil du ganz leise an mein Gewissen rühren wolltest? *Nach einer Pause:* Schieb meinen Stuhl, daß ich eine letzte Reise rund um das Zimmer mache! Die alte Kommode, *Andreas schiebt den Stuhl, und sie berührt liebevoll die Gegenstände, die sie nennt:* der Tisch, der Birkenschrank, lauter treue Hausgenossen, lauter vertraute Kameraden! Adieu, alte Freunde! Adieu! Morgen werde ich eine Ausfahrt machen, von der ich zu euch nicht zurückkehre.

ANDREAS: Glaub mir, Mama, es tut mir unsagbar weh -

CÄCILIE: Wirst du still sein! *Schweigen.* Horch! Ich höre es gern, wenn der Regen so gegen die Scheiben klopft! *Schweigen.* Komm, leg deine Hand auf meine Stirn! So ist es gut. Deine Hand ist kühl. Ich will dir nämlich gestehen: ich habe doch ein bißchen Angst.

ANDREAS: Angst? Wovor?

CÄCILIE: Ich habe es hier gut gehabt. Agnes war eine so liebevolle Pflegerin. Dort werde ich nur eine Gleichgültige unter vielen Gleichgültigen sein, nur eine Bettnummer und ein Vormerkblatt. In so einem Spital, ich weiß es, geht es sehr mechanisch zu; alles ein wenig in Reih und Glied... und ich bin eben eine unverbesserliche Individualistin -

ANDREAS: Das hatte ich immer gefürchtet -

CÄCILIE: Ja. Und dann, du weißt nicht, wie furchtbar einsam so ein Todkranker immer ist. Dort aber werde ich mich schon ganz verlassen fühlen, wie lebendigen Leibs ins Grab hinabgestoßen - - Ach, wenn ich von hier fort könnte und doch nicht dorthin müßte!

ANDREAS: Dann ist es doch besser, du bleibst hier zu Haus! *Cäcilie schüttelt den Kopf.* Ja, wohin willst du?

CÄCILIE: Wenn mich jemand lieb hätte - aber nicht, wie die Menschen gewöhnlich lieben, voll Gier, voll Eigensucht - sondern auf die rechte Weise; oder wenn er mir danken wollte für etwas ganz Großes... hast du mich lieb, mein Bub?
ANDREAS: Über alles! Du weißt es, Mama.
CÄCILIE: Nicht über Therese; auch nicht über deinen Beruf; das wäre gar nicht recht. Aber wenn du mich nur ein bißchen lieb hättest, du würdest nicht zugeben, daß ich so leide!
ANDREAS: *gequält* Was soll ich tun? Was? So sprich!
CÄCILIE: Ich würde einschlafen und nicht mehr aufwachen. Wie eingehüllt in freundliche Träume, würde ich hinübergehen. - Siehst du dort das Fläschchen? Zieh deine Hand nicht von meiner Stirn! Das braune Fläschchen auf dem Regal, aus dem Agnes mir die Tropfen zuzählt? Agnes ist sehr geizig mit diesen Tropfen. Es müßte nur jemand mir alle Tropfen auf einmal ins Glas schütten! Und wenn du mich wirklich lieb hättest -
ANDREAS: *entsetzt* So soll ich dich vergiften?
CÄCILIE: Befreien! Erlösen! Erlösung wäre es von allem Übel! Und keine Menschenseele würde es ahnen; ich habe für alles vorgesorgt -
ANDREAS: Und das soll ich? Dein Sohn? Der dich liebt...
CÄCILIE: Weil du mich liebst! - - Ich will es dir nicht verheimlichen: ich habe es schon selber versucht. Aber die Angst vor dem andern ist noch größer gewesen. Der Selbstmord, mußt du wissen, ist die größte Sünde; die Sünde, die am unerbittlichsten verdammt wird -
ANDREAS: - Und der Mord ist's nicht?
CÄCILIE: Und ich will nicht in der Sünde sterben! Ich will in Sündenvergebung dahingehen und in geweihter Erde ruhen; vergiß nicht, daß es mein letzter Wille ist, in geweihter Erde neben deinem Vater zu liegen! Das hat mich dann feig und schwach gemacht! *Nach einer Pause:* Und es wäre doch nur gerecht gewesen! Als die Stiefmutter in den Abgrund gestürzt wurde: im selben Augenblick wurden die armen Kinder zu einem neuen Leben auferweckt.

ANDREAS: Was sagst du da?
CÄCILIE: Ach, die Legende von der Macocha. Ich weiß nicht, warum sie mir einfällt. So war es doch? Als die böse Mutter in den Schlund der Macocha geschleudert wurde, wachten die geopferten Kinder zu kräftigerem Leben auf. *Nach einer Pause, verhalten, aber herrisch:* Steh auf, Andreas! Nimm das Fläschchen dort vom Regal! Gieß den ganzen Inhalt hier ins Glas -
ANDREAS: *schreit auf* Niemals! Niemals!
CÄCILIE: *sinkt zurück* Nein, die Menschen lieben einander nicht so! Vielleicht könnte eine Mutter so lieben! Und was solltest du mir auch viel danken? Ich habe nur Unglück über dich gebracht!
ANDREAS: *mit tiefem, überströmendem Gefühl* Ich danke dir! Dafür, daß du da bist! Daß du immer da gewesen bist, seit ich lebe und denke! Aus ganzem Herzen dafür, daß du mir das Schönste gegeben hast, was dem Menschen gegeben werden kann: eine wunderbare Kindheit -
CÄCILIE: Was habe ich dir da viel gegeben? Das ist die Pflicht jeder Mutter.
ANDREAS: Dann gibt es viele Mütter, die ihre Pflicht nicht tun! Was ich Gutes habe und bin, ist allein dein Verdienst! Ich habe immer gefühlt, daß die Quellen aller meiner guten Kräfte in meiner Kindheit liegen. Und daß ich niemals werde ganz unglücklich sein können: weil ich das Paradies dieser Kindheit gehabt habe -
CÄCILIE: Ist es wahr? Sagst du das nicht nur zu meinem Trost?
ANDREAS: Ich sage es aus innerster, allertiefster Überzeugung! Du hast mir immer das Beispiel gegeben, daß es die edelste Genugtuung ist zu lieben, sich hinzugeben, sich für andre zu mühen. Ich danke dir! Du hast dein Bild so tief meiner Seele eingeprägt, daß ich mir die Segen schaffende Gottheit nicht anders als weiblich vorstellen kann! Ja, und daß der gütige Geist, der in meinen Träumen wirkt, unfehlbar deine Züge trägt!
CÄCILIE: O Gott! Daß du mich vor dem Ende noch so glücklich machst, mein Bub! So bin ich kein böses Weib gewesen, das nur Unsegen gebracht hat? *Andreas beugt sich über sie und küßt sie.*

Beide sind eine Weile ganz still. Es fängt zu dunkeln an. Plötzlich schreckt Cäcilie auf. Jesus Christus!
ANDREAS: Was hast du, Mama?
CÄCILIE: Kümmre dich nicht um mich! Lies mir aus dem Buche Hiob vor! Ich habe das Bedürfnis, Hiob zu hören. Lies Kapitel 3 Vers 11!
ANDREAS: *nimmt die Bibel, geht zum Fenster und liest* „Warum bin ich nicht gestorben von Mutterleibe an? Warum bin ich nicht umgekommen -" *Er bricht ab.*
CÄCILIE: Warum stockst du? Ist's zu dunkel, daß du nicht mehr genug siehst?
ANDREAS: Wozu soll ich diese furchtbaren Klagen lesen, Mama?
CÄCILIE: Es erleichtert mich, daß der fromme Hiob so geklagt hat. „Warum hat man mich auf den Schoß gesetzt? Warum bin ich mit Brüsten gesäugt?"
ANDREAS: Kannst du's denn auswendig? *Er liest.* „So läge ich nun und wäre stille, schliefe und hätte Ruhe -"
CÄCILIE: *mit unterdrücktem Stöhnen* Jesus Maria!
ANDREAS: *unterbricht das Lesen* Warum hast du so schwer geseufzt?
CÄCILIE: Nichts! Nichts! Nein, lies lieber 19, 25: „Ich weiß, daß mein Erlöser lebt -"
ANDREAS: *sucht und liest* „Und er wird mich hernach aus der Erde aufwecken. Und werde danach -"
CÄCILIE: Maria! Heilige Mutter Gottes! Bitte für mich!
ANDREAS: *stürzt auf sie zu* Wie siehst du aus? Was stöhnst du so schrecklich?
CÄCILIE: *stöhnend* Schmerzen! Schmerzen! Furchtbare Schmerzen!
ANDREAS: *verstört und wie ohne Besinnung* Ich will... ich werde... ich rufe Valentiner -
CÄCILIE: *klammert sich an ihn* Laß mich nicht allein! Gib es nicht zu, daß ich so unmenschlich leide!
ANDREAS: Ich ertrage es nicht! Was soll ich? Was kann ich? Nur ächze nicht so!

CÄCILIE: Nimm das Fläschchen dort! Leer die Tropfen hier ins Glas!

ANDREAS: *schreiend* Nein! Nie!

CÄCILIE: Daß ich nicht in Verzweiflung falle! Daß ich nicht noch Gott verwünsche und das ewige Heil verliere -

ANDREAS: Das nicht! Nur das nicht!

CÄCILIE: Ich bin dir nie eine schlechte Mutter gewesen! Erbarme dich, um Christi willen -

ANDREAS: *vor ihr niederstürzend* Du! Du! Erbarme du dich meiner! Verlang nicht, daß ich an dir zum Mörder werde!

CÄCILIE: *mit verzweifelter Kraft* Verflucht sei dieses grauenhafte Dasein! Verflucht Er, der ohne Gnade diese entsetzlichen Leiden geschaffen hat! Niemand hat Erbarmen, niemand hat mich lieb -

ANDREAS: Ich habe dich lieb! *Er springt schnell auf, nimmt das braune Fläschchen vom Regal, gießt den Inhalt in ein Glas und reicht dieses, abgewandten Gesichts, seiner Mutter.*

Dritter Akt

Es ist Nacht. Das Zimmer ist ganz dunkel. Man hört draußen den Regen fallen. Andreas sitzt auf einem Stuhl und grübelt vor sich hin. Agnes tritt aus dem Nebenzimmer ein; im Abendkleid, um das sie einen Mantel geworfen hat. Durch die Tür fällt ein Lichtschein ins Zimmer.

ANDREAS: *fährt auf* Wer hier?
AGNES: Ich finde keine Ruhe, Andreas. Ich hörte dich herumgehen. Du kannst auch nicht schlafen.
ANDREAS: Nein, ich kann nicht schlafen.
AGNES: Ich fürchte mich allein im Dunkeln. *Sie zündet eine Kerze an.* Wie ist es gewesen? Du mußt es mir noch einmal sagen!
ANDREAS: Wie oft noch? Mußt du in der Wunde wühlen?
AGNES: Ganz plötzlich? Ganz ohne Vorzeichen, hast du gesagt?
ANDREAS: Ganz plötzlich. Sie hatte noch eben mit mir geplaudert; munter, beinahe vergnügt.
AGNES: Und dann hast du ihr vorgelesen?
ANDREAS: Sie bat mich, ihr vorzulesen. Aus dem Buch Hiob. Es dämmerte schon, ich stand am Fenster und las. Dann hörte ich ein tiefes Seufzen.
AGNES: Und da ist es schon aus gewesen?
ANDREAS: Es fiel mir auf, daß sie so lange still war, und ich trat an ihren Stuhl. Sie regte sich nicht mehr. Sie war schon hinübergeschlummert, ohne Ängste und Qualen. Wie eine Glückliche.
AGNES: Wann ist das gewesen?
ANDREAS: Ungefähr um sechs Uhr. Ich stürzte fort, um Valentiner zu holen. Er konnte nur feststellen, daß es vorüber war. Eine plötzliche Herzschwäche.
AGNES: *schweigt eine Zeitlang; dann sagt sie grübelnd:* So sieht sie nicht aus!
ANDREAS: Wie: so?

AGNES: Wie eine Glückliche. Als habe sie zuletzt namenlose Ängste und Qualen gelitten: so sieht sie aus.
ANDREAS: *heftig* Laß mich allein! Besser, allein zu sein!
AGNES: *geht zur Tür* Ja, wir sind auch zusammen, jeder allein. *Sie bleibt plötzlich stehen* Ich kann's nicht begreifen! Sonst, wenn ich nach Hause kam, strömte mir Wärme entgegen und Leben und Zärtlichkeit. Hinter der Tür dort, das habe ich immer gewußt, war immer jemand, der mich erwartete, der mir gehörte, bei dem Verständnis und Trost und Zuflucht war: immer, immer! -... und jetzt ist's hier kalt und leer, und hinter der Tür liegt etwas Furchtbares...
ANDREAS: Ja, alles leer geworden und kalt: dort und hier! *Er zeigt auf die Tür und auf sich selbst.*
AGNES: *schnell* Ich muß sie noch einmal sehen! *Sie öffnet die Tür. Auf dem Bett, an dessen Kopfende zwei Kerzen brennen, liegt verhüllt Cäcilie.* Mama! Meine liebe, angebetete Mama! *Sie sinkt in die Knie und schlägt bei jedem Anruf ihren Kopf gegen die Erde.* Verzeih mir! Wenn du mich noch hören kannst: verzeih mir! Ich bin ungeduldig gewesen; träg und stumpf und eigensüchtig! Dürfte ich noch einmal mit dir eine unserer Promenaden machen, nur noch einmal meinen Kopf in deinen Schoß legen: ich möchte alles Glück dafür hingeben, alles Lebensglück, alles Frauenglück! Verzeih mir in deiner unbegrenzten Liebe: wenn deine Seele noch in diesen Räumen weilt - *Sie steht langsam auf. Dann starrt sie auf das Bett und schreit auf:* Sie hat sich gerührt!
ANDREAS: *heftig* Gerührt? *Besonnen* Komm! Geh! Was sich gerührt hat, das ist - die Leichenstarre ists gewesen. Wenn diese eintritt, dann rührt sich der Tote zum letzten Mal.
AGNES: *bricht in Tränen aus* Niemals wieder! In Ewigkeit niemals wieder! *Sie eilt hinaus.*
ANDREAS: *steht stumm; dann beugt er den Kopf gegen das Bett:* Mir verzeih, mir! Wenn deine Seele noch in diesen irdischen Räumen schwebt... *Er setzt sich und schweigt. Plötzlich springt er auf:* Agnes!
AGNES: *tritt ein* Hast du gerufen?

ANDREAS: Komm her! Bleib hier! Nur nicht allein sein mit den furchtbaren Gedanken!
AGNES: Ja, alles besser als allein sein und denken!
ANDREAS: *zeigt auf die Tür, hinter der Cäcilie liegt* Mach die Tür zu! Es kommt eine eisige Kälte durch die Tür -
AGNES: *schließt die Tür* Ja, ja, ich mache schon zu.
ANDREAS: *geht auf und ab. Nach einer Pause:* Ich werde nie mehr forschen können! Nie wieder forschen und arbeiten, Agnes!
AGNES: Warum solltest du nicht? Du hast den Weg jetzt frei!
ANDREAS: Ich hatte gedacht: hätte ich den Weg erst frei! Und nun, da ich ihn habe: was nützt es? Nur für Mama habe ich gearbeitet, von Anfang an und immer: um ihr Freude und Stolz zu schaffen! Wozu noch weiter?
AGNES: Für Therese! Und für das Wohl vieler Menschen!
ANDREAS: Es ist nicht nur das. Ich fühle, daß sie, Mama, die treibende Kraft in mir gewesen ist. Ihr Glauben an mein Talent hat mir das bißchen Talent gegeben. Ich habe keinen Glauben mehr an mich selbst. *Nach einer Pause:* Das ist mein einziger Trost: daß der Tod für sie eine Erlösung war. Sie hat schon längst zu sterben gewünscht.
AGNES: Ich habe sie besser gekannt. Sie hat das Leben so maßlos geliebt. Und wie konnte sie sich freuen, selbst in ihren Leidensstunden! Über ein Nichts; über eine Blume; einen Vogel, der am Fenster vorüberstrich! Nein, sterben: das wollte sie nicht!
ANDREAS: *erregt* Sie wollte! Sie wollte es! Denn hätte sie's nicht gewollt - - *Ruhiger:* Noch gestern sagte sie, daß sie nur eine Last sei für sich und die andern -
AGNES: *heftig* Das sagte sie? Dann wußte sie alles!
ANDREAS: Was? Was wußte sie?
AGNES: Alles! Sie schaute in mich hinein mit ihrem untrüglichen Blick! Durch alle Verkleidung hindurch in mein innerstes Herz! Und dort las sie alles: die bösen Gedanken und die wilden Wünsche -
ANDREAS: Nein, Agnes. Sie sprach von dir mit unendlicher Zärtlichkeit, noch knapp vor dem Ende.

AGNES: *immer erregter* Sie lag und beobachtete, endlose Monate lang, und ahnte alles, erriet alles, fühlte den Haß ringsum... den schweigenden, immer lastenden Haß... fühlte, daß sie im Wege stand... und grübelte, sich aus dem Weg zu räumen, und... und... *Sie blickt sich überall im Zimmer um, stürzt in das andre und kommt gleich wieder zurück:* Wo ist das Fläschchen?
ANDREAS: *erschrickt* Was... was für ein Fläschchen?
AGNES: Das braune Fläschchen mit dem Totenkopf!
ANDREAS: Wie soll ich's wissen?
AGNES: *zeigt hin* Dort vom Regal! Ein starkes Gift ist darin gewesen!
ANDREAS: Ich kenne dein braunes Fläschchen nicht! *Agnes stürzt zum Fenster.* Wohin willst du?
AGNES: *außer sich* Hinunter! Aufs Pflaster! *Sie reißt das Fenster auf.*
ANDREAS: *reißt sie zurück und stellt sich vors Fenster* Nur mit mir zusammen!
AGNES: Ich habe das Fläschchen gestern in ihrer Hand gesehen und in meiner Blödheit nicht darauf geachtet! Und jetzt ist es weg! Sie hat es ausgetrunken, um sich aus dem Weg zu räumen! Und du bist blind gewesen, und hast indes aus der Bibel vorgelesen -
ANDREAS: *schnell* Wo ist es? Überlege doch! Wenn sie's getrunken hätte, müßte es hier sein! Wo ist das Fläschchen?
AGNES: *sucht sich zu fassen* Ja, wenn sie's - es müßte hier sein! Wo ist es?
ANDREAS: Ich weiß nicht. Valentiner ist hier gewesen. Vielleicht hat er es aus Vorsicht weggeschafft.
AGNES: Ja, vielleicht hat Valentiner es weggeschafft. Wenn aber nicht: dann aufs Pflaster hinunter! *Sie grübelt vor sich hin.* Wann, sagst du, ist es geschehen?
ANDREAS: Um sechs Uhr. Als es eben dunkel geworden war.
AGNES: Als es dunkel geworden war. Um sechs Uhr: da hat er mich umarmt, und ich habe mich mit ihm auf dem Sofa gewälzt und nicht gefühlt, daß sie in derselben Stunde starb! Und ich habe

noch dasselbe Kleid an, in dem er mich - - - *Sie reißt sich das Kleid ab.* Weg! Weg! Es riecht nach ihm - -
ANDREAS: Agnes! Ich bitte dich -
AGNES: *alles wegreißend* Alles ist besudelt! Weg! Ich will baden! Abwaschen von mir, nein, ausbrennen aus mir alles Schmutzige, das vom Mann ist! Jetzt weiß ich, was ich zu tun habe! *Sie eilt ins Nebenzimmer. Nach einer Weile kommt sie zurück, in ihrem grauen Kittel und beginnt zu schreiben.*
ANDREAS: Was hast du vor?
AGNES: Ihm den Abschiedsbrief schreiben.
ANDREAS: *heftig* Das darfst du nicht! Mama hat gewünscht, daß du ihn heiratest, schnell heiratest -
AGNES: Das ist der Beweis! Daß sie alles gewußt hat! Um so entschlossener muß ich es tun!
ANDREAS: Es ist wie ein Vermächtnis gewesen. Sie hat es mir ans Herz gelegt, dich glücklich zu machen, dich sofort zu verheiraten -
AGNES: Und du traust mir eine solche Erbärmlichkeit zu? Du hältst mich für niederträchtig genug, mein Glück auf Mamas Leichnam aufzubauen? Und was für ein Glück würde es sein? Unversöhnliche Gewissensqual!
ANDREAS: *außer sich* Um meinetwillen, Agnes! Ich mußte es ihr geloben -
AGNES: So gelobe auch ich! Hier ist das Kreuz, vor dem Mama betete. *Sie holt ein kleines Kreuz.* Vor diesem Kreuz gelobe ich -
ANDREAS: *schnell* Gelobe nicht! Ich muß dir ein Bekenntnis machen. Setz dich, aber sei ganz ruhig! *Nach einem langen, schweren Schweigen:* Sie ist nicht so gestorben. Nicht, wie ich es dir gesagt habe.
AGNES: Nein, nicht wie eine Glückliche.
ANDREAS: Sie hatte vorher furchtbare Schmerzen. Sie schrie laut. Es ist unmenschlich gewesen!
AGNES: Ich weiß. Ich kenne das, wie furchtbar das gewesen ist.
ANDREAS: Ich hatte sie früher nie so gesehen. Ich konnte es nicht ertragen. Ich glaubte, mein Herz müßte vor Mitleid brechen.

AGNES: Ich hatte es gefürchtet. Du mit deinem weichen Herzen!
ANDREAS: Sie verfluchte ihr Dasein, sie verwünschte Gott! Sie flehte mich an, ihren Leiden ein Ende zu machen. Sie beschwor mich, ihr einen Trunk einzugießen aus dem braunen Fläschchen. Und da - und da...
AGNES: Du hast ihr einen Trunk gegeben zu einem langen Schlaf!
ANDREAS: Da habe ich ihr den ganzen Inhalt eingegossen aus dem braunen Fläschchen.
AGNES: Da hast du sie von allen Leiden erlöst. *Nach einer Pause:* Es ist wahr. Von unendlichen Leiden hast du sie erlöst!
ANDREAS: Das habe ich zuerst auch geglaubt. Sie dankte mir, und schien friedlich hinüberzuschlafen. Dann aber, als es beinahe schon vorüber war, schlug sie noch einmal die Augen auf: und in diesen Augen leuchtete nicht Frieden; dort brannten Ängste, Verzweiflung und das letzte Entsetzen -
AGNES: Ängste und Entsetzen: ja, das steht in ihrem Gesicht geschrieben!
ANDREAS: Sie hielt die Augen voll Anklage gegen mich gerichtet, bis sie brachen. Seitdem sehe ich überall diese Augen - Lösch die Kerze aus! So haben ihre Augen geflackert, wie das Kerzenlicht -
AGNES: Ich lösche sie schon! *Sie löscht die Kerze aus.*
ANDREAS: Deshalb werde ich nie mehr arbeiten können! Meine Hunde und Kaninchen, die ich impfen muß, werden mich ansehen mit jenen toten, drohenden Augen! Im Mikroskop, wenn ich die Blutkörperchen prüfe, werde ich die Augen erblicken, schreckenerweitert, riesenhaft erweitert -
AGNES: Es wird vorübergehen, Andreas!
ANDREAS: Und ich werde nicht heiraten können! Wenn ich in Thereses lachendes Gesicht schaue, werden mich die angsterfüllten, anklagenden Augen daraus anstarren! Das grausame Geheimnis wird immer zwischen uns sein; der schreckliche Schatten wird Therese von mir treiben, wird alle Menschen von mir treiben -
AGNES: Mich nicht! In meinen Augen wirst du nie anderes erblicken als Zärtlichkeit und Dankbarkeit. Du hast mich von einer tödli-

chen Angst befreit. Ich werde nicht mehr böse Gedanken denken, nicht mehr frevlerische Wünsche wünschen -

ANDREAS: Du wirst mich auch im Stich lassen! Du auch -

AGNES: Ich werde dein guter Geist sein, wie Mama es gewesen ist. Ich werde für dich arbeiten und wirtschaften, dir die Sorgen abnehmen, Geld verdienen - und du wirst forschen und Großes schaffen! Ach Gott, dich friert! Komm, gieß dir einen Cognac ein! Wie du Ärmster zitterst!

ANDREAS: Vor Erregung. Vor dankbarer Erregung. Und - und du entsetzt dich nicht, meine Hände zu berühren?

AGNES: Sie berühren? Sie küssen! *Sie neigt sich schnell und küßt seine Hände.* Komm näher! Leg deinen Kopf an meine Brust! Als kleines Mädchen wünschte ich mir, mein ganzes Leben mit dir zu leben; ich träumte davon, deine Mutter zu sein, und du solltest mein Kind sein! Und jetzt hast du mich zu deiner Mutter gemacht, und du bist für mich zum Kind geworden! Wir werden zusammen sein und glücklich sein; ich werde sehr glücklich sein, ohne einen fremden Mann -

ANDREAS: *leise* Nein, Agnes. Du mußt ihn heiraten. Sonst hätte, was ich getan habe, allen Sinn verloren.

AGNES: *löst sich schroff von ihm los* Bitte, laß mich los! Ich muß Licht machen. *Sie zündet an.* Schau mir in die Augen! Wiederhol das, was du da von dem Sinn gesagt hast!

ANDREAS: Du mußt heiraten und glücklich werden, Agnes! Das wäre für mich die einzige Rechtfertigung des Schrecklichen, das ich getan habe.

AGNES: Also doch! Mit dürren Worten: Du willst sagen, daß du's um meinetwillen getan hast?

ANDREAS: Nicht so, Agnes! Mama hat es gewünscht. Und du sagtest es auch, knapp vorher, daß du es wünschtest -

AGNES: *sich immer mehr in heftige Erregung steigernd* Das nicht! Gott im Himmel, das nicht! So entsetzlich konntest du meine Beichte nicht mißdeuten! Daß du das tust, das habe ich nicht gewünscht noch gewollt! Ich habe es nie geahnt!

ANDREAS: Du hast das nicht gewünscht. Nur sprich nicht so laut, ich flehe dich an. Mama liegt nebenan.

AGNES: *öffnet die Tür, hinter der Cäcilie liegt* Ich scheue mich nicht, laut vor ihr die Wahrheit zu sagen! *Immer heftiger* Das also war deine Absicht, als du mir versprachst, meine Sache in deine Hände zu nehmen? Das: ihr die hundert Tropfen einzugießen zum ewigen Schlaf? Und jetzt kommst du und treibst mich in neue Ängste, und stürzt mich in noch tiefere Schuld! Weil die Bürde deiner Tat dir zu schwer ist, suchst du sie, auf mich abzuwälzen! Um meinetwillen hast du's nicht getan!

ANDREAS: Begreife doch, Agnes! Ich weiß es selbst nicht, warum ich es getan habe. Im Augenblick vorher hatte ich's nicht geahnt, daß ich es jemals tun würde. Das Mitleid hat mich jäh überwältigt: da habe ich's getan!

AGNES: Mitleid? Mit ihr? Nur mit dir! Dich selbst hast du bemitleidet, weil du dem elenden Geld nachlaufen mußtest! Mama war für dich ein Hindernis: und darum hast du gewünscht - nicht ich! Du! Du! - sie aus dem Weg zu räumen! Darum hast du sie ermordet!

ANDREAS: *schreit entsetzt auf* Nein! Um Gottes Willen! Nenn es nicht so!

AGNES: *hemmungslos* Und weil du gierig danach warst, deine Therese zu heiraten! Du kannst ohne sie ja nicht existieren, das weiß ich schon längst! Und weil du gerechnet hast, mit ihr die Professur zu erheiraten! Das ist's gewesen, was dich zu deiner Tat getrieben hat!

ANDREAS: *nach langem Schweigen, sehr leise* Du hast vielleicht recht. Im tiefsten Herzen: - - vielleicht ist es das gewesen, was mich zur Tat getrieben hat.

AGNES: Du hast mich aus ihrem Herzen gedrängt, von Kindheit an! Immer bin ich die Zweite gewesen; tief, tief unter dir bin ich immer in ihrem Herzen gestanden! *Mit einer Art düsterer Größe:* Jetzt gehört sie mir! Ich habe sie immer mehr geliebt als du! Ich werde allein bei ihr die Totenwache halten! *Sie öffnet die Tür und setzt sich an Cäciliens Bett, den Rücken Andreas zugekehrt.*

ANDREAS: *geht nach einigem Zaudern auf sie zu* Du hast keine Schuld. Vergiß es nie, was ich dir jetzt sage: du hast es nicht gewollt und nicht geahnt! *Nach einer Pause:* Leb wohl, Agnes - - - *Er geht gegen die Tür. Es läutet. Andreas läßt Valentiner ein.*
AGNES: *auf diesen zu* Sie haben die Todesursache nicht erkannt, Doktor! Mama ist nicht an Herzschwäche gestorben!
VALENTINER: So-oo? Nun, natürlich, Sie müssen's besser verstehen als ich. So, so! Also nicht an Herzschwäche?
AGNES: An Herzschwäche nicht! An Gift!
VALENTINER: Gift? Was für ein Gift?
AGNES: Das Gift aus dem braunen Fläschchen! *Sie zeigt auf Andreas:* Er hat es ihr zu trinken gegeben. Er sagt, auf ihr eigenes Verlangen.
VALENTINER: Dann können Sie ruhig sein. Absolut beruhigt sein! An diesem Gift ist noch nie ein menschliches Wesen gestorben.
AGNES: Was? Wie?
VALENTINER: Nein, an destilliertem Wasser, mit ein wenig Jod gefärbt, ist noch keiner gestorben. Ich fürchtete, sie könnte in einer verzweifelten Stunde sich etwas antun. Deshalb habe ich die harmlose Mixtur gebracht.
ANDREAS: Kein Gift! O Gott!
AGNES: Ja, wie? Ist sie denn nicht gestorben, nachdem sie's getrunken hat?
VALENTINER: Vielleicht fühlte sie den Tod nahe und verlangte nach Gift, um schneller zu sterben. Und ihr Glaube, daß es Gift war, hat ihr wirklich einen schnellen, guten Tod gegeben.
AGNES: *blickt fassungslos von Valentiner zu Andreas, von Andreas zu Valentiner. Dann bewegt sie sich langsam auf Andreas zu und sagt stockend:* Und ich habe dich einen Mörder genannt! *Nach einer Pause:* Und du hast alles auf dich genommen, um mich zu schonen! *Wieder nach einer Pause:* Ich... bin... eine... Verbrecherin! *Sie sinkt langsam in die Kniee.*
VALENTINER: Ich habe Sie gewarnt. Aber nein und nein! Immer leidenschaftlich, immer unbezähmbar! Nun haben wir ihn, den Nervenzusammenbruch! Ich hatte es befürchtet; darum bin ich

nochmals gekommen. *Er hebt sie auf.* Kommen Sie, mein Kind! Sie haben Übermenschliches geleistet; jetzt wollen wir endlich einmal an uns selbst denken! Jetzt schön brav und folgsam sein! Legen Sie sich hin; ich gebe Ihnen ein paar Tropfen -
AGNES: *während sie sich willenlos hinausführen läßt* Ich... bin... eine... Verbrecherin! *Sie und Valentiner ab. Valentiner kommt nach einer Weile zurück, während Andreas erregt durch das Zimmer gegangen ist.*
ANDREAS: Sagen Sie! Erklären Sie, Doktor! Ich hatte geglaubt, Sie hätten alles erraten, als Sie das Fläschchen vorhin beiseite brachten! Ich bin also kein - Mörder?
VALENTINER: Gewiß nicht! Beileibe nicht! Wenn es auch gut ist, daß ich das Fläschchen beiseite gebracht habe.
ANDREAS: Es ist also doch Gift darin gewesen?
VALENTINER: Hören Sie, Andreas! Nektar, für Ihre unglückliche Mutter ist Nektar darin gewesen! Einen Wein der Gnade haben Sie ihr zu trinken gegeben! Sie haben eine gute Tat getan!
ANDREAS: *lacht schmerzlich auf* Eine gute! Sie sehen die Folgen dieser guten Tat: Mama in Entsetzen gestorben; Agnes im Tiefsten zerrüttet; ich von Gewissensqualen zerfleischt! Nein, es ist ein Mord gewesen!
VALENTINER: Eine tapfere Tat! Eine fromme Tat der Liebe, um die ich Sie beneiden könnte!
ANDREAS: Was nützt es, wenn mein innerstes Gefühl Sie Lügen straft! Ich habe ein Leben vernichtet, ein armes, leidendes Stück Leben, ja; aber heilig wie jedes Leben! Ich habe mir angemaßt, was Gott vorbehalten ist: es vor der Zeit abzukürzen. Ich habe gefrevelt! Als ich ihr Leben vernichtete, habe ich auch das meine vernichtet!
VALENTINER: Gefrevelt! Gefrevelt! Bringen Sie mich nicht auf! Wenn Sie gefrevelt haben, so haben Sie aus Liebe gefrevelt! Deshalb ist Ihnen nach jedem menschlichen Recht vergeben.
ANDREAS: Kann sein: aus Liebe gefrevelt; aber dennoch gefrevelt! Vielleicht könnte das Böse noch zum Guten werden. Ja, vielleicht; wenn ich mich entschließen könnte, die Bürde ehrlich auf

mich zu nehmen; wenn ich bekennen und sühnen würde - - Aber dagegen sträube ich mich! Das eben will ich nicht, weil ich kraftlos und feig bin -
VALENTINER: Ja, sühnen Sie! Sühnen Sie durch Ihr Leben! Verschwenden Sie sich an Ihre Arbeit! Helfen Sie mit, tausende Leben zu retten für das eine geopferte! Das ist die gute, rechte Sühne! - *Nach einer Pause:* Noch eins! Behalten Sie Ihr gefährliches Geheimnis für sich! Schlimm genug, daß Sie schon eine Mitwisserin haben! Lassen Sie's keine Menschenseele mehr ahnen! Sonst müßte ich die Anzeige machen... und das würde mir leid tun, schmerzlich leid - - *Es läutet. Agnes öffnet und tritt mit Gessner ein.*
AGNES: *in jähe Tränen ausbrechend* Heut Nacht, Hochwürden! Ganz plötzlich -
GESSNER: Ich habe es schon gehört. Es hat mich erschüttert. Ich habe in ihr eine Freundin verloren. *Zu Andreas und Agnes:* Vielleicht ist es Ihnen ein kleiner Trost: sie hat kurz vorher Vergebung ihrer Sünden empfangen. Sie ist, mit Gott versöhnt, als Christin gestorben. Gestatten Sie mir, ein stilles Gebet zu sprechen! *Er tritt an das Bett und betet, den Rücken den andern zugekehrt. Alle schweigen.*
GESSNER: Amen! *Er tritt zu den andern zurück* Als hätte sie's geahnt! Vorgestern trug sie mir auf, Ihnen zu sagen, daß sie Sie beide sehr geliebt hat, bis zum Ende, und daß Sie ihr alles Böse vergeben mögen -
AGNES: O Gott!
GESSNER: Ich sollte Ihnen einen Brief übergeben, wenn alles vorüber ist. Hier ist er! *Er übergibt ihn Agnes.*
AGNES: *öffnet ihn* Es ist ein Zettel für Sie beigelegt, Hochwürden. *Sie reicht ihn ihm.*
GESSNER: *liest* Was? Was ist das?
AGNES: *reicht den Brief Andreas* Begreifst du das?
GESSNER: Das habe ich nicht erwartet! Und nicht verdient! Da es Gott nicht gefallen hat, schreibt sie, ihre Leiden abzukürzen, so hat sie sich entschlossen, selber -

AGNES: *zu Andreas und Valentiner* Ich verstehe nichts mehr! Sie bittet, keinen zu verdächtigen, weil sie selbst - Also doch sie selbst?

GESSNER: Und sie hat noch die Stirn, mich zu bitten, ich solle ihr den letzten Beistand leisten! *Er greift nach seinem Hut.* Gelobt sei Jesus Christus!

AGNES: *auf ihn zu* Sie werden uns nicht allein lassen in dieser Not -

GESSNER: An der Bahre der Selbstmörderin habe ich nichts zu suchen! *Er geht gegen die Tür.*

ANDREAS: *in tiefster Erregung* Verweigern Sie ihr nicht die geweihte Erde, um die sie fleht! Es war ihr letzter Wunsch, neben dem Vater zu liegen! Versagen Sie ihr nicht ein christliches Begräbnis, Hochwürden! Sie hat unendlich gelitten -

GESSNER: *mit verhaltener Empörung* Sie hat die Beichte mißbraucht als eine Lügnerin! Die heilige Absolution hat sie erschlichen und die ewige Gnade verwirkt -

ANDREAS: Haben Sie Mitleid! Mit ihr, daß sie die ersehnte Ruhe findet! Mit mir, daß ich nicht in die allerletzte Verzweiflung falle! Begreifen Sie! Um Christi willen: erbarmen Sie sich in christlichem Erbarmen -

GESSNER: Ich, als Mensch, als ihr Freund, als Gregorius Gessner, begreife und erbarme mich. Als Priester muß ich die verdammen, die mörderisch Hand an sich selbst gelegt hat! *Er wendet sich ab.* Judicio Dei judicata est!

ANDREAS: *nach einem sichtlich schweren Kampfe, bricht aus* Sie hat nicht Hand an sich selbst gelegt! Ich habe sie mit Gift getötet!

AGNES: *tritt schnell zu ihm* Ich mit ihm! Ich habe ihn zu der Tat angestiftet!

ANDREAS: Sie lügt! Ich habe es allein getan! Ich allein will dafür büßen!

Medea in Prag

Schauspiel in fünf Akten

Personen:

PROKOP FOLTYN
LEILA, seine Frau
OMAR und AMIN, beider Kinder
FARIDA, Leilas Tante
KLEMENT MORAVAN, Gerichtspräsident, Prokops Onkel
BOZENA, seine Frau
ZDENKA, seine Tochter
KALABEK, Hotelbesitzer
Frau KROUTIL, eine Mieterin

Die Handlung spielt im Jahre 1948 in Prag, teils in Klements Wohnung, teils in einem Gasthofzimmer.

Erster Akt

Das Wohnzimmer in Klement Moravans Wohnung. Bozena und Zdenka im Gespräch.

ZDENKA: Reg dich nicht so auf, Mama!
BOZENA: Verstehst du das? Nach neun Jahren telegraphiert er aus Marseille und zeigt uns seine bevorstehende Ankunft an, ohne irgendeine Erklärung. Dann nach zwei Wochen schreibt er, daß er in Prag ist und uns bald aufsuchen wird, wieder ohne Erklärung und ohne Adresse. Und jetzt, nach weiteren zwei Wochen, ruft er plötzlich an.
ZDENKA: Was hat er denn gesagt?
BOZENA: Ich war wie auf den Kopf geschlagen. Er fragte, wann wir alle zu Hause sind. Als ich antwortete, um fünf, sagte er, daß er sich dann erlauben wird, uns heute um fünf zu besuchen.
ZDENKA: Er wird sich erlauben? Das sagte er?
BOZENA: Genau so sagte er. Ich weiß nicht, was ich stammelte. Darauf erwiderte er, daß er uns alle nötigen Aufklärungen geben wird, und er fügte hinzu, wir möchten nicht allzu überrascht sein -
ZDENKA: Es ist wirklich etwas merkwürdig.
BOZENA: Und so fremd hat er gesprochen. So förmlich! Ich begriff erst gar nicht, daß es unser Prokop war. Was steckt nur hinter alldem? Was sollen diese Geheimnisse?
ZDENKA: Was für Geheimnisse denn?
BOZENA: Warum hat er uns nicht auf den Bahnhof bestellt? Warum läßt er Wochen verstreichen, bevor er zu uns kommt? Wir sind doch die einzigen Verwandten, die er hat -
ZDENKA: Ach was! Es wird einer seiner romantischen Einfälle sein, die wir von früher kennen.
BOZENA: Ach Gott! Vielleicht wurde er im Krieg zum Krüppel geschossen! Am Ende hat er einen Arm oder ein Bein verloren, und er schämt sich, sich uns in diesem Zustand zu zeigen!

ZDENKA: Du redest Unsinn, Mama!

BOZENA: Ich verstehe dich, Zdenka, wirklich nicht, wie du so gleichgültig sein kannst. Hast du denn vergessen, was früher gewesen ist?

ZDENKA: Ich bin nur sicher. - Als unsere Truppen einzogen, die an der Ostfront gestanden waren, und er war nicht unter ihnen, machtet ihr bedenkliche Gesichter. Als die Freiwilligen kamen, die im Westen gekämpft hatten, und er wieder nicht, wurden eure Gesichter noch länger. Als er auch nicht unter den Kriegsgefangenen und Zwangsarbeitern war, die zurückkehrten, gabt ihr alle Hoffnung auf. Ich war immer sicher, daß er eines Tages auftauchen wird; du wirst es mir bezeugen -

BOZENA: Woher hast du nur deine Sicherheit genommen?

ZDENKA: Ich hatte sie eben. Und ebenso sicher bin ich, daß er unverändert zurückgekommen ist. Genau so, wie er uns vor neun Jahren verlassen hat.

Klement tritt auf.

KLEMENT: Der verlorene Sohn noch nicht erschienen?

BOZENA: Ich bin so froh, Klement, daß ich dich im Bureau erreicht habe.

KLEMENT: Pünktlichkeit hat der junge Herr, wie ich sehe, noch nicht gelernt. - Ich habe dir, Bozena, wiederholt untersagt, mich bei wichtigen Konferenzen zu stören.

BOZENA: Wenn es aber etwas so Dringendes war!

KLEMENT: Dringend? Mir ist's nicht dringend. Und ihm offenbar auch nicht. Wenn wir einander neun Jahre entbehren konnten, hätte ich ihn schmerzlos noch ein paar Stunden entbehrt.

BOZENA: Du hast aber trotzdem die wichtige Konferenz unterbrochen und bist spornstreichs nach Hause geeilt!

KLEMENT: Wegen des dummen Jungen? Ist mir nicht eingefallen! - Ich habe übrigens erst heute Nachforschungen nach ihm anstellen lassen. In keinem der besseren Hotels war er bekannt. Nur in einem obskuren Gasthof, irgendwo an der Peripherie der Stadt, war eine vier- oder fünfköpfige Familie, namens Foltyn, gemeldet.

BOZENA: Das kann doch unmöglich unser Prokop sein. Aber wo steckt er? Wo hat er sich die ganzen Wochen herumgetrieben?
KLEMENT: Vielleicht hat er bei einem Liebchen heimlichen Unterschlupf gefunden.
BOZENA: Mach keine solchen Späße, ich bitte dich -
KLEMENT: Ist mir auch ganz egal. Ihr könnt mich rufen, wenn die ersten sentimentalen Ergüsse vorbei sind. *Er will gehen.*
ZDENKA: *ihm plötzlich um den Hals fallend* Ach, Papa!
KLEMENT: *erstaunt* Was hast du? Du bist ja ganz außer dir.
ZDENKA: Ich freue mich so sehr, Papa!
KLEMENT: So, so! Noch immer? Ich habe gedacht, diese alten Dummheiten sind längst vergessen?
ZDENKA: Ja, was denn? Er ist mein Cousin, mein einziger Verwandter! Wir waren immer Freunde, von Kindheit an! Jetzt kommt er wieder - und ich hatte es nicht mehr gehofft -
KLEMENT: Wie das? Du warst doch immer so fest überzeugt.
ZDENKA: Ich war überzeugt - und war es nicht. Ich habe gehofft - und habe daran verzweifelt, was weiß ich! Gesteh es nur, Papa, du freust dich ja auch!
KLEMENT: Nicht im geringsten. Nicht über dich. Im Gegenteil, ich bin sehr besorgt -
ZDENKA: Du weißt etwas über ihn! Ist er als Invalider zurückgekommen?
KLEMENT: Ich weiß nichts. Ich gebe dir mein Wort.
ZDENKA: Und diese fünfköpfige Familie, von der du sprachst, das ist nicht seine Familie, nicht wahr?
KLEMENT: Sei vernünftig! Wie wäre er zu einer fünfköpfigen Familie gekommen? *Es läutet draußen.* Da ist er schon selbst!
Prokop tritt ein.
PROKOP: *sofort auf Bozena zugehend und sie umarmend* Tante Bozena! Beste Tante!
BOZENA: Mein Junge! Endlich, mein guter Junge!
PROKOP: *Klement umarmend* Onkel Klement! *Zu Zdenka* Zdenka! Liebe! Ich darf doch? *Er küßt sie.* Laß dich ansehen! Ganz unverändert!

ZDENKA: Du auch! Etwas gebräunt, sonst unverändert. Ich habe es immer gewußt -
PROKOP: Ich habe mich oft gefragt, ob ich mich wohl fremd fühlen würde, wenn ich nach so langer Zeit wieder zu euch käme. Und nun ist es, als seien nicht neun Jahre vergangen, sondern neun Wochen! Im ersten Augenblick fühle ich mich bei euch wieder zu Hause!
BOZENA: Das bist du auch! Wo denn sonst solltest du zu Hause sein?
PROKOP: *Zdenka betrachtend* Nicht möglich! Dieses weiße Kleid! Genau so ein weißes Kleid trugst du damals, weißt du es noch, als du mich in der Nacht heimlich zum Bahnhof begleitetest.
BOZENA: Aber warum bist du nicht sofort nach deiner Ankunft zu uns gekommen? Warum hast du -
PROKOP: Ich hatte meine Gründe. Ihr werdet alles verstehen.
KLEMENT: Weißt du, Junge, daß du verdienst, derb gezaust zu werden? Neun Jahre lang kein Sterbenswort von dir hören zu lassen! Wir hatten zumindest erwartet, daß du dich nach unserer Befreiung gleich melden würdest.
PROKOP: Dort, wo ich war, verkehrte keine Post. Nur ein- oder zweimal drang eine dunkle Kunde aus der Welt dort hinüber.
KLEMENT: Du bist doch wohl nicht im innersten Afrika gewesen?
PROKOP: Beinahe, Onkel. Von der Befreiung der Republik habe ich erst ein volles Jahr später gehört.
KLEMENT: Seitdem sind weitere zwei Jahre verflossen. Du hast dir reichlich Zeit gelassen, nach Haus zu kommen.
ZDENKA: Deine letzte Nachricht erreichte uns aus Polen. Du deutetest damals an, du hättest die Absicht, auf polnischer Seite mitzukämpfen.
PROKOP: Nach dem Zusammenbruch Polens begann eine wilde Odyssee. Von einer Grenze zur andern, von Gefängnis zu Gefängnis, von Auffanglagern zu Abschiebelagern. Von Polen nach Rumänien, von Rumänien nach Ungarn, nach Jugoslawien, nach Griechenland. In Griechenland endlich gelang es mir, in die englische Armee einzutreten.

KLEMENT: In die englische? Warum in eine fremde Armee?
PROKOP: Ich war doch weggegangen, um für die Freiheit unserer Republik zu kämpfen. Die englische Armee war die einzige, die gegen Hitler noch im Felde stand. Ich wurde in den Orient geschickt und machte den Feldzug in der libyschen Wüste mit.
KLEMENT: Warum bist du nicht mit den anderen zurückgekommen, die in der englischen Armee gedient hatten?
PROKOP: Daran war ich gehindert. Ich war nämlich vorher hingerichtet worden.
ZDENKA: Hingerichtet!
BOZENA: Entsetzlich! Du wurdest hingerichtet?
PROKOP: Also kriegsgerichtlich erschossen, wenn das euch weniger erschreckt. Die Deutschen richteten alle Tschechen, die sie mit Waffen in der Hand gefangennahmen, als Hochverräter hin. Damals waren sie im vollen Rückzug von Tobruk und arbeiteten nicht mit der gewohnten Gründlichkeit. Wir wurden, elf Mann, an Händen und Füßen aneinandergebunden, in einer Sandgrube aufgestellt und von einem Maschinengewehr niedergemäht.
BOZENA: Wie bist du nur am Leben geblieben?
PROKOP: Sie hatten es, wie gesagt, eilig und nahmen sich nicht die Mühe festzustellen, ob bei den Exekutierten der Tod eingetreten war. Sie überließen die Aufräumearbeit den Geiern und Hyänen. Mir war ein Geschoß hart am Herzen vorbeigegangen. Ich lag in dem sandigen Grab und hörte, langsam verblutend, das Schnauben der Bestien, die ihre Beute witterten.
ZDENKA: Wie bist du aus dem Sandgrab davongekommen?
PROKOP: Räubernde Beduinen, die das Schlachtfeld durchstreiften, fanden mich auf. Ob sie von Mitleid ergriffen wurden, als sie in mir noch einen Lebensfunken entdeckten, oder ob sie ein hohes Lösegeld erwarteten: kurzum, sie zerschnitten meine Stricke, verbanden mich, luden mich auf den Rücken eines Kamels und brachten mich nach wochenlangem Wüstenritt nach der Oase Kufra. Dort wurde ich im Haus eines Scheichs gepflegt, bis ich genas.

KLEMENT: Du hast dann sechs oder sieben Jahre als Gefangener dort bei den Wilden gelebt?
PROKOP: Ich lebte in voller Freiheit. Sie sind auch keine Wilden. Es sind Primitive von ungebrochenen Trieben und elementaren Leidenschaften, die durch strenge Gesetze gebändigt werden. Zugleich sind sie kindliche Menschen von unbedingter Wahrhaftigkeit und Vertrauen, Menschen, wie sie wohl ursprünglich aus Gottes Hand hervorgegangen sind.
KLEMENT: Von Kultur unberührt: das meinst du ja wohl?
PROKOP: Ich habe, wie ihr vielleicht noch wißt, die Zivilisation nie geliebt und immer von einem urtümlicheren, naturnäheren Leben geträumt. Dort rollt das Leben, seit Jahrtausenden unverwandelt, in sich gleichbleibendem Rhythmus ab. Es hat noch den Duft und Reiz der Frühe. Es ist von Geheimnis und heiligen Riten erfüllt. Ich habe dort die Menschenart und die Lebensform gefunden, nach der ich mich stets gesehnt hatte.
KLEMENT: Ja, was hast du all die Zeit getrieben? Du bist doch nicht nur wie diese Orientalen im Gewölbe eines Cafés gesessen und hast die Wasserpfeife geraucht?
PROKOP: Ich nahm am Leben der Gemeinschaft teil und leistete die Arbeit, die sie mir zuwies. Ich bewässerte einen großen Garten, pflanzte Fruchtbäume, okulierte und erntete. Ich habe mich vollkommen glücklich gefühlt.
ZDENKA: Du, ein geistiger Mensch? Wie ist das möglich?
PROKOP: Die Menschen dort haben Ehrfurcht vor dem Geist, auch wenn sie ihn vielleicht nicht begreifen. Als ich meine Probezeit hinter mir hatte, nahmen sie mich auf ihren Karawanenzügen nach den fernstgelegenen Oasen mit. Es gelang mir, die Überreste einer längst versunkenen Kultur zu entdecken, und ich verfaßte ein Werk über die Geschichte der libyschen Wüstenstämme, die die Urgeschichte der Menschheit widerspiegelt.
KLEMENT: Eins verstehe ich nicht. Ich habe doch oft gelesen, daß solche Primitive alle Fremden hassen.

PROKOP: Sie hassen sie nicht. Sie scheuen sie, solange sie ihnen fremd sind. Ich bin aber einer der ihren geworden.
KLEMENT: Du willst doch nicht sagen - ?
PROKOP: Ich habe Lippenbekenntnissen nie großen Wert beigelegt. Ich habe den Islam angenommen.
KLEMENT: Das ist ja reizend. Du hast dich also von deinem Vaterland losgesagt?
PROKOP: Ich glaubte, genug getan zu haben, als ich mein Leben für mein Vaterland hergab. Als ich aus dem Grab auferstand, fühlte ich, daß ich ein neues Dasein beginnen müsse. Ich mußte und wollte vergessen. Ich hatte auch keine Hoffnung mehr, mein Vaterland je wiederzusehen.
ZDENKA: Du hast uns vergessen. Aber du bist doch wiedergekommen!
PROKOP: Eine Karawane, die nach der Nordküste gezogen war, brachte eines Tages ein Grammophon und einen Stapel Schallplatten nach der Oase. Unter den Platten war die „Moldau" von Smetana. Da wurde alles in mir wieder lebendig: unser weites, welliges böhmisches Land. Die langgestreckten, von blühenden Pflaumen- und Kirschbäumen umsäumten Dorfzeilen. Die Kirchweihen mit den farbigen Trachtentänzen und der gellenden Blechmusik. Die umbuschten Flußläufe, die Hochwälder und blauen Hügelzüge. Die steinerne Krone des Hradschin über dem königlichen Prag -
ZDENKA: Nein, du hast uns nicht vergessen. Es war nicht möglich!
PROKOP: Es war wie der unwiderstehliche Anruf der Heimat. Ich begann, unter der Wüstenglut dahinzusiechen, die ich bis dahin nicht empfunden hatte. Ich verfiel in eine unüberwindliche Melancholie. Schließlich wandte ich mich an unsern Konsul in Alexandrien, dem ich meine Geschichte darstellte, und bat ihn, mir zur Heimkehr zu verhelfen. Nach vielem Hin und Her sandte er mir eine Einreisegenehmigung. Ich konnte endlich zurückkommen.
ZDENKA: Du hast viel durchgemacht. Du wirst uns alles genau erzählen müssen.

KLEMENT: Nun, wir haben auch einiges durchgemacht, in der Zeit der Okkupation und dann während der Revolution. Wir wurden zwar nicht exekutiert, aber wir standen jede Stunde unter der Drohung der Exekution. Zdenka war aktives Mitglied unserer Untergrundbewegung. Sie hat oft genug ihren Kopf für die Partisanen riskiert.

ZDENKA: Ich bitte dich, Papa!

KLEMENT: Jetzt leitet sie die soziale Fürsorge in drei Stadtbezirken. Ich gehörte einem unserer geheimen Revolutionskomitees an. Nach der Befreiung wurde ich zum Präsidenten des Prager Landesgerichtes ernannt. - Nun aber etwas Praktisches! Wo bist du abgestiegen?

PROKOP: Im Hotel „Svatopluk".

KLEMENT: Im „Svatopluk"? Das ist doch, soviel ich weiß, ein drittrangiger Gasthof in der Vorstadt.

PROKOP: Ich zog es vor, in einem bescheidenen Hotel zu wohnen.

KLEMENT: Schwach am Beutel, wie? Warum hast du uns nicht sofort aufgesucht?

BOZENA: Das war nicht schön von dir, Prokop.

KLEMENT: Wenn du die Zivilisation auch nicht liebst, wirst du ihre Vorteile, denke ich, doch nicht verachten. Du läßt dein Gepäck aus dem „Svatopluk" holen und übersiedelst noch heute zu uns!

PROKOP: Das wird nicht möglich sein.

KLEMENT: Tante Bozena hat ein Gastzimmer für dich seit Wochen parat.

PROKOP: Ich bin nämlich nicht allein gekommen. Ich habe meine Frau mitgebracht.

ZDENKA: Deine Frau!

BOZENA: Was? Du hast eine Frau?

KLEMENT: Du hast dir ja rasch eine Frau beigelegt. So kurzerhand auf der Strecke zwischen Marseille und Prag?

PROKOP: Ich habe sie drüben zur Frau genommen.

KLEMENT: Du machst dich wohl über uns lustig! Wie, du hast eine Negerin geheiratet?

PROKOP: Die Senussi, die die Oase bewohnen, sind dunkelhäutig, aber keine Neger. Sie sind Berber; Stammverwandte oder sogar Abkömmlinge der alten Ägypter.

KLEMENT: Sehr interessant! Und du hast es nicht für unter deiner Würde gehalten, eine ungebildete Fellachin zu heiraten?

PROKOP: Sie ist die Tochter eines hochangesehenen Scheichs. Sie hat mich aufopfernd gepflegt, als ich todwund dort eingeliefert wurde. Ich habe ihr alles zu verdanken. So bin ich mit ihr und unseren Kindern, zwei Buben, heimgekommen. Und mit ihrer alten Tante, die ihre Mama ihr zur Begleitung mitgab.

BOZENA: Zwei Kinder! Auch das noch!

KLEMENT: Eine fünfköpfige Familie! Du bist reich gesegnet heimgekehrt, das kann man wohl sagen! - Ich vermute, daß du uns deine Frau vorstellen willst. Oder hast du die Absicht, sie zu verstecken?

PROKOP: Sie wartet unten im Wagen. Sie ist sehr scheu. Die fremden Eindrücke, die ringsum auf sie einstürmen, haben sie erschreckt und verwirrt. Ich mußte ihr etwas Zeit lassen, sich an die neuen Verhältnisse zu gewöhnen. Deshalb habe ich euch so spät aufgesucht.

KLEMENT: Hör mal, wie verständigt man sich mit ihr? Auf berberisch?

PROKOP: Ihre Mamasprache ist arabisch. Sie hat aber perfekt tschechisch gelernt. Auch englisch. Sie ist von hoher Intelligenz. Und sie besitzt die Gabe einer seltenen Intuition, die uns in der Zivilisation abhandengekommen ist. Sie ist eine ausgezeichnete Frau.

ZDENKA: Sie also hat dich vollkommen glücklich gemacht.

KLEMENT: Wir sind natürlich sehr gespannt, die neue Nichte kennenzulernen.

PROKOP: Seid nicht überrascht, wenn ihr sie ein wenig sonderbar findet! Sie ist den Sitten und Bräuchen ihrer Heimat noch tief verfallen. Ihr Leib ist hier; ihre Seele scheint noch drüben zu weilen.

KLEMENT: Bring sie nur herauf!

PROKOP: Noch eins! Sie kennt nicht die Tünche unserer Höflichkeit. Sie weiß nichts von Verstellung und spricht offen aus, was sie denkt und fühlt. Laßt euch dadurch nicht befremden -
KLEMENT: Ohne lange Vorrede! Wir werden schon sehen. *Prokop ab.* Das ist mir eine nette Bescherung!
BOZENA: Das hätte ich nie von Prokop erwartet! Uns ein schwarzes Weib herzuschleppen!
ZDENKA: Es war nicht anzunehmen, daß er so lange Jahre ohne Frau bleiben würde.
KLEMENT: Das sagst du? Du bist doch selber ohne Mann geblieben!
ZDENKA: Das ist etwas anderes. Ich hatte meine Familie, meine Heimat und meinen Beruf. Er war einsam in der Fremde -
BOZENA: Nein, daß er uns das antun konnte! Und ich war immer so stolz auf ihn -
Prokop führt Leila herein. Sie ist ganz schwarz gekleidet, bis auf eine breite, dunkelrote Seidenschärpe um die Hüften. Über ihr Gesicht fällt ein sehr dichter schwarzer Schleier, der sie völlig verhüllt. An beiden Armen trägt sie mehrere breite, kunstvoll silbergeschmiedete Armringe übereinander und in den Ohren große, lang herabfallende Ohrringe. Sowie sie eintritt, kniet sie sofort an der Schwelle nieder.
LEILA: *ihren Kopf gegen Klement neigend* Nimm die Fremde gütig auf an deinem gastlichen Herd! Blick auf mich wie der Vater auf sein Kind! *Sie hebt den Kopf und wartet. Darauf neigt sie den Kopf gegen Bozena:* Laß dein Herz mir eine Wohnstatt und meine neue Heimat sein! *Sie wartet wieder. Darauf zu Zdenka:* Sei mir eine freundliche, hilfreiche Schwester -
KLEMENT: *verblüfft zu Prokop* Was bedeutet das?
PROKOP: So bittet in ihrer Heimat der Fremde um gastliche Aufnahme.
KLEMENT: Aber nicht bei uns in Prag! Sag ihr, sie soll die Possen lassen und sich vernünftig auf einen Stuhl setzen!
PROKOP: *sich über Leila beugend* Ich habe dir gesagt, daß hier andere Sitten herrschen -

LEILA: *schmerzlich* Sie haben mich nicht aufgenommen. Sie haben mich verworfen.

PROKOP: *zu Klement* Sie wird nicht früher aufstehen, als bis du deine rechte Hand auf ihren Scheitel gelegt und mit der Linken sie aufgehoben hast.

KLEMENT: Höre! Das ist ja geradezu Gewalt!

ZDENKA: *geht auf Leila zu und streckt ihr die Hand entgegen* Entschuldigen Sie, daß Ihre Sitten uns unbekannt sind! Ich will Ihnen gerne eine Schwester sein.

KLEMENT: Schön, schön! Wir haben hier zwar keinen Herd; aber da Sie's durchaus also wollen, nehme ich Sie an meinem Herd auf. *Er berührt mit der rechten Hand ihren Kopf und hebt sie mit der Linken auf.*

PROKOP: *zu Leila, nachdem diese sich zögernd gesetzt hat* Gib ihnen deine Gastgeschenke!

LEILA: *zu Klement* Der erhabene Scheich sendet dir diesen edelsteingeschmückten Dolch, damit du mein Beschützer und der Hüter meines Rechtes seist -

KLEMENT: Wissen Sie, in zivilisierten Ländern laufen die Männer nicht mit Dolchen im Gürtel herum. Aber es ist ein prächtiger Dolch. Ich will ihn in die Vitrine legen.

LEILA: *zu Bozena* Dir schickt die priesterliche Fürstin diese Kette aus alten, silberglänzenden Perlen. Möge die Kette, sagte sie, eure Herzen unlösbar aneinanderbinden! *Sie legt die Kette vor Bozena nieder. Zu Zdenka:* Du nimm meinen Ring mit dem dunklen Rubin -

ZDENKA: Ich danke Ihnen. Nehmen Sie dafür meinen Ring, wenn er auch nicht so kostbar ist wie der Ihre - *Sie reicht ihr einen Ring.*

KLEMENT: *nachdem eine verlegene Pause eingetreten ist* Wollen Sie jetzt nicht vielleicht Ihren Schleier heben?

LEILA: *ihren Kopf schüttelnd* Man darf sich nicht vor einem fremden Mann enthüllen!

KLEMENT: Vor einem Fremden! Ich soll Ihnen aber doch wie ein Vater sein!

LEILA: Es ist verboten! Man darf nicht.

KLEMENT: Nun, wie Sie wollen! - Sagen Sie, Frau Foltyn - Ja, wie heißen Sie eigentlich?

LEILA: Leila.

KLEMENT: Ihr Vater ist also ein Scheich? Das ist wohl der Häuptling eines Wüstenclans? *Sie schweigt.* Und Ihre Mama, sagen Sie, ist eine Priesterin? *Sie schweigt. Zu Prokop:* Warum antwortet sie nicht?

PROKOP: Dort drüben spricht man nicht über seine Eltern mit Fremden.

KLEMENT: Merkwürdige Sitten! Man schämt sich seiner Eltern?

LEILA: *wie widerwillig* Mein Vater ist ein Hoher, Geweihter: er herrscht durch Weisheit. Meine Mama ist eine Gütige: man gehorcht ihr aus Liebe.

KLEMENT: Sie sind jetzt zum erstenmal aus der Wüste nach Europa gekommen. Wie gefällt es Ihnen bei uns? Großartig, wie?

LEILA: *nach einer Pause, leise und scheu* Alles ist klein.

KLEMENT: Klein? Was? Prag ist - klein?

LEILA: Kein Himmel über uns. Keine Erde unter uns. Keine Sonne, keine Sterne am Himmel. Es ist trüb und grau. Nur Dunst, Rauch und Nebel -

KLEMENT: Sie vermissen wohl die Äquatorsonne und die dörrenden Samumwinde? Wir leben hier, Gott sei Dank, in einem gemäßigten Klima.

LEILA: Es braust und dröhnt bei Tag und Nacht. Keine Stille; kein Frieden. Ich fürchte, man kann nicht Mensch sein in dem Meer von Steinen -

KLEMENT: *ärgerlich* Ja, warum sind Sie denn zu uns gekommen?

LEILA: *leise* Mein Herr sehnte sich. Mein Herr war unglücklich. Er sollte nicht unglücklich sein.

KLEMENT: Möchten Sie nicht endlich den Schleier zurückschlagen? *Er lacht:* Eine geniale Erfindung übrigens, diese dicken, schwarzen Schleier! Für häßliche Weiber nämlich, um uns ihren Anblick zu ersparen!

Leila schlägt langsam ihren Schleier zurück. Sie ist eine Schönheit von dunklem orientalischem Typus. Ihr Gesicht wird von ih-

ren großen, schwarzen Augen beherrscht, die in der Ruhe tief melancholisch, in der Erregung heftig flammend sind. Sie blickt Klement voll an, dann senkt sie die Augen, die sie im folgenden nicht mehr erhebt.

KLEMENT: *äußerst verblüfft* Aber - aber, meine Liebe! Sie haben diese abscheulichen Schleier nicht nötig! Sie sind ja geradezu eine blendende Schönheit! *Nach einer Pause:* Nochmals also: seien Sie uns willkommen! Mama, sag du ihr auch, wie sehr wir uns über sie freuen! *Bozena schweigt.* Bozena, du hörst wohl nicht?

BOZENA: *steif* Seien Sie willkommen!

KLEMENT: Ich kann dir, Prokop, zu deiner Frau wirklich nur gratulieren. Nun sag mir, wie hast du dir die nächste Zukunft vorgestellt?

PROKOP: Ich will mich zunächst, bevor ich anfange, richtig zu arbeiten, um mein Vermögen kümmern. Ich habe ja einen beträchtlichen Besitz hier zurückgelassen.

KLEMENT: Dein Vermögen, ja. Du warst lange im Ausland. Du weißt wohl nichts von den umstürzenden Neuerungen, die bei uns stattgefunden haben?

PROKOP: Ich habe von solchen Neuerungen schon einiges bemerkt.

KLEMENT: Du mußt nämlich wissen: alle Vermögen, soweit sie in Kapitalien, Guthaben und Papieren bestehen, wurden nach unserer Revolution sichergestellt.

PROKOP: Das weiß ich schon. Alle Vermögen wurden konfisziert.

KLEMENT: Was heißt das: konfisziert? Sie wurden für den Staat gesichert. Der Privatmann aber hat kein Recht, bis auf weiteres darüber zu verfügen.

PROKOP: Das nenne ich konfisziert. Ich habe mein Haus und meine Wohnung. Unbewegliches Gut wurde, wie ich hörte, nicht konfisziert.

KLEMENT: Dein Haus war während der Okkupation in deutschen Besitz übergegangen. Alles deutsche Eigentum ist nach der Austreibung der Deutschen dem Staat zugefallen.

PROKOP: Dann war es widerrechtlich in deutschen Besitz gekommen. Es ist mein Eigentum, nicht deutsches, und muß mir zurückerstattet werden!
KLEMENT: Es steht dir frei, um Restitution nachzusuchen. Aber die Entscheidung ist unsicher und kann sich lange hinziehen.
PROKOP: Das entmutigt mich nicht. Was alle tragen müssen, werde auch ich ertragen können. Dann werde ich sofort meine Stellung an der Handelshochschule wieder antreten.
KLEMENT: Du kannst dir leicht vorstellen, daß deine Stellung während all der Jahre nicht unbesetzt blieb.
PROKOP: So muß man mir eine andere Lehrstelle zuweisen! Das ist man mir schuldig!
KLEMENT: Nur fragt es sich, ob das, was du gelehrt hast, noch lernenswert ist. Du darfst nicht vergessen, daß alle unsere Vorstellungen und Begriffe durch die Revolution umgestürzt wurden.
PROKOP: Die Geographie und Ethnologie, die ich gelehrt habe, lassen sich wohl nicht umstürzen.
KLEMENT: Alles wurde umgestürzt, auch die Geographie! Du wirst selber erst umlernen müssen, bevor du wieder lehren kannst.
PROKOP: *nach einer Pause* Das ist alles sehr sonderbar. Sehr unerwartet und sonderbar. Ich stehe plötzlich wie ein Bettler da. - Ich bin überzeugt, daß du, Onkel Klement, mir behilflich sein wirst, wieder in den Sattel zu kommen.
KLEMENT: Ja, mein Arm reicht weit. Aber bilde dir nicht ein, daß ich mich so nach Belieben rühren kann. In meiner Stellung hat man Neider und Feinde. Man muß nach hundert Seiten Umschau halten und vorsichtig Schritt vor Schritt setzen. Sonst liegt man plötzlich selbst in der Grube -
PROKOP: Du wirst gewiß nicht zugeben, daß meine Familie in unverschuldetes Elend kommt.
KLEMENT: Gewiß nicht! Nur vergiß nicht: du hast dich lang von der Republik absentiert. Du hast dich an der Revolution nicht beteiligt und eine Landfremde geheiratet. Das macht dich vielleicht verdächtig. Ich muß zuerst an meine eigene Familie denken -
PROKOP: Ich bitte dich, Onkel -

LEILA: *die, mit gesenktem Kopf, aufmerksam zugehört hat, hebt plötzlich den Kopf.* Erniedrige dich nicht, ihn zu bitten! Er hat ein eisernes Herz!
KLEMENT: *auf das äußerste verdutzt* Was? Was habe ich?
PROKOP: *schnell* Sie meint das nicht. Sie beherrscht das Tschechische nicht so perfekt, um sich völlig richtig auszudrücken.
KLEMENT: Ich finde, daß sie sich bis jetzt vollkommen korrekt ausgedrückt hat.
LEILA: Ich meine, was ich sage. Ihm baumelt statt des pochenden Herzens ein Stück Eisen in der Brust!
KLEMENT: *nach einer langen Pause zu Prokop* Ich hätte für dich persönlich selbstverständlich das Menschenmögliche getan, um dich in den Sattel zu heben. Du wirst aber verstehen, daß ich, zu meinen übrigen Sorgen, mich unmöglich auch noch mit der Sorge um eine fünfköpfige Familie belasten kann.
PROKOP: Ich verstehe.
KLEMENT: Ich werde mich aber immer freuen zu hören, daß es dir geglückt ist, dich aus eigener Kraft in den Sattel zu schwingen. Unter diesen Umständen können wir auch nicht eure Geschenke annehmen. Gib die Kette zurück, Bozena! Ihr werdet es wohl selber nötig haben, eure Kostbarkeiten nutzbringend zu veräußern.
LEILA: Man veräußert nicht mehr, was man verschenkt hat. Ich werde die Kette dem ersten Bettler geben, dem ich auf der Straße begegne.
PROKOP: *zu den andern* Es tut mir leid, daß es diese Wendung genommen hat.
ZDENKA: Auch mir tut es leid. Und ich möchte, wenn Sie gestatten, Ihren Ring behalten, als Zeichen der Freundschaft.
LEILA: Du bist menschlich zu mir gewesen. Ich werde das nie vergessen. *Zu Prokop:* Was zögerst du noch in diesem Haus? Wir sind ausgetrieben. Ausgetriebene ziehen ihres Wegs!
Sie geht ab, von Prokop gefolgt.
KLEMENT: *heftig ausbrechend* Diese Berberin! Eine Barbarin! Ein barbarisches Wüstenweib!

BOZENA: Eine Wilde! Es ist unfaßbar: von dieser schrecklichen Wilden hat er zwei Kinder!
ZDENKA: Sie ist fremd und sonderbar, aber nicht schrecklich. Sie hat etwas an sich, was mich beinahe gerührt hat.
BOZENA: Sie ist entsetzlich! Er ist aber trotzdem unser nächster Verwandter, Klement -
KLEMENT: Ich pfeife auf diese Verwandtschaft! *Zu Zdenka:* Und für diesen Burschen hast du deine ganze Jugend geopfert!
ZDENKA: Ich habe nichts geopfert. Er war mein Freund. Und ich will seine Freundin bleiben. Jetzt um so mehr, wo er meiner vielleicht bedarf.
KLEMENT: Ein feiner Freund, der dich vergessen und die Nomadin aus der Sahara geehelicht hat!
ZDENKA: Ich werde alles, was in meiner Macht steht, für ihn tun, um ihn vor Not zu bewahren.
KLEMENT: Das verbiete ich dir! Die Afrikanerin und ihr Mann kommen mir nicht mehr ins Haus!

Zweiter Akt

Ein sehr einfaches Zimmer in einem Gasthof, das von Prokop und Leila bewohnt wird. Es ist von Koffern und allerhand Gerät überfüllt. Eine Seitentür führt in ein anderes Zimmer, in welchem Farida mit den Kindern wohnt. Während der Szene ertönt bald laut, bald gedämpfter aus einem benachbarten Raum ein Radio, in dem gerade ein Agitator eine Rede hält. Leila ist auf der Bühne. Die Kinder, von Farida gefolgt, treten ein. Omar ist sechs Jahre alt, Amin über vier. Farida ist eine ältere Frau und ähnlich gekleidet wie Leila. Die Szene spielt eine Woche später.

OMAR: Die Prager Buben sind unartige Jungen, Mutti. Sie haben wieder garstige Namen hinter uns gerufen.
LEILA: Ach, das bildest du dir nur ein.
OMAR: Sie haben uns wieder Juden geschimpft. Dann rufen sie noch ein Wort, das ich nicht verstehe. Was sind das: Zigeuner?
LEILA: Das weiß ich auch nicht. Wir wollen Vater fragen.
OMAR: Vater weiß alles. Sicher ist es ein häßliches Wort.
AMIN: Ich habe Angst, Mutti. Auf der großen Straße waren riesige wilde Tiere; die hatten Menschen in ihrem Bauch. Die Tiere brüllten und rannten gegen mich -
OMAR: Er hält die hohen Autobusse noch immer für wilde Tiere!
AMIN: Und dann schrie ein Mann, den ich nicht sah, aus dem Himmel und fluchte schrecklich auf mich!
OMAR: Er ist dumm. Er weiß noch nicht, daß das der Lautsprecher an der Ecke ist.
LEILA: Amin ist noch klein. Du, Omar, bist schon groß und klug. Du mußt ihn aufklären, damit er sich nicht fürchtet.
OMAR: Ja, ich bin groß. Und ich bin stark. Wenn die abscheulichen Buben wieder schimpfen, stürze ich mich auf sie und beiße sie!
FARIDA: *zu Leila* Was hockst du immer im Winkel und versteckst dich? Geh selbst mit ihnen auf die Straße hinaus! Sie werden mir draußen noch ganz wild.

OMAR: Wir trafen auch die nette weiße Frau, Mutti. Sie streichelte uns und schenkte uns wieder Schokolade.
LEILA: *zu Farida* Wer ist die Frau? Was will sie von ihnen?
FARIDA: Böses will sie. Alle wollen hier nur Böses.
AMIN: Mutti, wann fahren wir wieder nach Haus?
LEILA: Ihr seid jetzt hier zu Haus.
OMAR: Das ist nicht wahr! Bei den Tschechen sind wir nicht zu Haus.
LEILA: Ihr seid ja selber tschechische Kinder.
OMAR: Ich bin kein Tscheche! Ich bin ein Senussi!
LEILA: Vater ist Tscheche. Kinder gehören zu dem Volk, zu dem ihr Vater gehört.
OMAR: Vater ist gescheit und gut. Er ist kein Tscheche! Die Tschechen sind ein böses und feiges Volk.
LEILA: *zu Farida* Du sollst sie nicht solche Dinge lehren!
FARIDA: Was ist das für ein Volk! Sie sprechen nicht einmal eine menschliche Sprache. Die Hunde bei uns verstehen unsere Sprache besser als sie!
LEILA: Sie sagen das Gleiche von uns. *Zu den Kindern:* Es gibt gute Tschechen und böse Tschechen. Es gibt auch gute und böse Senussi. Wenn ihr gut seid -
OMAR: Ich will aber kein tschechischer Junge sein! Ich will nicht.
LEILA: Still! Vater kommt. Vater hat Sorgen. Seid artige Kinder und stört ihn nicht!
Die Kinder und Farida gehen ab. Prokop tritt auf.
LEILA: Hast du heut etwas erreicht?
PROKOP: Man hat mich wieder nur von Amt zu Amt geschickt. Aber ich sehe jetzt endlich klar - *Das Radio ist jetzt sehr laut.* Dieses gräßliche Radio!
LEILA: Sie lassen es seit dem frühen Morgen brüllen.
PROKOP: Wenn man diese Stimme abwürgen könnte! - Es wird ein langer, dornenvoller Weg sein, bis ich meine Stellung zurückbekomme. Ohne Arbeitserlaubnis bekomme ich sie nicht.
LEILA: Was ist das? Hat nicht jeder Mensch das Recht zu arbeiten?

PROKOP: Das ist ein amtliches Papier, durch das die Erlaubnis zu arbeiten erteilt wird. Um es zu bekommen, brauche ich vorher ein Staatsbürgerzeugnis.

LEILA: Bist du denn nicht ein Staatsbürger?

PROKOP: Das genügt nicht. Ich brauche ein Papier, auf welchem mir die Staatsbürgerschaft bescheinigt wird. Dazu brauche ich wieder ein Loyalitätszeugnis. Ein amtliches Zeugnis nämlich darüber, daß ich mich seit der Okkupierung loyal gegen den Staat verhalten habe. Und das bekomme ich wieder nicht ohne Militärzeugnis.

LEILA: Du hast ja für dein Land gekämpft.

PROKOP: Es ist nicht nötig, daß ich gekämpft habe. Nötig ist, ein Papier zu besitzen, durch welches mir bestätigt wird, daß ich meine Militärpflicht erfüllt habe. Und hier fängt schon die kaum überwindliche Schwierigkeit an.

LEILA: Warum denn? Ich verstehe das nicht.

PROKOP: Alle Ausländer, die in die englische Armee eintraten, erhielten zu ihrer Sicherung englische Namen. Mein eigener Name erscheint nicht in den Listen der englischen Armee. Keine Behörde wird mir ein Zeugnis ausstellen, daß ich, Prokop Foltyn, meiner Dienstpflicht genügt habe.

LEILA: Es ist doch aber wahr!

PROKOP: Für ein Amt ist nur das wahr, was ein anderes Amt ihm auf dem Papier als wahr bescheinigt. Ohne ein solches Papier habe ich nicht gedient, nicht gekämpft, bin ich nicht loyal gewesen, habe ich keinen Anspruch auf Staatsbürgerschaft und Arbeit.

LEILA: *nach einer Pause* Was für eine sonderbare Welt ihr hier habt! Ihr braucht Papier, um Brot zu kaufen, um ein Hemd zu kaufen, um ein Zimmer zu bekommen. Ohne Papier könnt ihr euch nicht nähren, nicht wohnen, nicht arbeiten. Ihr lebt durch das Papier. Ich fürchte, das Papier kann auch vernichten. Warum habt ihr das so eingerichtet?

PROKOP: So ist es Gesetz.

LEILA: Auch bei uns gibt's Gesetze. Sogar sehr strenge, um die Ordnung zu schützen und Verbrechen zu strafen. Wozu sind diese Gesetze?

PROKOP: Ich weiß nicht. Wohl um den Staat zu schützen. Um den Bürger seine Ohnmacht vor dem Staat fühlen zu lassen.

LEILA: Wir haben drüben keinen Staat. Du hast mir erklärt, daß der Staat die Gesamtheit aller Bürger ist, die durch ihre Vertreter für den Schutz und das Wohl der Einzelnen sorgt.

PROKOP: So sollte es sein. So war es früher bei uns. Nun sind einige Staaten selbständige, ungeheuerliche Wesen geworden, die ihre Allmacht für ihre selbstsüchtigen, geheimnisvollen Zwecke benützen, rücksichtslos gegen das Wohl und Weh des Einzelnen. Man hat den Weltkrieg geführt, um solche Staaten auszurotten, für die ihre Bürger nichts sind als Staatssklaven und Kanonenfutter. Jetzt scheint's, wir selbst sind so ein Staat geworden.

LEILA: Ich glaube, das sind keine guten, gerechten Gesetze.

PROKOP: Gerecht oder ungerecht: es ist Gesetz.

LEILA: Ja, wenn es Gesetz ist, muß man es achten.

PROKOP: Ich habe auch meinen alten Freund Beran im Ministerium aufgesucht. Er nahm mich sehr warm auf und versprach mir seine volle Unterstützung. Er war sehr herzlich; allerdings nur, bis - Alle sind freundlich, bis -

LEILA: Bis?

PROKOP: Bis sie hören, daß ich neun Jahre in der Fremde lebte und erst jetzt, verspätet, drei Jahre nach Kriegsende, zurückgekehrt bin. Das heißt, daß ich nicht loyal gegen den Staat gewesen bin.

LEILA: Sag nur alles! Und bis sie hören, daß du mich geheiratet hast. Eine Landfremde, wie's dein Onkel nannte.

PROKOP: Ich bin überzeugt, daß auch Beran mich fallen läßt. Selbst wenn es mir gelingt, mir das Militärzeugnis zu beschaffen, ich fürchte, das Loyalitätszeugnis verweigern sie mir.
Er geht grüblerisch auf und ab.

LEILA: *nach einer Pause* Was für Menschen sind die Zigeuner, Prokop?

PROKOP: Die Zigeuner? Warum fragst du? Sie sind die Überreste eines alten, verschollenen Volks, die als Nomaden von Ortschaft zu Ortschaft streifen.

LEILA: Fremde also. Werden sie als Gäste behandelt?

PROKOP: Man meidet jede Berührung mit ihnen. Sie müssen in ihren Planwagen und Zelten außerhalb der bewohnten Orte nächtigen. Sie sind aus der menschlichen Gemeinschaft ausgeschlossen. Darum sind sie gezwungen, als Diebe und Gauner ihr Leben zu fristen.

LEILA: Ist das auch ein Gesetz?

PROKOP: Nein, das ist das allgemeine Volksempfinden.

LEILA: Dein Volk empfindet mich als eine Zigeunerin. - *Nach einer Pause:* Was macht das? Wir sind freie Wesen, Prokop!

PROKOP: Das fragt sich. Ja, das ist noch die Frage.

LEILA: Weißt du, was du mir von den Störchen erzählt hast, die zur Herbstzeit nach der Oase kommen? Sie haben zwei Vaterländer, sagtest du: im Sommer nisten und brüten sie in kühlen nördlichen Ländern und ziehen ihre Jungen auf; vor den Herbststürmen treten sie die weite Fahrt nach den wärmeren Zonen an. Wenn wir hier oben frieren, kehren wir nach unserer sonnigen Heimat zurück!

PROKOP: Das können die Störche; nicht wir. Wir brauchen dazu einen Paß. Ohne gültigen Paß werden wir nicht aus dem Land gelassen, und kein anderes Land nimmt uns auf.

LEILA: Wenn wir aber trotzdem außer Land gehen?

PROKOP: Werden wir wegen unerlaubten Grenzübertritts verhaftet, ins Gefängnis geworfen und über die Grenze zurückgeschoben. Dann werden wir hier verhaftet und ins Gefängnis gesteckt.

LEILA: So hast du dir die Heimkehr nicht vorgestellt.

PROKOP: Nein, ich glaubte, Menschen hier anzutreffen, wie ich Menschen hier zurückgelassen hatte. Ich finde aber nur Verordnungen und Verbote vor, Behörden und Ämter, die nichts Menschliches an sich haben. Ich habe das Gefühl, als sei ich in das Räderwerk einer fürchterlichen Maschine geraten, die mich erbarmungslos zermalmt. *Es wird an der Tür geklopft.* Wer ist's?

LEILA: Nicht hereinkommen!
Sie läßt schnell ihren Schleier hinab. Prokop geht an die Tür und öffnet. Zdenka tritt ein.
PROKOP: Zdenka? Du?
ZDENKA: Guten Tag, meine Freunde. - Ich bin schon wiederholt zum „Svatopluk" gekommen, um euch aufzusuchen. Heut hab ich mir endlich ein Herz gefaßt nachzusehen, wie ihr lebt.
PROKOP: Das ist sehr lieb von dir. Wirklich sehr lieb.
LEILA: *hebt den Schleier und reicht ihr die Hand* Ich danke dir. Wir konnten das nicht erwarten nach dem, was geschehen ist.
ZDENKA: Ich bin euch ja nicht bös. - *Sie blickt ringsum* Ihr lebt hier nicht schön.
PROKOP: Wir können wohl nicht besser leben, ehe man mir mein Haus und meine Wohnung restituiert.
ZDENKA: Ich komme auch in Ausübung meines Berufs. Die Bedürftigen in diesem Stadtteil stehen unter meiner Obhut. Ihr gehört also zu meinen Schützlingen. Ich möchte euch gern behilflich sein.
PROKOP: Du kannst uns nicht behilflich sein. Ich habe Hilfe auch nicht nötig.
ZDENKA: Sei nicht so stolz, ich bitte dich! Sag offen, was ich für dich tun kann.
PROKOP: Kannst du mir ein Militärzeugnis schaffen?
ZDENKA: Ein Militärzeugnis?
PROKOP: Das Militärzeugnis, ohne das ich kein Loyalitätszeugnis bekomme! Das Loyalitätszeugnis, ohne das ich kein Staatsbürgerzeugnis bekomme! Das Staatsbürgerzeugnis, ohne das ich keine Arbeitserlaubnis bekomme! Die Arbeitserlaubnis, ohne die ich meine Stelle nicht zurückerhalte noch eine andere Beschäftigung annehmen darf.
ZDENKA: Ich weiß das alles. Warum solltest du die Papiere nicht bekommen?
PROKOP: Kannst du die Vergangenheit auslöschen? Kannst du's ungeschehen machen, daß ich neun Jahre in der Fremde lebte

und an euren Partisanenkämpfen und eurer Revolution nicht teilnahm?
ZDENKA: Das kann ich nicht. Aber ich kann dir helfen, die Zwischenzeit zu überdauern, bis du dir die Papiere verschaffst.
PROKOP: Bietest du mir vielleicht Geld an?
ZDENKA: Nicht mein Geld. Das würde ich nicht wagen. Du hast aber Anspruch auf soziale Unterstützung, solange du ohne Verschulden arbeitslos bist.
PROKOP: Ich will kein Almosen! Ich will mein Recht! Ich will arbeiten, wie es mein Recht ist, um mich und meine Familie zu erhalten.
ZDENKA: Willst du warten, bis du deine letzte Krone ausgegeben hast? Du brauchst nur ein Gesuch zu unterschreiben. Ich habe es schon aufgesetzt. Hier ist es.
Sie reicht ihm ein Papier.
PROKOP: Ich werde mich nicht zum Supplikanten erniedrigen, solang ich die Fähigkeit zum Arbeiten habe, und solange Recht Recht ist -
ZDENKA: Ach, diese starren, trotzigen Männer! - *Zu Leila* Sie müssen ihn dazu überreden! Und sagen Sie: kann ich Ihnen nicht irgendwie von Nutzen sein?
LEILA: Hilf mir, eine Tschechin zu werden!
ZDENKA: Als Frau eines tschechischen Staatsbürgers sind Sie Tschechin.
LEILA: Man meidet mich wie eine Zigeunerin! Was soll ich tun, um eine Tschechin zu werden?
ZDENKA: Trachten Sie, nicht aufzufallen! Verhalten Sie sich so, daß man in Ihnen nicht sofort die Fremde erkennt!
ZDENKA: Ist es ein Verbrechen, eine Fremde zu sein?
ZDENKA: Unser Volk hat Jahrhunderte lang unter der Fremdherrschaft gelitten. Das hat es gegen alles Fremde mißtrauisch und auch ungerecht gemacht. Aber es ist ein freundliches, gutherziges Volk, wenn man nur seine Gefühle nicht verletzt. - Sprechen Sie daher nur Tschechisch.
LEILA: Darf ich die eigene Mamasprache nicht mehr sprechen?

ZDENKA: Sprechen Sie sie zwischen Ihren vier Wänden! Und reden Sie nicht alle mit Du an! Das beleidigt die Leute. Nur Verwandte und Freunde sagen Du zueinander.
LEILA: Prokop hat es mir oft gesagt. Ich kann mich nicht daran gewöhnen. Bei uns sagen alle Menschen einander Du. - Ich will alles befolgen, was Sie mir raten.
ZDENKA: Mir sagen Sie Du! Wir sind Verwandte und wollen Freundinnen sein. Auch ich will Du zu dir sagen: willst du?
LEILA: Du bist die einzige, die mitfühlend und gut ist. Du verachtest und verlachst nicht -
ZDENKA: Und leg vor allem deine fremdländische Kleidung ab, den Schleier, die Ringe und klirrenden Armbänder! Zieh dich an wie die Prager Frauen! Ich habe schon daran gedacht und dir ein Kleid mitgebracht. Probier es an!
Sie holt ein Kleid aus ihrem Köfferchen.
LEILA: *heftig* Das nicht! Es ist eine Schmach, seine Herkunft zu verleugnen!
ZDENKA: Du bleibst immer, was du im Innersten bist, welches Kleid du auch anhast! Willst du's nicht probieren? Nun, dann später! - Und noch etwas! Sprich nicht augenblicklich aus, was du denkst und empfindest! Die ersten Eindrücke können trügerisch sein.
LEILA: Sie trügen nie!
ZDENKA: Mein Vater, zum Beispiel! Er ist etwas eitel und empfindlich, aber er hat kein schlechtes Herz. Du hast ihn gekränkt. Sag ihm nur ein Wort des Bedauerns -
LEILA: Ich kann nicht lügen!
ZDENKA: Du lügst nicht, wenn du deinen Irrtum einsiehst und ihn offen gestehst. Tu es um Prokops willen! Mein Vater wird ihm helfen, die Papiere, die er braucht, zu bekommen.
LEILA: Ich werde es mir überlegen. - Du bist so sicher. Ich bin es auch gewesen, zu Hause -
ZDENKA: Du wirst es auch wieder werden. *Nach einer Pause:* Erlaubt mir wenigstens, euch die Sorge um die Kinder abzunehmen!

PROKOP: Danke! So armselig bin ich noch nicht, die Sorge um sie anderen aufzubürden!
ZDENKA: Ich leite ein Kinderheim draußen bei Karlstein, am Fluß, in der Nähe des Waldes. Es ist ein schönes, freundliches Haus mit einem großen Garten und Spielplätzen. Die Kinder werden es dort, unter anderen Kindern, besser haben als hier in der Enge, bei sorgenbedrückten Eltern. Vertraut sie mir für eine Zeitlang an!
LEILA: Die Kinder gehören zu mir! Ich gebe sie nicht her!
ZDENKA: Sie werden von jetzt an bei uns leben müssen. Je eher sie sich an unsere Sitten gewöhnen, desto günstiger für sie. Ich habe sie auf der Straße beobachtet: es sind kleine Wilde. Wir müssen sie humanisieren.
LEILA: Sie sind wohlgeratene Kinder. Und nicht schlecht erzogen. Und unsere Sitten sind nicht schlimm.
ZDENKA: Eure Sitten sind gut bei euch, aber weniger gut bei uns. Kinder, die im Widerspruch zu ihrer Umgebung aufwachsen, haben es später im Leben schwer. Sie werden einsame Menschen oder unglückliche, kraftlose Rebellen, wenn sie nicht gar zu Verbrechern werden -
LEILA: Verbrecher! Meine Kinder! Das werden sie nie!
PROKOP: Zdenka meint es gut. Es würde für die Kinder vielleicht von Vorteil sein -
LEILA: Sie sind noch klein und brauchen die Mama. Ich liebe sie zu sehr. Ich war noch nie einen Tag von ihnen getrennt, seit ich sie geboren habe.
ZDENKA: Weil du sie liebst, wirst du nichts anderes wollen als ihr Wohl. Auch dann, wenn du selbst ein schweres Opfer dafür bringen mußt. Sonst wäre es nur Eigenliebe.
LEILA: Sonst wäre es Eigenliebe! *Sie ruft schnell:* Omar! Amin! Kommt! *Die Kinder und Farida kommen.* Ich habe eine große Freude für euch!
OMAR: Ich errate es. Ja, Mutti? Fahren wir nach Haus?

LEILA: Ihr fahrt von hier weg. Ihr kommt in ein großes, schönes Haus, das liegt am Wasser, beim Wald, und ein großer Garten ist beim Haus, und ihr werdet dort mit andern Kindern sein -
OMAR: Sind's tschechische Kinder? Ich will nicht bei tschechischen Kindern sein!
LEILA: Hier seid ihr allein und langweilt euch. Dort werdet ihr immer Kameraden haben. Ihr werdet lange Spaziergänge machen und viele Spiele spielen! Und schöne Dinge werdet ihr lernen: Zeichnen und Singen -
OMAR: Ich will nicht! Ich werde schreien, wenn die andern singen!
AMIN: Schick uns nicht weg, Mutti!
LEILA: *die Kinder heftig an sich drückend* Ich schicke euch nicht weg! Nein, meine Kleinen, ich halte euch fest -
ZDENKA: *tritt vor* Du bist Omar? Und du bist Amin? Kennt ihr mich nicht?
OMAR: Das ist die feine weiße Frau, Mutti. Weißt du, die uns immer Schokolade schenkt.
ZDENKA: Ich bin eure Tante Zdenka. Habt ihr nicht Lust, mit mir zu kommen?
OMAR: Bist du dort in dem großen Haus?
ZDENKA: Ich und andere gute Tanten. Schaut es euch an; wenn es euch nicht gefällt, fahrt ihr wieder zu eurer Mutti zurück.
OMAR: Und die Kinder sind dort nicht solche böse Buben, die schimpfen und mit Steinen werfen?
ZDENKA: Das tun nur die ungezogenen Straßenjungen. Dort sind nette Kinder wie ihr, Buben und Mädchen.
OMAR: Auch Mädchen? Gibt's dort auch Schokolade?
ZDENKA: Die Kinder, die tagsüber artig waren, bekommen am Abend Schokolade und Kuchen; die schlimmen bekommen nichts. Ihr werdet gewiß jeden Abend Schokolade bekommen.
AMIN: Vater, Mutti, kommt ihr auch mit?
PROKOP: Jetzt nicht. Wir werden euch oft besuchen.
ZDENKA: Am besten, ich nehme sie gleich mit mir.

FARIDA: *die sich im Hintergrund gehalten hat, setzt sich plötzlich auf die Schwelle der Außentür.* Sie gehen nur über meinen Leib hinweg. Sie kehren nicht mehr zurück!

LEILA: Was redest du? Ich bitte dich -

FARIDA: Kinder vergessen. Kinder lassen sich bestechen. Wenn sie gehen, kehren sie nicht zurück!

PROKOP: *ärgerlich* Steh auf, Weib! Ich sage dir -

LEILA: Steh auf, Farida! Er will es. Wir müssen gehorchen.

FARIDA: Denk an das, was ich dir sage: du wirst sie verlieren und nicht wiederfinden!
Sie geht ins Nebenzimmer ab.

ZDENKA: *leise* Nehmt keinen langen Abschied!

LEILA: *die im Begriff war, die Kinder zu umarmen, hält sich zurück und sagt leichthin* Seid brav, Kinder! Und - vergeßt mich nicht!

OMAR: Wir kommen bald zurück, Mutti.
Zdenka mit den Kindern ab. Eine längere Pause. Es ist unterdessen Abend geworden.

LEILA: Es wird hier sehr einsam sein ohne die Kinder.

PROKOP: Sie werden sich dort wohler fühlen als hier. Es ist auch gut, daß sie dem Einfluß Faridas entzogen sind. Sie hetzt sie gegen alles auf, was tschechisch ist. Auch für dich wäre es besser, andere Gesellschaft zu haben als nur Farida.

LEILA: Sei ihr nicht bös! Sie ist das Einzige, was mir von meiner Heimat noch geblieben ist.

PROKOP: Das ist es eben. Sie kettet dich an die Heimat fest, von der du dich befreien mußt.

LEILA: Hab Geduld mit mir! Ich werde mich schon befreien.

PROKOP: Du wünschest es ja selbst, eine Tschechin zu werden.
Leila hat unterdessen eine Schranktür geöffnet und hantiert unsichtbar hinter dieser.
Was treibst du dort im Winkel?

LEILA: Blick dich nicht um! - Ja, hab Geduld! Du wirst mit mir zufrieden sein. - Zdenka ist ein gutes Wesen. Sie hat dich lieb.

PROKOP: Wir waren Kameraden von frühester Jugend an.

LEILA: Sie hat dich vielleicht lieber, als sie selbst es weiß! Ich verstehe nur nicht, warum sie auch mich lieb haben sollte. *Sie tritt hinter der Tür hervor und ist in das Kleid gekleidet, das Zdenka gebracht hat.* Nun, bist du zufrieden?
PROKOP: Leila! Diese Überraschung! Komm näher -
LEILA: Schau mich nicht an! Ich komme mir wie nackt vor.
PROKOP: Warum denn? Das Kleid steht dir weit besser als der schwarze Kittel.
LEILA: Sehe ich aus wie eine Prager Frau?
PROKOP: Wie eine geborene Pragerin! Kein Mensch wird ahnen, daß du eine Senussi bist, die in der tiefsten Wüste aufwuchs.
LEILA: Ja, gefalle ich dir? *Sie verbirgt plötzlich das Gesicht in den Händen.* O Gott! Mein Gott!
Sie ergreift schnell den schwarzen Schleier, verhüllt sich und kniet in der Ecke nieder, wiederholt mit der Stirn den Boden berührend.
PROKOP: Was machst du? Du sollst nicht -
LEILA: *steht auf* Ich habe nur die Eltern um Verzeihung gebeten, daß ich ihnen untreu wurde.
PROKOP: Du hast eben versprochen, dich von deiner Heimat zu befreien.
LEILA: Darf ich nicht mehr an die fernen Eltern denken? Ich werde sie vergessen, wenn du es willst.
PROKOP: *nach einer längeren Pause* Zdenka hat recht. Onkel Klement hat kein hartes Herz. Du solltest dich entschließen, ihm ein Wort des Bedauerns zu sagen.
LEILA: Ich bin immer eine gelehrige Schülerin gewesen. Oder nicht?
PROKOP: Das ist wahr. Du hast perfekt tschechisch gelernt. Und vieles andere.
LEILA: Ich habe auch hier schon manches gelernt. Ich habe gelernt, daß man hier die Wörter in einem anderen Sinn gebraucht, als du mich gelehrt hast. Daß sicherstellen: konfiszieren heißt, und daß Gesetze nicht Recht schaffen, sondern Unrecht, und der Staat nicht zum Wohl der Menschen da ist, sondern zu ihrem Verderben, und was ihr eine Republik nennt, ein weites Gefängnis ist -

PROKOP: Sprich nicht so! Es ist nicht wahr.
LEILA: Laß mir nur Zeit! Ich werde allmählich auch perfekt lügen lernen.
PROKOP: Ich verlange von dir nicht, daß du lügst. Ich wünsche nur, daß du deinen Irrtum wiedergutmachst.
LEILA: Ich wollte dir nicht weh tun. Du Armer, es tut dir schon sehr weh, daß du das Vaterland verloren hast.
PROKOP: Ich muß dir etwas sagen. Mein Vaterland kann mich verleugnen; ich kann es nicht verleugnen. Es kann mich verwerfen, mich zum Bettler machen, zum Paria herabwürdigen; es bleibt immer mein Vaterland! Ich werde nicht aufhören, es zu lieben.
LEILA: Du hast mir einmal von einer Frau aus euren heiligen Schriften erzählt, die als fremde Witwe ins Land ihres Mannes kam und durch ihre Treue eine Bürgerin seines Volkes wurde. Ich meine die, die zu ihrer SchwiegerMama sagte: „Dein Volk ist mein Volk. Dein Gott ist mein Gott." Wie hieß sie?
PROKOP: Ruth.
LEILA: So sage auch ich: dein Volk ist mein Volk. Dein Vaterland ist mein Vaterland.
PROKOP: *fährt, da das Radio eben wieder grell tönt, zusammen* Diese scheußliche Stimme! Sie ist mir wie die Stimme meines verwandelten Vaterlandes! *Er schlägt die Hände über dem Gesicht zusammen* Mein heimgesuchtes, unglückseliges Vaterland!
LEILA: *nach einer längeren Pause* Jetzt ist Abendstille in der Oase. Der Muezzin ruft die Gläubigen zum Gebet. Die Turmfalken flattern um die Spitzen der Minarette; die Ibisse schreien von den heiligen Teichen. Die Männer werfen sich unter der Kuppel der Moschee in die Knie und neigen die verhüllten Stirnen gegen Mekka, und die Frauen in den dämmernden Häusern verbrennen duftenden Weihrauch - *Sie entzündet einige kleine Weihrauchkerzen.*
PROKOP: Zündest du Weihrauch an? Nein, du kommst ewig von deiner Heimat nicht frei!
LEILA: *mit leisem Schmerz* Darf ich auch das nicht? Ich wollte nur den Duft der fernen Heimat riechen.

Dritter Akt

In Klements Wohnzimmer. Vier Wochen später. Klement, Bozena und Zdenka.

BOZENA: In Not, sagst du?
ZDENKA: Ich kann's nur erraten. Er ist zu stolz, es einzugestehen.
BOZENA: *zu Klement* Hörst du? In Not!
KLEMENT: Was geht's mich an? Er mag die Suppe auslöffeln, die er sich eingebrockt hat!
BOZENA: Hat er kein Geld mehr?
ZDENKA: Wenn er noch welches hat, geht's sicherlich zur Neige. Ihr solltet nur sehen, wie kläglich sie hausen!
KLEMENT: Ihre eigene Schuld! Hätte das unverschämte Weib die kostbare Perlenkette nicht verschleudert!
BOZENA: Ob mit Schuld oder ohne Schuld: ich kann den Gedanken nicht ertragen, daß er in Not ist.
KLEMENT: Es steht ihm frei, sich um die Arbeitslosenunterstützung zu bewerben.
ZDENKA: Das, glaubt er, ist seiner nicht würdig. Die moralische Not ist noch schlimmer. Die Enttäuschungen und Demütigungen, die er erfahren hat, haben ihn erschüttert. Er verliert den Glauben an sich und an alle.
KLEMENT: Sag, woher weißt du das alles? Du kommst wohl heimlich mit ihm zusammen?
ZDENKA: Warum heimlich? Ich sehe ihn öffentlich.
KLEMENT: Obwohl ich es dir untersagt habe?
ZDENKA: Ich bin großjährig, Papa. Ich bin für das, was ich tue, niemandem Rechenschaft schuldig.
KLEMENT: Was? *Zu Bozena:* Bring deine Tochter zur Raison!
BOZENA: Komm du selbst zur Raison!
KLEMENT: Wie bitte? Ich habe wohl nicht recht gehört?
BOZENA: Du hast ganz richtig gehört. Ich habe gesagt: nimm selber Vernunft an! Oder vielmehr: nimm ein Herz an!

KLEMENT: Das ist die Höhe! Ich bin wohl nicht mehr der Herr in meinem Haus?
BOZENA: Du bist der Herr. Ich habe mich deinem Willen bis jetzt blind gefügt -
KLEMENT: Bis jetzt!
BOZENA: Ich bin durch dick und dünn mit dir gegangen. Ich habe immer Ja und Amen gesagt. Ja und Amen zu allem, ob's mir gefiel oder nicht gefiel. Und manches hat mir nicht gefallen -
KLEMENT: Immer netter!
BOZENA: Wenn du es hören willst: es war vieles, was mir sogar sehr mißfiel! Ich habe es schweigend hingenommen um des Friedens willen. Jetzt kann ich nicht mehr schweigen -
KLEMENT: Das merke ich! Du bist höchst redselig geworden!
BOZENA: Ich glaube, daß ich in den dreißig Jahren, die wir zusammengelebt haben, dich nie um etwas für mich selbst gebeten habe. Ich kann nicht zusehen, wie mein nächster Verwandter, der mir früher wie mein leibliches Kind war, ins Elend kommt. Ich bitte dich, Klement, versöhn dich mit ihm -
KLEMENT: Du bittest umsonst!
BOZENA: So fordere ich es! Und daß du ihm zu diesen verfluchten Papieren verhilfst. Und ihm seine Lehrstelle wieder verschaffst, die ihm gebührt. Du kannst es, wenn du willst -
KLEMENT: Ich werde mich hüten, mir seinetwegen die Finger zu verbrennen.
BOZENA: Gut, wie du willst. - Such ihn sofort auf, Zdenka! Er soll nicht Not leiden, solange ich einen roten Heller besitze! Alles, was mir gehört, steht ihm zur Verfügung -
ZDENKA: Das ist recht, Mama. Auch alles, was mir gehört.
BOZENA: Und lad ihn ein, noch heute zu uns zu übersiedeln! Sie sollen unsere Gäste sein, beide, bis er seine Stellung und sein Auskommen hat -
KLEMENT: Du mutest mir eine Symbiose mit dieser Wilden zu?
BOZENA: Ich liebe sie auch nicht. Sie ist aber seine Frau -
KLEMENT: Sie betritt nicht mein Haus!

BOZENA: Dann muß ich es verlassen! Ich kann in einem so kalten, ungastlichen Haus nicht bleiben. Ich gehe noch heut.
ZDENKA: Bravo, Mama! Ich gehe mit dir!
KLEMENT: Bitte, bleibt! Der das Feld räumt, bin ich!
Er will weggehen.
ZDENKA: *tritt ihm in den Weg und umarmt ihn* Wenn ich dich aber darum bitte, Papa!
KLEMENT: Bleib mir vom Leib!
ZDENKA: Wenn ich dich sehr, sehr herzlich bitte. Tu es für mich!
KLEMENT: *verdutzt* Wie denn? Der Teufel soll mich holen, wenn ich dich begreife! Ja, machst du dir noch Hoffnungen?
ZDENKA: Ich mache mir die Hoffnung, daß er weniger unglücklich sein wird.
KLEMENT: Das ist alles?
ZDENKA: Dann werde ich ein ruhigeres Gewissen haben. Ich habe ihn hergebeten; er wird gleich hier sein. Du wirst dich mit ihm aussöhnen, nicht wahr? Sag schon Ja, alter Brummbär!
KLEMENT: Du weißt, daß ich nicht Nein sagen kann, wenn du schmeichelst.
ZDENKA: Und wenn auch sie kommt, dich um Entschuldigung zu bitten, wirst du ihr verzeihen. Sag: ja!
KLEMENT: Ihm ja! Ihr nicht! Doch sie kommt nicht!
ZDENKA: Wenn sie aber kommt, wirst du verzeihen. Du hast es versprochen!
Man hört läuten. Das ist er. Laßt mich zuerst allein mit ihm sprechen!
Klement und Bozena ab. Zdenka läßt Prokop herein. Er sieht niedergeschlagen und düster aus und macht mitunter den Eindruck eines Erstarrten.
Ich habe mit Papa gesprochen, Prokop. Er ist bereits mit dir versöhnt.
PROKOP: Ich danke dir, Zdenka.
ZDENKA: Er wird dir zu den Papieren verhelfen. Er hat es mir zugesagt. Gib acht, du bekommst auch die Lehrkanzel zurück!
PROKOP: Danke! Danke!

ZDENKA: Mach kein so trauriges Gesicht! Du wirst über diese Enttäuschungen hinwegkommen.
PROKOP: Ja. Ja. *Nach einer Pause:* Du weißt nicht, Zdenka, was ich empfand, als ich nach so langen Jahren wieder die Heimat betrat. An der Grenzstation stieg ich aus dem Zug und ging heimlich beiseite, um ungesehen mit meinen Händen die Erde zu streicheln. Ich fühlte in mir eine junge, ungestüme Kraft -
ZDENKA: Ich kann das sehr gut verstehen.
PROKOP: Jetzt - jetzt komme ich mir vor wie der Mönch in der Legende, der im Klosterwald einem seltenen Schmetterling nachjagte, und als er zum Mutterkloster zurückkehrte, waren hundert Jahre vergangen. Die Stadt ist noch dieselbe, die alten Häuser stehen noch; aber in den Häusern wohnen neue Menschen, die ich nicht kenne, und die ich gekannt habe, haben sich bis zur Unkenntlichkeit verwandelt -
ZDENKA: Nicht alle haben sich verwandelt. Vielleicht bist du es, der sich verwandelt hat.
PROKOP: Ja, vielleicht bin ich's. - Denke nicht, daß ich mich der Illusion hingegeben hatte, hier in einen friedlichen Port einzulaufen! Ich war darauf gefaßt, kämpfen zu müssen. Aber mit Menschen, mit lebendigen Wesen! Nicht mit diesem grausamen Schlingwerk von Gesetzen. Mit geheimnisvollen Behörden, die, unnahbar wie das Fatum, in papierenen Burgen thronen und richten! Nicht mit all diesem Unwirklichen, Ungreifbaren, Wesenlosen -
ZDENKA: Du hast bis jetzt nur die Allmacht der Behörden kennengelernt. Blick dich erst richtig um! Du wirst auch andere Neuerungen finden: es gibt weniger Ungerechtigkeit, weniger Elend, mehr Arbeitslust und Lebensfreude -
PROKOP: Kann sein. Nur glaube ich's nicht! Ich bin hier wie im Exil. Als sei ich in die Heimat emigriert.
ZDENKA: Du mußt allen Mut zusammennehmen, um wieder in die Höhe zu kommen. Das bist du dir schuldig! Und deiner Frau!
PROKOP: Meine Frau! Auch das. Meine Frau.
ZDENKA: Du sagst das so sonderbar. Was ist's mit deiner Frau?

PROKOP: Was soll mit ihr sein? Sie ist eine gute Frau.
ZDENKA: Sag offen, was dich bedrückt! *Nach einer Pause, leiser:* Liebst du sie nicht mehr so?
PROKOP: Gewiß, ich liebe sie. *Nach einer Pause:* Man kann eine Frau lieben, Jahre lang mit ihr leben, schlafen, Kinder zeugen und dann erkennen, daß man mit einer fremden Frau gelebt, geschlafen und Kinder gezeugt hat -
ZDENKA: - Mit einer fremden Frau?
PROKOP: Es gibt Augenblicke, sehr seltene, in denen man plötzlich, wie im jähen Licht eines Blitzes, das innere Wesen eines Menschen erkennt. Ich habe einen solchen Augenblick erlebt. Damals beging man das Fest eines längst verschiedenen Derwischs, der in der Oase wie ein Heiliger verehrt wird und als besonderer Schützer der Bräute und jungvermählten Frauen gilt. Das Symbol des Heiligen - du weißt, man darf dort keine Abbilder machen - sein Symbol, von köstlichen Geweben bedeckt, wurde auf einer silbernen Tragbahre durch die Oase getragen und vor jeder Moscheetüre enthüllt. Die jungen Frauen, jede in bunte Schleier gehüllt, begleiteten den Zug; sooft das Symbol enthüllt wurde, stürzten sie in die Knie und schrien flehend, jauchzend, klagend zu dem Heiligen empor. Das Symbol war ein großer, schwarzer, kegelförmiger Stein, der einst, so erzählte man, vom Himmel vor dem Heiligen niedergefallen war, damit er mit ihm die Gebreste der Frauen heile.
ZDENKA: Ja. Und weiter?
PROKOP: Ich war damals krank, und Leila wich nicht von meinem Bett, so daß sie an dem Fest nicht teilnahm. Als der Zug sich näherte, wurde sie von einer heftigen Erregung ergriffen. Sie richtete hinter ihren Schleiern brennende Augen auf mich und schien mich zu locken und in ihre magischen Kreise zu ziehen. Als an der nahen Moscheetür das Symbol erhoben wurde, wirbelte sie in einem rasenden Tanz, wobei sie sich Schleier nach Schleier vom Leib riß, und sie stieß kleine, spitze, trunkene Schreie aus, wie in der Liebeslust -
ZDENKA: Ich verstehe nicht. Was bedeutet das?

PROKOP: Ich habe erst später begriffen, daß es ein uralter Fruchtbarkeitszauber war, der sich hinter dieser Heiligenverehrung verbarg. Wir waren damals seit mehreren Monaten verheiratet, und sie war noch nicht schwanger geworden. Wirklich gebar sie nach zehn Monaten das erste Kind. In jenem Augenblick aber fühlte ich entsetzt, daß die Frau, die ich geheiratet hatte, eine Barbarin der Wüste war, von der ich durch den Abgrund einer Jahrtausende langen Entwicklung geschieden war.

ZDENKA: Du hast dann viele Jahre mit ihr glücklich zusammengelebt.

PROKOP: Es war ein einmaliger Eindruck gewesen. Ich habe ihn später vergessen; vielmehr verdrängt. Dort geht die Sage, die Wüste haßt die Oase, die sie ringsum einschließt, und sie dringt unerbittlich gegen sie vor, und ohne allstündlichen, unermüdlichen Kampf gegen sie würde sie das Fruchtland unfehlbar verschlingen. So ist es auch mit Leila. In ihr ist Oase und Wüste; sie liegen miteinander in erbittertem Kampf - und die Wüste ist vielleicht die Stärkere.

ZDENKA: Wie ist das möglich? Du mußtest das doch längst schon wissen.

PROKOP: Dort, unter den ungezähmten Frauen der Wüste, erschien sie mir wie eine Hochgesittete. Hier fange ich an, in ihr die Wilde zu sehen. Wenn ich nachts aufwache, fühle ich, wie sie fremd neben mir liegt und über Geheimnisvolles brütet; und ich frage mich mit einem Schauer, wann die Barbarin in ihr wieder erwachen wird. Sie trägt, wie alle Frauen ihres Stammes, immer ein scharf geschliffenes Dolch-messer bei sich; ich fühle es voraus, daß sie es eines Tages zücken wird: gegen sich, gegen mich oder gegen einen Dritten.

ZDENKA: Du darfst nicht so denken! Wie willst du leben, wenn du so denkst?

PROKOP: Und meine Kinder! Mischlinge: ich habe früher nicht daran gedacht. Sie haben Wüstenblut, Nomadenblut in sich; sie werden nicht hier beheimatet sein, nicht dort. Armes, unglückliches Halbblut: das sind die Kinder, die ich gezeugt habe!

ZDENKA: Was willst du tun? Sie ist deine Frau, und es sind deine Kinder. Es ist nicht zu ändern.
PROKOP: Ich will nichts Unrechtes tun! Ich müßte mich selber hassen, wenn ich das grenzenlose Vertrauen, das sie in mich setzt, verraten würde. *Nach einer langen Pause:* Ich hätte nicht heimkehren sollen.
ZDENKA: Das hättest du eher bedenken müssen. Jetzt ist es zu spät.
PROKOP: Es ist zu spät; ich weiß es. Oder ich hätte sie dort zurücklassen sollen. *Nach einer langen Pause:* Mit dir wäre es anders gewesen. - Du darfst nicht denken, Zdenka, daß ich dich je vergessen hätte. Ich habe sehr viel an dich gedacht.
ZDENKA: Das hast du nicht gerade bewiesen.
PROKOP: Soweit ich zurückdenken kann, hast du in mein Leben gehört. Wir haben schon die Kinderspiele zusammen gespielt. Dann, als ich in dummem Jungenstolz mich deiner Gesellschaft schämte, weil du ein Mädchen warst, erinnerst du dich, wie du da durchaus auch ein Junge sein wolltest und keine Röcke tragen, und an unseren wildesten Bubenstreichen teilnahmst?
ZDENKA: Ich erinnere mich nicht. Wozu sich erinnern?
PROKOP: Und später, als dein Vater versuchte, unseren Umgang einzuschränken, wie du plötzlich von einem glühenden Lerneifer ergriffen wurdest? Du warst immer aufrichtig; mir zuliebe lerntest du schwindeln. Anstatt daß du die Kollegs besuchtest, trafen wir uns heimlich im Baumgarten, auf dem Eislaufplatz, im Café. Unser liebes kleines Café an der Moldau, weißt du noch?
ZDENKA: Unser stilles Asyl, ich weiß. Ich habe es nach deiner Abreise noch oft aufgesucht. Die hohen Platanen am Ufer - du weißt es nicht, sie wurden später gefällt.
PROKOP: Du warst mir eine ideale Kameradin. Als ich anfing, orientalische Sprachen zu studieren, schafftest du dir Haufen von Grammatiken und Lexika an. Als ich Archäologe wurde, wurdest du selbst eine gelehrte Archäologin. Hast du die Studien fortgesetzt?
ZDENKA: Wozu? Du warst nicht da. Ich brauchte sie nicht mehr.

PROKOP: Du warst die einzige, die sofort verstand, daß ich in der Unfreiheit nicht existieren konnte. Als du mich damals auf den Bahnhof brachtest, lachtest du und erzähltest lustige Stücke, obwohl dein Herz in Tränen stand. So wie an diesem letzten Abend, im weißen Kleid, habe ich dich immer vor mir gesehen, und so habe ich dich wiedergefunden, in einem weißen Kleid. - Du hast es für mich angezogen, Zdenka -
ZDENKA: *heftig* Sprich nicht davon! Es ist vorbei!
PROKOP: Es ist vorbei! Ich weiß es. Es ist zu spät! Aber schade, daß es zu spät ist!
ZDENKA: *nach längerem Schweigen* Nun gut, es ist vielleicht besser, alles auszusprechen. Es ist nicht vorbei.
PROKOP: Nicht - vorbei?
ZDENKA: Du weißt, daß ich dich damals geliebt habe. Du weißt nicht, daß ich nicht aufgehört habe, dich zu lieben. Ich habe dich erwartet, die ganzen Jahre lang. Ich will mich nicht besser machen, als ich bin: ich habe nach dir verlangt und es bitter bereut, daß ich nicht deine Geliebte gewesen war -
PROKOP: Zdenka!
ZDENKA: Glaub nicht, daß ich wie eine Klosterfrau gelebt habe! Ich habe genug andere Männer kennengelernt. Aber keiner hat dir das Wasser gereicht. Ich darf ehrlich sagen: im Innersten habe ich mich für dich bewahrt -
PROKOP: Ich weiß es, Zdenka.
ZDENKA: Ich war dessen sicher, daß du genauso empfinden müßtest wie ich, und eines Tages wiederkommen und mich zur Frau nehmen würdest. Nun, du hast dich anders entschieden. Ich kann das verstehen. Ich bin dir nicht bös. Es war für mich ein furchtbarer Schlag; ich habe ihn verwunden. Ich fühle mich jetzt fähig, dir eine Freundin zu sein; dir und auch deiner Frau.
PROKOP: Ja. Eine Freundin.
ZDENKA: Aber mach dir keine falschen Vorstellungen! Ich bin nicht die Frau, die mit einer andern teilt! Ich will auch einer andern Frau ihren Mann nicht rauben. Du mußt es wissen, ein für allemal: ich werde nie deine Geliebte werden!

Prokop schweigt. Sie sagt nach einer Pause: Es ist eine Erleichterung für mich, daß wir alles zwischen uns klargestellt haben. Jetzt sprich mit Papa!
Sie geht ab. Nach einer Weile tritt Klement ein.
KLEMENT: *reicht ihm die Hand* Nun, Prokop, guten Tag!
PROKOP: Guten Tag, Onkel. Zdenka hat mir gesagt, daß du vergessen willst, was -
KLEMENT: Schwamm drüber! Womit also kann ich dir dienlich sein?
PROKOP: *erregt* Ich will mein Recht!
KLEMENT: Dein Recht?
PROKOP: Ich fordere keine Belohnung für das, was ich getan habe. Ich habe es aus eigenem inneren Drang getan. Aber ich kann dafür nicht bestraft werden! Ich will mein Recht, mein unveräußerliches Recht -
KLEMENT: Von welchem Recht sprichst du?
PROKOP: Man hat mir, während ich weg war, mein Vermögen genommen, mein Haus, meine Bücher, meine Sammlungen, alles, was ich besessen habe. Ich kann ohne das leben. Ich kann es durch Arbeit wiedererwerben. Wenn man mir aber das Recht auf Arbeit nimmt, nimmt man mir das Recht aufs Leben. Dann ziehe ich die Methode der Deutschen vor, die ihre Opfer wenigstens schnell exekutierten.
KLEMENT: Ich hoffe, du läßt das nicht andere Ohren hören.
PROKOP: Ich will auch nicht länger um das betteln, was mein Recht ist! Ich fordere, daß man mir meine Lehrkanzel zurückgibt. Das ist das Wenigste, was der Staat mir schuldig ist! Ich bitte nicht; hörst du, ich fordere - *Er ist in heftiger Erregung.*
KLEMENT: Darf nun auch ich reden? Dein Recht wird dir werden; sei ganz ruhig! Vorher aber etwas anderes. Du sagst beständig, daß der Staat dir etwas schuldig ist. Was hast denn du für den Staat getan?
PROKOP: Was ich getan habe? Ich bin als einer der Wenigen freiwillig ins Exil gegangen, während ihr anderen euch gefügig unter den deutschen Stiefel ducktet -

KLEMENT: Das war ein Fehler von dir! Du hättest später reichlich Gelegenheit gehabt, dich unter den Partisanen an der Heimatfront zu betätigen.

PROKOP: Das konnte ich nicht voraussehen. Ich mußte für die Freiheit kämpfen -

KLEMENT: Ich würde dir raten, nicht so viel von Freiheit zu reden. - Du vergißt auch, daß der Staat, aus dem du weggingst, nicht der gleiche ist wie der Staat, in den du zurückgekehrt bist.

PROKOP: Was kümmert's mich, wie der Staat heißt! Das Volk und Land, für die ich gekämpft habe, sind die gleichen geblieben!

KLEMENT: Wir wollen uns nicht in Haarspaltereien verlieren. Nun schön, du sagst, du hast für dein Land gekämpft. Ich nehme an, du kannst auch beweisen, was du sagst.

PROKOP: Beweisen! Beweisen! Was ist da zu beweisen?

KLEMENT: Ich persönlich bin natürlich vollkommen davon überzeugt, daß du die Wahrheit sagst. Du kannst aber nicht erwarten, daß die Behörden, die dich nicht kennen, blindlings deinen Worten glauben. Du wirst sicherlich irgendein Beweisstück vorlegen können: ein Militärzeugnis, eine Amtsbescheinigung, eine beeidete Zeugenschaft, nicht?

PROKOP: Das kann ich nicht! Ich brauche es auch nicht! Die Behörden wissen, daß die Fremden in der englischen Armee andere Namen erhielten, englische. Ich habe bei den Highlandern unter dem Namen Harold Merrill gedient.

KLEMENT: Das heißt, die Regimentskanzlei kann nur bestätigen, daß bei den Highlandern ein gewisser Harold Merrill gedient hat. Du kannst gewiß Regimentskameraden namhaft machen, die deinen wahren Namen kannten.

PROKOP: Die englischen Kameraden kannten mich nur als Harold Merrill. Wenn einer vielleicht meinen wahren Namen wußte, hat er ihn nach so vielen Jahren bestimmt vergessen.

KLEMENT: Dann können deine tschechischen Kameraden dir bezeugen -

PROKOP: Die paar Tschechen im Regiment wurden mit mir zusammen gefangen genommen und hingerichtet.

KLEMENT: Höre! Wie ist das? Wenn du als englischer Soldat in Gefangenschaft gerietst, wie wurdest du dann als tschechischer Hochverräter erschossen?
PROKOP: Die Deutschen unterzogen uns einer Sprachprüfung. Sie erkannten an unserer Aussprache sofort, daß wir tschechische Emigranten waren.
KLEMENT: Nun, vielleicht gibt es dann deutsche Zeugnisse -
PROKOP: Ich glaube kaum, daß die Deutschen genaue Protokolle über die Opfer führten, die sie in aller Eile mit ihren Maschinengewehren niedermachten.
KLEMENT: Denk nach! Du wirst noch Beweise finden!
PROKOP: Beweise? Nun gut. Ich trage sie an meinem Leib. Die Narben der Wunden, die die deutsche Exekutionskugel mir in Brust und Rücken schlug.
KLEMENT: Ich hoffe, bei den Narben steht vermerkt, daß sie von einer deutschen Kugel stammen. Denn sonst könnten sie ebenso gut von einer englischen Kugel herrühren, falls du etwa auf deutscher Seite gekämpft hättest.
PROKOP: Das ist schändlich!
KLEMENT: Gewiß. Es ist schändlich, aber es ist logisch. Alles, was sich etwa nachweisen läßt, ist, daß ein gewisser Harold Merrill bei den Highlandern gedient hat und seit Tobruk vermißt wird. Du bist immer noch den Beweis schuldig, daß dieser Harold Merrill mit dir, Prokop Foltyn, identisch ist.
PROKOP: Wie kann ich um Himmelswillen das beweisen?
KLEMENT: Das frage ich dich. Denn wenn diese beiden nicht identisch, sondern zwei gesonderte Personen sind, was hat dann, während Harold Merrill als Soldat seine Pflicht tat, in der gleichen Zeit Prokop Foltyn getan? Und jeder Richter wird folgern, daß Prokop Foltyn irgendwo marodierte, sich in einer grünen Oase verbarg und, als ihn die Lust überkam, zu den häuslichen Penaten zurückzukehren, das Märchen von diesem Harold Merrill erfand. Kurzum: daß Prokop Foltyn desertiert hat!
PROKOP: Desertiert! Ich! Das ist -

KLEMENT: Schändlich, ja! Es ist empörend! Du wirst jetzt aber verstehen, daß du kein Recht an den Staat hast, und der Staat keine Schuldigkeit gegen dich, sondern daß vielmehr der Staat das Recht hat, strenge Rechenschaft von dir zu fordern. Und das tut er! Ich muß dir leider mitteilen, was ich in Erfahrung gebracht habe. Es wird gegen dich Anklage wegen Desertion erhoben.
PROKOP: Nur weiter! Was noch?
KLEMENT: Ich habe dich damals gewarnt. Ich sagte dir vorher, daß die Zeit vorbei ist, in der es dem Einzelnen gestattet ist, nach seinem vermeintlichen freien Willen zu handeln, sondern daß wir alle keine Wahl haben, als uns den Bewegungen der Massen anzupassen. Aber du glaubtest mir nicht.
PROKOP: Ich glaube nach wie vor, daß nur die individuelle Tat eine moralische Handlung ist. Ich würde, was ich getan habe, bedenkenlos sofort wiederholen.
KLEMENT: Du siehst, wohin die individuelle Tat dich gebracht hat. Deshalb wirst du, wie ich hoffe, für meine Ratschläge jetzt empfänglicher sein. Du wirst dich also sofort bei der zuständigen Behörde melden, um deine versäumte Militärpflicht nachzuholen. Am besten, du vergißt die Vergangenheit und versuchst erst nicht, die unglaubwürdige Fabel von besagtem Harold Merrill aufzutischen.
PROKOP: *bleich und leise* Ich habe meine Vergangenheit eingebüßt. Ich habe meine Persönlichkeit verloren.
KLEMENT: Die hast du, mein Lieber, längst verloren, schon damals, als du ein mohammedanischer Beduine wurdest. Jetzt soll, im Gegenteil, deine Persönlichkeit dir wiedergegeben werden. Wenn du tätige Reue bezeigst, werde ich dafür sorgen, daß die Anklage wegen Desertion niedergeschlagen wird. Das ist alles, was ich für dich tun kann. Du wirst, wie jeder Staatsbürger, dein Militärjahr abdienen. Du wirst dein Arbeitsjahr abdienen. Und du wirst umlernen. Dann wirst du, wie ich überzeugt bin, nach geziemender Zeit auch wieder deine Lehrstelle erhalten.
PROKOP: Wunderbar! Darüber werden Jahre vergehen! Wovon werden meine Kinder und meine Frau inzwischen leben?

KLEMENT: Für die Kinder wird von Staats wegen gesorgt werden. Was deine Frau betrifft - ich darf es dir nicht verhehlen, daß sie unter schwerem Verdacht steht.

PROKOP: Verdacht? Wessen verdächtigt man sie?

KLEMENT: Um es kurz zu sagen: sie wird verdächtigt, als feindliche Agentin ins Land gekommen zu sein.

PROKOP: Das ist Wahnsinn!

KLEMENT: Überleg es selbst: sie hat angeblich noch nie die Wüste verlassen. Sie spricht aber ausgezeichnet tschechisch und englisch. Wann hat man gehört, daß ein Wüstenweib mehrere fremde Sprachen beherrsche?

PROKOP: Sie hat sie von mir gelernt.

KLEMENT: Ja, aber wozu hat sie sie erlernt? Es wird wohl eine Absicht dahinter gewesen sein. Und wozu ist sie überhaupt hergekommen?

PROKOP: Wozu? Sie ist als meine Frau mit mir gekommen.

KLEMENT: Sie ist eine Fremde. Sie kann uns nicht lieben; sie haßt uns vielleicht. Und sie ist hochintelligent. Solche sind geradezu vorbestimmt für dunkle Dienste.

PROKOP: Mein Gott! Sie hat sich noch kaum aus ihrer Kammer gerührt. Sie hat mit keinem Fremden ein Wort gewechselt.

KLEMENT: Das kann ein schlau durchdachter Plan sein, um die Wachsamkeit der Behörden einzuschläfern. In keinem Fall ist es ein Gegenbeweis, daß sie nicht später ihre geheimen Fäden anknüpft.

PROKOP: Auf diese Weise läßt sich alles beweisen. Daß auch ich als feindlicher Agent heimgekehrt bin!

KLEMENT: Du wirst zugeben, daß es die Pflicht des Staates ist, nicht nur verübte Verbrechen zu bestrafen, sondern auch die Verübung von Verbrechen zu verhindern. Und daß es daher für dich nicht vorteilhaft ist, mit einer präsumptiven Verbrecherin zusammen zu leben.

PROKOP: *mit Wärme* Du hast von ihr eine irrige Meinung, Onkel. Sie ist einer gemeinen Handlung unfähig, glaub es mir -

KLEMENT: Meine private Meinung ist unerheblich. Ich habe dir mitgeteilt, was die maßgebenden Stellen von ihr denken.
PROKOP: Wenn du sie kennen würdest -
Zdenka tritt ein.
ZDENKA: Deine Frau ist gekommen.
PROKOP: Leila?
ZDENKA: Sie wünscht, mit Papa zu sprechen. Es scheint, sie hat sich entschlossen, ihn um Entschuldigung zu bitten.
KLEMENT: Wie? Was?
ZDENKA: Komm, Prokop! Wir lassen sie am besten mit Papa allein.
PROKOP: Ja, es würde sie tief kränken, wenn ich zugegen wäre.
KLEMENT: Bleibt! Oder schickt sie weg! Ich will das Weib nicht sehen!
ZDENKA: Vergiß nicht, was du versprochen hast!
Sie und Prokop gehen ab. Nach einer Weile tritt Leila ein.
KLEMENT: Bitte, Frau Foltyn!
LEILA: *sich tief verneigend* Ich habe mich getäuscht. Ich selbst war bös von Herzen, als ich Sie hart von Herzen nannte. Verzeihen Sie in großmütiger Güte -
KLEMENT: Nun gut. Ich verzeihe Ihnen. - Ich nehme an, daß Sie nicht hierhergekommen sind, nur um Ihre Reue auszusprechen. Was wünschen Sie von mir?
LEILA: *erregt stammelnd* Geben Sie ihm das Papier!
KLEMENT: Ein Papier?
LEILA: Er ist unglücklich. Er verzweifelt. Ein bißchen beschriebenes Papier kann ihn glücklich machen. Geben Sie ihm das Papier!
KLEMENT: Sie haben ganz verkehrte Begriffe von unserer Amtsgebahrung, Frau Foltyn. Es ist nicht mein Ressort, die Papiere auszustellen, die Sie offenbar meinen.
LEILA: Sie sind ein großer Kadi. Sie sind gerecht und erbarmend. Sie werden es ihm geben, um der Gerechtigkeit willen.
KLEMENT: Verstehen Sie doch: ich gehöre der Justiz an, nicht der Administration. Es ist mir absolut unmöglich, in die Kompetenz anderer Behörden einzugreifen.

LEILA: Ich weiß nicht, was das ist: Kompetenz und Ressort. Ich weiß nur, daß Sie mir nicht vergeben haben.
KLEMENT: Nun ja, es wäre nicht ausgeschlossen, daß er die Papiere bekommt -
LEILA: Seien Sie gesegnet, weil Sie Mitleid haben -
KLEMENT: Sie verstehen mich falsch. Ich sage nur: er könnte sie bekommen, wenn sein Fall nicht so kompliziert wäre. Die Komplikation sind Sie!
LEILA: Bin - ich?
KLEMENT: Man würde wohl Gnade für Recht ergehen lassen, wenn er ein verläßlicher Staatsbürger wäre. Aber mit einer Fremden als Frau -
LEILA: Ich mache alles, was Zdenka mir gesagt hat, um eine Tschechin zu werden. Ich rede nur noch tschechisch. Ich ziehe mich an wie die Prager Frauen -
KLEMENT: Das habe ich bemerkt. Das Prager Kleid steht Ihnen vorzüglich. Aber Sie bleiben trotzdem eine Berberin.
LEILA: Ich kann nichts dafür, daß ich als Berberin geboren wurde! Sagen Sie mir, was ich tun kann, damit er nicht mehr unglücklich ist!
KLEMENT: Ich kann Ihnen nur sagen, was bei uns eine Frau in Ihrem Falle tun würde. Wenn sie sieht, daß sie für den Mann eine Last oder Fessel wird, so löst sie seine Fessel. Sie gibt ihn frei.
LEILA: Das würde eine Tschechin tun?
KLEMENT: Ja, wenn sie liebt. Dann opfert sie sich für das Wohl ihres Mannes.
LEILA: Ich habe es anders gelernt. Meine Mama hat es mich schon als kleines Mädchen gelehrt, die weisen Frauen haben es gelehrt: die Frau eignet dem Mann. Er kann sie verstoßen, wenn sie unfruchtbar oder untreu ist. Sie aber darf ihn nie verlassen.
KLEMENT: Sie meinen die Ehefrau. Ja, aber sind Sie ihm das?
LEILA: Mein Vater hat vor den Stammeshäuptern mich ihm übergeben. Der Älteste hat unsere Hände ineinander gelegt, und der Mullah hat die heiligen Verse rezitiert.

KLEMENT: Hier wird eine Ehe nur anerkannt, wenn sie in der gesetzlich vorgeschriebenen Form abgeschlossen wird. Die Eheschließung muß vor dem Standesbeamten in Gegenwart zweier zuverlässiger Zeugen erfolgen. Eine vor Stammeshäuptern und Mullah geschlossene Ehe ist unserem Gesetzbuch nicht bekannt.

LEILA: *entsetzt* Nicht seine Ehefrau? Was bin ich dann?

KLEMENT: Eine nicht als Ehe anerkannte Verbindung ist ein Konkubinat. Das Konkubinat ist ein unsittliches Verhältnis, das nach den Bestimmungen des Strafrechts verfolgt wird.

LEILA: Nicht einmal sein Nebenweib? Und er hat das Recht, mich zu verstoßen?

KLEMENT: Er hat die Pflicht, die Gemeinschaft mit Ihnen aufzugeben. Die Fortsetzung eines Konkubinats wird mit Gefängnisstrafe geahndet.

LEILA: Und die Kinder sind Bastarde? Und das ist Gesetz?

KLEMENT: Allerdings. So ist das Gesetz.

LEILA: Gibt es solche schändliche Gesetze, die Mann und Frau voneinander scheiden, und den Vater von den Kindern?

KLEMENT: Unsere Gesetze zu beurteilen, steht Ihnen wohl nicht zu. Jedenfalls werden Sie jetzt begreifen, daß er nicht die winzigste Hoffnung hat, die benötigten Papiere zu erlangen, solange er in einem unzüchtigen Verhältnis lebt.

LEILA: *nach einer längeren Pause* Mein erstes Gefühl hat mich nicht betrogen. Sie sind nicht gut und erbarmend -

KLEMENT: So? Meinen Sie?

LEILA: Ich habe gelogen, als ich sagte, daß ich bereute. Ich bereue es nicht, daß ich Sie hartherzig nannte.

KLEMENT: Nun also! Jetzt zeigen Sie endlich Ihr wahres Gesicht!

LEILA: *heftig ausbrechend* Und wenn er mich aus seinem Bett verstößt, dann hat er das Recht, eine andere Frau in sein Bett zu nehmen?

KLEMENT: Schauen Sie mich nur drohend an! Ich habe keine Angst vor Ihrem bösen Blick!

LEILA: Und Sie kennen bereits die Frau, die Sie ihm ins Bett legen werden an meiner statt? Und er kennt sie auch bereits und ist einverstanden?
KLEMENT: Ich denke, es ist Zeit, diese Unterredung abzubrechen.
LEILA: Vielleicht gibt es gar nicht solch ruchlose Gesetze? Und Sie erfinden sie nur, um mich zu schrecken, damit ich freiwillig auf ihn verzichte! Das wird dir nicht gelingen -
KLEMENT: Schreien Sie nicht! Und unterstehen Sie sich nicht, mir Du zu sagen!
LEILA: Ich schreie! Ich schreie, daß du ein ungerechter Richter bist, der das Gesetz verfälscht! Ein Betrüger, der die Unwissenheit mißbraucht -
Bozena und Zdenka kommen eilig herein.
BOZENA: *schreit aufgeregt* Was geht hier vor?
LEILA: Ein Kuppler, der die eigene Tochter in ein fremdes Bett drängt -
BOZENA: Was sind das für Reden? In meinem anständigen Haus?
LEILA: *sich heftig gegen sie wendend* In deinem anständigen Haus, das randvoll angefüllt ist von Heuchelei und Grausamkeit -
KLEMENT: Und diese Kreatur wolltest du unter deine Fittiche nehmen!
BOZENA: Wo hatte ich meine fünf Sinne? Ich hatte die ehrliche Absicht, sie wie meine Tochter bei mir aufzunehmen!
LEILA: Du, du Gluckhenne, die du deine Brut mit den Flügeln deckst und mit wütendem Schnabel auf alle einhackst, die nicht von deiner Brut sind! Du, dick angeschwollen von Hochmut und dürr und mager von Herzen -
ZDENKA: Hast du keine Scham? Ich verbiete dir, so mit Mama zu reden!
LEILA: Ja und du, Schwesterchen, so rein, so weiß, daß ich neben dir schwarz wie das Verbrechen erscheine! So sicher - sicher darin, einen fremden Mann zu verlocken und dir den Weg gradaus ins Bett einer andren zu bahnen! Ich werde ihn nicht meiner Nebenbuhlerin abtreten! Du kennst mich nicht! Ich werde um den Mann kämpfen, der der Vater meiner Kinder ist -

ZDENKA: Jetzt habe ich dich kennengelernt, und ich sehe, daß du eine Barbarin bist. Hast du vielleicht dein Dolchmesser bei dir?

LEILA: Ich habe Gottes heilige Gerechtigkeit bei mir! Seine rächenden Engel habe ich bei mir, die für das Recht der Schwachen streiten! Ich sage euch, ihr werdet eure Gesichter zerkratzen und weinen -

KLEMENT: *öffnet die Tür* Bitte, Prokop, bändige dein Weib!
Prokop tritt ein.

LEILA: *ihn entsetzt anstarrend* Du? Du - bist hier?

PROKOP: *heftig* Wie führst du dich auf?

LEILA: Du - bei ihnen? - Heimlich -

PROKOP: Du bist hier nicht im Zeltlager einer Horde! Du hast bei gesitteten Menschen nicht zu toben wie eine Wilde der Wüste!

LEILA: Du sprichst wie sie! Du bist für sie?

PROKOP: Ich dulde es nicht länger, daß du durch deine zügellose Leidenschaft meine Angehörigen beleidigst! Leiste sofort Abbitte für die Beleidigung! Sonst bist du nicht mehr meine Frau!

LEILA: *schreit auf* Es ist wahr! Es ist die furchtbare Wahrheit!

PROKOP: Was meinst du?

LEILA: Hat mein Vater mich dir vor den versammelten Stammeshäuptern angetraut? Hat meine Mama dich in die Brautkammer geführt und die Lampe gelöscht, während die Jungfrauen die Hochzeitslieder sangen?

PROKOP: Du versuchst vergebens, mich abzulenken. Ich warte nicht mehr lang.

LEILA: Hast du den Verdacht, daß die Kinder, die ich geboren habe, die Kinder eines anderen Mannes sind?

PROKOP: Ich habe das nie geargwöhnt. Was soll das heißen?

LEILA: Und du hast das Recht, mich aus der Tür zu stoßen, auf die fremden Straßen zu jagen, mich den wehenden Winden preiszugeben?

PROKOP: Wer sagt das?

LEILA: *auf Klement zeigend* Dieser Mensch sagt, daß unsere Ehe keine Ehe ist, sondern etwas, was er ein Konkubinat nennt, und

daß ein Konkubinat ein unzüchtiges Verhältnis ist und die Konkubinen Verbrecher -
KLEMENT: Ich habe nur gesagt -
LEILA: Und die Kinder Bastarde! Weil wir nicht nach ihrem Gesetz vor dem Standesbeamten vermählt wurden, sondern vor den Stammesältesten, wie's bei uns Gesetz ist -
PROKOP: Ich habe dich zur Frau genommen. Ich werde dich immer als meine Frau anerkennen.
LEILA: Sie werden uns mit Gewalt auseinanderreißen und in ihre Gefängnisse sperren, und die Kinder werden ohne Eltern sein -
PROKOP: Sei ruhig! Ich werde unsere Ehe legitimieren. Ich werde mich vor dem Standesbeamten nochmals mit dir vermählen, nach dem hier geltenden Gesetz.
LEILA: Das willst du? Und ich habe geglaubt, du willst mich aus dem Bett stoßen, um eine andere hereinzunehmen! *Sie wirft sich vor ihm auf die Erde.* Tritt auf meinen Leib!
PROKOP: *gereizt* Steh auf! Steh sofort auf!
LEILA: Ich bin schuldig vor dir! Ich stehe nicht eher auf, als bis du mit deinem Fuß über mich hinweggegangen bist!
PROKOP: *heftig* Ich will nicht, daß du immer wieder in die wüsten Sitten deiner Heimat zurückfällst! Wirst du nie begreifen, daß du mich dadurch nur abstößt?
LEILA: *steht auf* Verzeih mir! Vergib mir! *Sie verbeugt sich vor den andern.* Vergebt mir alle!
Sie geht ab. Prokop folgt ihr.
KLEMENT: Da habt ihr's! Das kommt davon, wenn's nach dem Verstand von Weibern geht!
BOZENA: Du bist klüger als ich. Ich werde mich nie mehr deinem Willen widersetzen!
KLEMENT: Beschimpfungen schreien! Gefährliche Drohungen ausstoßen! Dazu haben wir nicht Revolution gemacht, damit jetzt die Gesetze des Dschungels bei uns herrschen! *Zu Zdenka:* Und du fühlst wohl noch immer Sympathie für die holde Freundin?
ZDENKA: Ich will nichts mehr von ihr wissen. Ich gebe sie auf.

KLEMENT: Sie wird keine Gelegenheit haben, ihre Drohungen auszuführen! Ich mache sie unschädlich. Verlaßt euch auf mich!

Vierter Akt

Im Gasthofzimmer. Zwei Wochen später. Leila sitzt zusammengekauert in einer Ecke. Farida tritt in die Tür und beobachtet sie eine Zeitlang schweigend.

FARIDA: So sitzt du seit Tagen, drückst dich in die Ecke und bewegst die Lippen, wie Gebete murmelnd. Gott hört dich nicht.
LEILA: Gott hört die, die aus dem Abgrund ihres Elends zu ihm rufen. Er hört mich.
FARIDA: Er hört nicht Treubrüchige. Du hast dein Volk, in dem du geboren wurdest, verlassen. Die Sprache eines anderen Volkes sprichst du, die Kleidung eines anderen Landes trägst du. Eine Treulose bist du.
LEILA: *leise* Ich kann nicht sagen, daß du lügst.
FARIDA: Deine Eltern sind alt geworden. Du hast ihnen den Trost des Alters genommen. Ihr einziges Kind, die lieben Enkelkinder hast du ihnen genommen. Eine Lieblose bist du.
LEILA: *immer leiser* Du sagst die Wahrheit. Ich bin es.
FARIDA: Die fürstliche Tochter eines Fürsten, hast du dich zur Sklavin erniedrigt. Wie eine Hündin bist du dem Fremdling nachgelaufen.
LEILA: Geißle mich nur! Ich verdiene es, daß du mich geißelst.
FARIDA: Alle Bande hast du zerrissen, alle Gesetze gebrochen, um ein Lächeln deines Gebieters zu erhaschen - und er liebt dich nicht mehr.
LEILA: *fährt auf* Du lügst! Das lügst du!
FARIDA: Sucht er dich sehnsuchtsvoll? Bedauert er eifersüchtig jede Stunde, die er von dir getrennt ist, wie früher? Schläft er mit dir? *Sie wartet auf Antwort.* Sag, daß ich lüge! *Sie wartet.* Er schläft nicht mit dir. Er liebt dich nicht mehr.
LEILA: Er liebt mich! Er hat nicht aufgehört, mich zu lieben!
FARIDA: Er flüchtet sich von dir zu einer anderen. Er wird dich für die andere verlassen!

LEILA: Ich will deine Lügen nicht hören! Geh weg!
FARIDA: Jetzt schickst du mich weg. Bald wirst du mich rufen! Bald wirst du wissen, daß du niemanden mehr hast als mich! *Sie geht ab. Leila sinkt in ihre starre Haltung zurück. Nach einer Weile wird die Tür heftig aufgerissen; Kalabek und Frau Kroutil stürzen herein.*
FRAU KROUTIL: *noch in der Tür* Das ist das Weibsstück!
LEILA: *steht schnell auf; erschreckt* Was wollen Sie hier?
FRAU KROUTIL: *zu Kalabek* Die Täterin, die ist es! *Zu Leila:* Geben Sie die Goldkette zurück!
LEILA: *verwirrt* Eine Goldkette? Ich weiß nichts von einer goldenen Kette.
FRAU KROUTIL: Sie weiß nichts, die Unschuld! Wie ich aus dem Zimmer gehe, liegt die Kette breit auf dem Tisch, die goldene Kette von meiner Mama selig. Wie ich ins Zimmer zurückkomme, futsch ist sie, verduftet ist sie! Dieses Weibsbild aber treff ich im Gang, wie sie eben aus meiner Tür tritt -
LEILA: Sie irren sich, beste Frau. Ich habe nie Ihr Zimmer betreten.
KALABEK: Nicht gefackelt! Gestehen Sie: wo haben Sie die Kette versteckt?
FRAU KROUTIL: Sonst wird die Polizei Ihnen den Schnabel öffnen!
LEILA: *schreit auf* Ich bin keine Diebin!
FRAU KROUTIL: *zu Kalabek* Schauen Sie in ihrem Koffer nach!
LEILA: Rühren Sie nicht meinen Koffer an!
KALABEK: Auf meine Verantwortung! Öffnen Sie ihn!
FRAU KROUTIL: *hat einen Koffer geöffnet und zieht sofort eine Kette heraus* Was ist das? Meine Kette! Wo war die Kette? In Ihrem Koffer! Wie ist die Kette in Ihren Koffer gekommen?
LEILA: *verwirrt* Ich weiß nicht. Es muß ein grausamer Irrtum sein.
FRAU KROUTIL: Rufen Sie die Polizei, Herr Kalabek!
FARIDA: *ist ins Zimmer getreten; sie sagt nach einer Weile:* So eine Gemeine! So eine Niederträchtige! Sie selbst, die Gemeine, hat die messingne Kette in den Koffer geschmuggelt!
FRAU KROUTIL: *empört* Eine Messingkette! Die goldne Kette meiner Mama!

FARIDA: Sie hat nach meinem silbernen Armring gegiert. Stundenlang ist sie mir in den Ohren gelegen, ihre elende Kette zum Tausch zu nehmen. Bis ich ihr nachgab -
FRAU KROUTIL: *schnell auf Farida zeigend* Dann hat die gestohlen, und die *auf Leila zeigend* hat sie angestiftet! Die eine ist die Diebin, die andre die Hehlerin!
FARIDA: Und ich Blöde! Blöde! Ich habe ihr erlaubt, die Kette in deinen Koffer zu legen! Ich Blöde habe geglaubt, dir eine frohe Überraschung zu machen! - Geben Sie den Silberreif zurück!
FRAU KROUTIL: Einen Silberreif will noch die Landstreicherin!
FARIDA: Lügnerin! Schwindlerin!
FRAU KROUTIL: Spitzbübin! Diebin!
LEILA: *tritt drohend auf sie zu* Sagen Sie die Wahrheit!
FRAU KROUTIL: *zurückweichend* Was wollen Sie von mir? Wollen Sie mich verzaubern?
LEILA: Ich kann Sie in eine grunzende Sau verzaubern -
FRAU KROUTIL: *sich hinter Kalabek versteckend* Schützen Sie mich! Das Weib kann hexen!
LEILA: Wenn Sie nicht augenblicklich die Wahrheit sagen, werde ich Ihnen befehlen, auf einem Besenstiel aus dem Kamin zu fahren und mit gebrochenem Genick auf das Pflaster zu stürzen.
FRAU KROUTIL: *schreit* Ich gebe Ihnen den Reif zurück! Ich brauch nicht Ihren dreckigen Armreif!
LEILA: Die ganze Wahrheit!
FRAU KROUTIL: Ich habe mit ihr getauscht! Ich habe die Kette in den Koffer gelegt!
LEILA: Hinaus mit Ihnen! *Zu Kalabek:* Auch Sie hinaus!
KALABEK: Wer? Ich?
LEILA: Sie haben kein Recht, in mein Zimmer einzudringen!
KALABEK: *wütend* Ich bin der Wirt! Ich habe das Recht, in allen Zimmern nach Ordnung zu sehen. Hinaus mit mir? Hinaus mit Ihnen!
LEILA: Mein Mann hat das Zimmer für den ganzen Monat gemietet.
KALABEK: Ich habe an ehrliche Leute vermietet, nicht an Gaunerpack! Ich kündige Ihnen! Gaunerpack setze ich an die Luft!

Während des Lärms ist Klement eingetreten.
KLEMENT: Was ist hier los?
KALABEK: Packen Sie Ihre Lumpen! Ich schmeiße Sie stante pede hinaus!
KLEMENT: Ruhe! Ich bin der Gerichtspräsident Moravan. Was gibt es hier?
KALABEK: *plötzlich ganz ruhig* Ergebener Diener, Herr Präsident. Boleslav Kalabek. Ich bin der Eigentümer des „Svatopluk". Was verschafft mir die Ehre, Herr Präsident?
KLEMENT: Herr Foltyn ist mein Neffe. Haben Sie gegen ihn eine Beschwerde zu führen?
KALABEK: Gott behüte! Herr Foltyn ist ein lieber, feiner Herr. Keine Beschwerde gegen Herrn Foltyn. Nur, wenn ich so frei sein darf, es zu sagen, Herr Präsident -
KLEMENT: Sagen Sie alles! Sie haben sich wohl über die Frauenzimmer zu beklagen?
KALABEK: Ich bin so frei. Man versteht nicht, wie ein so nobler Herr solches Weibszeug bei sich hat. Diese Türkinnen oder Kafferinnen oder was sie sind! Hier verkehren nur anständige Gäste! Es ist nie keine Unregelmäßigkeit noch vorgekommen. Erst seit diese Kundinnen hier sind -
KLEMENT: Was ist vorgekommen?
KALABEK: Stibitzereien sind vorgekommen, wenn ich so sagen darf. Dieser braven Frau *er zeigt auf Frau Kroutil* ist eine goldene Kette abhanden gekommen. Man weiß nichts Gewisses. Aber es gibt so Menschen, die mit den Augen stehlen -
KLEMENT: *mit einem gehässigen Blick auf Leila* So, so! Auch stehlen! Das war zu erwarten.
KALABEK: Das Haus verliert sein Renomee, wenn das Eigentum nicht mehr sicher ist. Herr Präsident werden verstehen: ich kann keine Diebinnen nicht brauchen -
FRAU KROUTIL: *unter Bücklingen* Sie sind auch Zauberinnen, Herr Präsident. Sie zünden giftige Kräuter an; ich habe es selbst gesehen. Sie brauen schwarze Tränke -

KLEMENT: *zu Kalabek* Überlassen Sie die Sache nur mir! Ich werde sie zu Ihrer Zufriedenheit regeln.
KALABEK: *verbeugt sich* Verbindlichen Dank, Herr Präsident!
Er geht mit Frau Kroutil hinaus.
FRAU KROUTIL: *reißt, wie sie draußen ist, die Tür nochmals auf und schreit:* Gaunerinnen! Zigeunerinnen! Ins Gefängnis! *Ab.*
KLEMENT: Wo ist Prokop?
LEILA: Er ist ausgegangen. Er kommt bald zurück.
KLEMENT: Nun, ich kann es ebenso gut Ihnen direkt mitteilen. *Zu Farida:* Lassen Sie uns allein! *Farida rührt sich nicht.* Verschwinden Sie! *Leila gibt ihr einen Wink. Sie geht hinaus.* Ich habe eine Mission übernommen, um Prokop das peinliche Eingreifen der Polizei zu ersparen. Ich habe Sie davon zu verständigen, daß Sie ausgewiesen sind.
LEILA: Ausgewiesen? Was ist das?
KLEMENT: Sie werden als unwillkommene Ausländerin des Landes verwiesen. Binnen achtundvierzig Stunden haben Sie über der Grenze zu sein. *Er übergibt ihr ein Papier.* Hier ist der Ausweisungsbefehl.
LEILA: Das Papier, das Unheil bringt, haben Sie uns schnell verschafft! *Sie zerreißt das Papier und wirft ihm die Fetzen vor die Füße.* Da haben Sie Ihren Ausweisungsbefehl!
KLEMENT: Das nützt Ihnen nicht das Mindeste! Es wird unverzüglich ein Duplikat ausgestellt werden.
LEILA: Davon bin ich überzeugt! Und wenn ich dem Befehl nicht Folge leiste?
KLEMENT: Werden Sie per Schub, das heißt unter polizeilicher Bedeckung, über die Grenze geschafft.
LEILA: *tief beleidigt und empört* Ausgetrieben! Wie eine Verbrecherin über die Grenze gejagt!
KLEMENT: Sie sollten sich bei uns bedanken, daß wir diese Affäre im administrativen Verfahren auf kürzestem Wege erledigten. Wären Sie wegen gefährlicher Drohung - und jetzt noch wegen Diebstahls - vor Gericht gebracht worden, hätten Sie vor der

Ausweisung noch ein oder zwei Jahre Gefängnis zu verbüßen gehabt.

LEILA: Ins Gefängnis als Konkubine, weil ich als rechtmäßige Frau mit meinem Mann lebe! Ins Gefängnis als Diebin, weil eine andere gestohlen hat! Ins Gefängnis, weil ich tödlich beleidigt wurde und im Schmerz über diese Beleidigung aufschrie! - Geben Sie mir den Paß!

KLEMENT: Einen Paß? Sie haben als Ausländerin auf einen Paß keinen Anspruch.

LEILA: Sie wissen, daß ich ohne Paß in keinem andern Land aufgenommen werde.

KLEMENT: Das geht uns nichts an. Jenseits der Grenze steht es Ihnen frei, zu gehen, wohin es Ihnen beliebt.

LEILA: Ja, ins Gefängnis! Was habe ich verbrochen, daß Sie mich schmachvoll davonjagen?

KLEMENT: Wir können keine zweideutigen Personen hier dulden, die sich vielleicht als feindliche Agenten entpuppen.

LEILA: Sie lügen! Und Sie wissen, daß Sie lügen! Ich war schwach und schutzlos; das war mein ganzes Verbrechen. Sie haben's erreicht! Vom ersten Augenblick an haben Sie's unablässig verfolgt. *Nach einer Pause.* Obgleich ich den Nutzen nicht einsehe, den Sie dadurch gewinnen. Denn wenn Prokop aus dem Land geht, können Sie ihn nicht zu Ihrem Schwiegersohn machen. *Prokop tritt ein.* Hast du's schon gehört? Wir sind ausgewiesen!

PROKOP: *erbleichend, stammelt* Aus-ge-wiesen?

LEILA: Wir haben uns binnen achtundvierzig Stunden zu trollen! *Sie zeigt auf die Papierfetzen.* Hier ist der Ausweisungsbefehl!

PROKOP: *schreit wild auf* Ich gehe nicht fort! Ich gehe nicht fort!

LEILA: Sonst werden wir per Schub über die Grenze geschafft!

PROKOP: Es ist mein Heimatland! Kein Mensch kann aus seiner Heimat ausgewiesen werden!

KLEMENT: Höre -

PROKOP: *ohne auf ihn zu hören, in wildem, hemmungslosem Schmerz* Ihr bringt mich nur, mit schweren Ketten beladen, von

hier fort! Ihr müßt mich mit Kolbenhieben über die Grenze peitschen: ich werde auf blutigen Knien zurückkriechen -
KLEMENT: So hör doch, zum Teufel -
PROKOP: Schließt mich im Gefängnis ein, lebenslänglich, bei Wasser und Brot! Dann werde ich noch im Vaterland sein! Schleppt mich vor ein Exekutionspeloton! So wird mein Grab wenigstens in der Heimat liegen -
KLEMENT: Bist du total verrückt? Kein Mensch verlangt von dir, daß du das Land verläßt!
PROKOP: Nicht? Nicht?
KLEMENT: Du bist vom Ausweisungsbefehl nicht betroffen. Nur das Weib und die andere Berberin, die sie begleitet.
PROKOP: Ich muß nicht wieder ins Elend der Fremde hinaus? Ich kann im Vaterland bleiben?
LEILA: Du hörst es! Nur ich werde hinausgejagt, nicht du! Du darfst gnädig bleiben -
PROKOP: *verwirrt stammelnd* Ich nicht. Nur du -
LEILA: Ich ins Elend der Fremde. Du zu Frieden und Wohlergehen, auf die Lehrkanzel, ins neue Ehebett -
PROKOP: *nach längerer Pause* Ich kenne meine Pflicht. Wenn du wandern mußt, wandere auch ich.
KLEMENT: Du bleibst! Du hast deine Pflichten gegen den Staat zu erfüllen!
PROKOP: *zu Leila* Wenn ich meine Pflichten gegen den Staat erfüllt habe, komme ich dir nach.
KLEMENT: Die Pflichten gegen den Staat hören nie auf. Keinem Staatsbürger wird es gestattet, das Land zu verlassen.
PROKOP: *zu Leila* Ich habe dich hergebracht. Du sollst nicht alleine weggehen. Ich werde Wege finden, dein Schicksal zu teilen.
LEILA: Wirst du? Wirklich? Blick mir fest ins Auge, Prokop! *Sie tritt vor ihn hin und blickt ihn lange und intensiv an. Dann tritt sie zurück und sagt mit großer Energie:* Ja!
PROKOP: Was: Ja?
LEILA: Ja! Ich habe Ja! gesagt zu dem, was du dir im innersten Herzen wünschest! *Sie entfernt sich noch mehr von ihm.* Du bist frei!

PROKOP: *betreten* Frei?
LEILA: Ich bin für dich eine Last und eine Fessel geworden. Ich will nicht niedriger denken als eure tschechischen Frauen. Die lösen - so sagt er - *sie zeigt auf Klement* den Mann von der Fessel. Ich gebe dich frei!
PROKOP: *tief verletzt, will auffahren, bezwingt sich aber und sagt mit verhaltenem Groll* Soll das heißen, daß du dich von mir scheidest?
LEILA: *in stets wachsender Erregung* Hättest du für mich in meinem Elend ein herzliches Wort gefunden, keine Gewalt der Welt hätte mich von dir zu scheiden vermocht! Du hast nur dich gefühlt, dich, nur dich! Du hast aufgebrüllt, daß du verdammt bist, aus dem Lande zu gehen. Du hast aufgejubelt, daß du begnadigt bist, zu bleiben. An meinen Jammer hast du nicht mit dem winzigsten Gedanken gedacht. Du hast dich von mir geschieden -
PROKOP: Das ist nicht wahr! Ich habe dir angeboten, mit dir zu gehen.
LEILA: Ja, das ist wahr! Du hast dich dann deiner Pflicht besonnen! Weißt du, wohin du mit mir gehen müßtest? Ohne Paß wirst du von Grenze zu Grenze gehetzt werden wie ein wildes Tier, wirst von Gefängnis zu Gefängnis geschleppt werden. Um das zu ertragen genügt nicht eine kalte Pflicht. Dazu bedarf es einer warmen Liebe! Du würdest mich hassen-
PROKOP: *immer kälter werdend* Du wirfst mir vor, daß ich dich nicht genügend liebe. Ich sehe nur, daß du mich nicht mehr liebst.
LEILA: Ob ich dich liebe? O Gott! Ich habe zu dir emporgeblickt wie zu einem edleren, vollkommeneren Wesen, das mir himmelhoch überlegen ist an Geist, Kraft und Mut. Die Luft deines Vaterlandes ist dir nicht gut bekommen. Deine Kraft ist hier geschmolzen wie euer Schnee an der Sonne. Dein Mut hat sich aufgelöst wie ein Dunst im Wind. Ich will dich nicht noch kleiner und schwächer sehen. Ich müßte dich verachten - und das soll nicht sein! Darum müssen wir scheiden -

PROKOP: *kalt und ruhig* Du hast recht. Wir lieben einander nicht mehr. Darum bleibt uns nichts übrig, als voneinander zu scheiden!

LEILA: *mit stolzer Würde* Ich kehre dieser Stadt den Rücken, der raucherfüllten, nebelverschleierten Stadt, der Stadt ohne Himmel und Erde und ohne Licht des Himmels, der Stadt, die friedlos ist und ihre Bewohner verschlingt. Ich verlasse ohne Bedauern das Land, das reiche, üppige, gesegnete Land, das unselige Land, das mich ausstößt, das Land ohne Gnade, das Land ohne Gott-

KLEMENT: Nun siehst du, wie sie in Wahrheit von uns denkt!

LEILA: Und kehre zurück in mein Heimatland, das ferne, traurige Wüstenland, das Land der Mühsal und der Einsamkeit, das Land, wo die Menschen menschlich sind und wo Gott lebendig ist! - Gebt mir meine Kinder: so gehe ich sofort.

KLEMENT: Die Kinder sind nicht ausgewiesen. Sie bleiben hier.

LEILA: Die Kinder? Sie bleiben hier? Meine Kinder?

KLEMENT: Die Kinder gehören dem Staat. Sie gehen nicht außer Land.

LEILA: Dem Staat? Hat der Staat sie in seinem Leib getragen? Kann der Staat ihnen eine Mama sein?

KLEMENT: Sie sind die Kinder eines Staatsbürgers. Sie bleiben, um künftige Staatsbürger zu werden.

LEILA: Sie sind die Kinder aus einem ungesetzlichen Konkubinat; Sie haben es selber gesagt! Uneheliche Kinder haben keinen Vater, nur eine Mama! Und ich, die Mama, bin eine unwillkommene Fremde -

KLEMENT: Der Staat braucht Kinder. Er adoptiert sie.

LEILA: Zu Lebzeiten der Mama? Bin ich schon tot? - *Heftig zu Prokop:* Sag du dem Menschen, daß die Kinder zu ihrer Mama gehören!

PROKOP: Ich bin ihr Vater. Ich liebe sie nicht weniger als du.

LEILA: Du wirst eine neue Ehe eingehen! Sie werden von einer Stiefmutter gleichgültig beiseite geschoben werden! Einsame, elternlose Kinder werden sie sein, die im Dunkeln heimlich nach der Mama weinen -

PROKOP: Ich will nicht, daß du und diese fürchterliche Farida sie zu dumpfem Aberglauben erzieht. Meine Kinder sollen zu aufgeklärten Menschen herangebildet werden.

LEILA: *außer sich* Zu Staatssklaven und Kanonenfutter! - Wir wollen sie befragen, Prokop. Sie sollen selbst entscheiden, ob sie mit mir gehen wollen oder mit dir!

PROKOP: Sie sind noch zu klein. Sie haben nicht genügend Urteilskraft, um eine so schwerwiegende Entscheidung zu treffen.

LEILA: Sie haben in sich den dunklen Trieb, der sie auf den rechten Weg weisen wird! Nicht eine Sekunde werden sie zögern, sich für ihre Mama zu entscheiden -

PROKOP: Es ist das Beste für dich und sie, wenn ihr einander nicht mehr seht.

LEILA: *entsetzt* Sie nicht sehen? Nicht einmal mehr sie sehen? *Sie schreit auf:* Prokop! *Sie stürzt vor ihm nieder.* Ich habe aus Liebe zu dir meine Eltern und meine Heimat verlassen. Von allen Reichtümern der Erde ist mir nichts geblieben als meine Kinder. Erbarm dich wie ein Gott und laß mir die Kinder -

PROKOP: Was nützt Erbarmen? Der Staat will es nicht. Ich vermag nichts gegen den Staat.

LEILA: *steht langsam und wie betäubt auf; sie steht starr und murmelt:* Der Staat! Der Staat!

KLEMENT: Jetzt hast du dich endlich als Mann gezeigt! Komm!

LEILA: *richtet sich hoch auf und ruft herrisch* Halt! Und nehmen Sie meine Abschiedsgabe mit sich!

KLEMENT: Danke! Behalten Sie das Ihre.

LEILA: Meinen Fluch! Sie betrügerischer Richter, seien Sie verflucht, daß Sie dem unbestechlich richtenden Gericht verfallen! Sie tückischer Feigling, der sich zum Revolutionär aufwirft: verflucht, daß Ihre Revolution Sie fresse! Ich prophezeihe es Ihnen: Sie werden auf fremden Straßen irren, wie ich, an verschlossene Türen pochen, wie ich; verbannt, verfemt, werden Sie nach einem fühlenden Herzen schreien - und nur auf eherne Herzen stoßen, wie das Ihre ist -

KLEMENT: Schauen Sie her! Ich blase mir diese Staubflocke vom Ärmel. *Er bläst.* So schüttle ich Ihre orientalischen Flüche ab!
LEILA: *jähe und wild sich gegen Prokop wendend* Du, mein Gebieter, der mich verstößt, mein Beschützer, der mich beraubt! Du wirst aus der neuen Ehe, nach der es dich lüstet, dir keine Lust schöpfen! Einen frostigen Herd wirst du finden und ein einsames Bett! Dann denkst du mit Sehnsucht an mich zurück, wie ich einst war: deine lächelnde Geliebte, deine selige Sklavin - und mit wütender Reue, wie ich jetzt bin, durch dich geworden bin: ein geschändetes Weib, eine geplünderte Mama - wie ich die Stirn gegen die steinernen Fliesen schmettere, mir in Verzweiflung das Gesicht zerfleische - *sie hat sich auf den Boden geworfen und schlägt, sich die aufgelösten Haare raufend, unter Schmerzensrufen die Stirn wiederholt gegen die Erde.*
PROKOP: *sie anstarrend, weicht entsetzt vor ihr zurück* Die Barbarin! Die Barbarin bricht aus ihr hervor!
LEILA: *rasend* Und sie, die Freundin, die mich überlistet hat! Mein Blut komme über sie! Ich ertränke mit meinem Blut ihre weiblichen Organe! Ich zerstöre mit meinem Blut die Pforten ihrer Lust, daß sie nie die Seligkeit der Mannesliebe erfahre! Ich weihe sie den höllischen Dämonen mit meinem schwarzen, fließenden Blut - *Sie hat ein Messer aus ihrem Kleid gezogen und hebt es in wilder Raserei gegen ihren Leib.*
PROKOP: *stürzt entsetzt auf sie zu und entreißt ihr das Messer* Du sollst sie sehen!
LEILA: *stammelnd* Mit Blut - Mit Blut -
PROKOP: *zu Klement, der sprechen will* Sprich nicht! *Zu Leila:* Ich gebe dir mein Wort. Du sollst die Kinder sehen!
Er geht schnell ab, von Klement gefolgt. Leila, von ihrem Ausbruch erschöpft, erhebt sich langsam und verharrt starr, auf den Knien hockend, das Gesicht in den Händen verborgen. Nach einer Weile tritt Farida in die Tür. Sie blickt eine Zeitlang auf Leila nieder und schweigt.
FARIDA: *nach einer langen Pause* Er liebt dich nicht mehr. Er hat dich verlassen.

LEILA: Sie haben mir die Kinder genommen! Meine Kinder haben sie mir genommen, Farida!

FARIDA: Ich habe dir prophezeiht: sie kommen nicht zurück! Sie verlachen höhnend die überwundene Senussi. Du aber wütest nur gegen dich selbst.

LEILA: Laß sie mich verlachen! Schaff mir die Kinder zurück, liebe Farida!

FARIDA: Du hast keinen Mann mehr. Du hast nicht Kinder noch Eltern mehr. Nicht Heimat, noch Frieden, noch Ehre, nichts hast du mehr als - die Rache.

LEILA: Ich will keine Rache! Nur meine Kinder will ich wiederhaben!

FARIDA: *tritt ganz nahe zu ihr und spricht mit furchtbarer Wildheit:* Räche dich! Räch dich an ihnen: an ihr und ihm, an ihm und ihr! Töte sie! Dreh das Messer dreimal um in ihrem frechen Herzen, dreimal um in seinem falschen Herzen! Töte sie beide, erst sie, dann ihn -
Sie hat das Messer genommen und drängt es Leila auf.

LEILA: Sie haben mich zerbrochen. Ich habe keine Kraft zur Rache.

FARIDA: *tritt zurück, blickt auf sie hinab und sagt kalt nach einem längeren Schweigen* Du bist eine unwürdige Tochter deines Stamms. Du bist keine Senussi. Eine Entartete bist du! *Sie geht ab.*

LEILA: *auf der Erde längshin ausgestreckt, schreit, während die Tränen über ihre Wangen strömen, in wildem Schmerz heraus* Meine Kinder! Meine Kinder!

Fünfter Akt

Das Zimmer im Gasthof. Zwei Tage später gegen Abend. Leila, wieder in ihrer heimatlichen Kleidung, sitzt regungslos vor sich hinstarrend; rings um sie sind Kinderkleider und Spielzeuge. Farida tritt ein.

FARIDA: Steh auf! Wir müssen vor Mitternacht über der Grenze sein.
LEILA: *nach einer Pause, leise* Ich warte.
FARIDA: Worauf? Daß die Verfluchten dich mit Gewalt fortführen?
LEILA: Die Kinder werden kommen. Ich muß warten.
FARIDA: Er hat dich gefoppt. Immer hat der Verräter dich gefoppt.
LEILA: Er kann nicht so grausam sein. Ich habe ihm nichts Böses getan.
FARIDA: Du hast das schamlose Kleid der Fremden abgelegt. Mein Liebling bist du wieder, mein Mädchen -
LEILA: *die Gegenstände, die in ihrem Schoß liegen, liebkosend* Das ist Omars Röckchen. Das ist Amins Mützchen. Ich habe sie ihnen genäht und bestickt. Nein, sie haben ihre Mama nicht vergessen.
FARIDA: Kind meines hohen Fürsten! Vergib mir, meine Fürstin, daß ich dir weh getan habe! Verzichte auf die Rache! Vergiß! Nur rette dich -
LEILA: Mit diesem Ball haben sie gespielt. Wie lustig sie kreischten, wenn sie ihn in der Luft auffingen! Ihre Stimmchen nicht mehr hören? Sie nie wiedersehen?
FARIDA: Du wirst sie wiedersehen. Sie werden kommen, gewiß. *Sie geht zur Tür.* Ich packe indessen zu Ende. *Sie bleibt an der Tür stehen und blickt auf Leila zurück.* Ich halte den Jammer nicht aus.
Sie geht ins Nebenzimmer ab. Leila sitzt regungslos. Nach einer Weile wird an die Außentür geklopft. Leila antwortet nicht. Es

wird ein zweites Mal geklopft. Dann öffnet sich leise die Tür und Zdenka tritt ein.
ZDENKA: Darf ich eintreten? *Leila schweigt.* Entschuldige, daß ich komme. Mein Anblick, ich weiß es, kann dich nicht erfreuen.
LEILA: Kommst du, um dich an meinem Elend zu weiden?
ZDENKA: Ich komme, um dir eine gute Nachricht zu bringen. Als ich von deiner Ausweisung erfuhr, war ich außer mir vor Bestürzung und Entrüstung. Ich will nicht, daß dir ein Unrecht geschieht, und das ist ein empörendes Unrecht! Ich habe alles versucht, um die Ausweisung rückgängig zu machen -
LEILA: Du bist großmütig, weil du mich besiegt hast.
ZDENKA: Ich bin bis zum Minister vorgedrungen. Wir waren Kameraden in der Untergrundbewegung. Er kann den Ausweisungsbefehl leider nicht zurücknehmen. Aber die Frist wird dir verlängert, bis du die nötigen Papiere hast. Ich bringe dir ein Laissez-passer; das ist ein gültiges Ersatzpapier für den Paß -
LEILA: Ich brauche eure Papiere nicht mehr -.
ZDENKA: Du und Farida, ihr bekommt Flugkarten bis Alexandrien. Unser Konsul in Alexandrien wird angewiesen, euch weiter zu verhelfen. Du kehrst ungefährdet in deine Heimat zurück-
LEILA: *schmerzlich aufstöhnend* Ohne die Kinder?
ZDENKA: *schnell* Auch das! Auch das! Du sollst nicht mit dem bitteren Gefühl scheiden, daß du bei uns mißhandelt und geplündert wurdest. Du sollst wissen, daß wir nicht ohne menschliches Empfinden sind -
LEILA: Ich darf sie sehen?
ZDENKA: Die Männer begreifen das nicht. Eine Frau versteht die Frau. Du sollst sie nicht nur sehen -
LEILA: Ich soll sie haben? Ich soll meine Kinder haben?
ZDENKA: Es ist zwar gegen das Gesetz -
LEILA: Und du hast das böse Gesetz zerbrochen? Du Gute, Gute, du gibst mir meine Kinder wieder?
ZDENKA: Nicht ich. Höre mich an!
LEILA: *ohne auf sie zu hören* Du gibst sie mir wieder! Ich will alles Unrecht vergessen, das mir hier geschehen ist! Ich will es ver-

gessen, daß du mit Worten meine Freundin warst, mit deinen Handlungen eine Todfeindin; den Mann, den ich liebe, mir abspenstig machtest, meinen Mann verlocktest-
ZDENKA: Ich habe ihn nicht verlockt; wenn du mir doch glauben könntest! Es ist nicht meine Schuld, daß sein Gefühl sich zu mir gewendet hat.
LEILA: Nein, du hast ihn mir nicht genommen. Ich habe, ohne es zu wissen, ihn dir genommen. Du hast dir nur zurückgenommen, was dir längst vor mir gehört hat! - Ich will es deinem Vater vergeben, daß er das heilige Gastrecht verletzte, mich mit Fußtritten wie eine räudige Hündin vertrieb! Ich will es Prokop vergeben, daß er mich verriet, an mir zum Meineidigen wurde - nein, das vergebe ich nicht!
ZDENKA: Vergib ihm! Auch er hat keine Schuld. Er leidet selber darunter, daß er dir, gegen seinen Willen, Leid zufügen muß.
LEILA: Ich vergebe ihm. Er hat mir die reinste Seligkeit geschenkt, die uns Frauen bestimmt ist: er hat mich zur Mama gemacht. - O Gott, ich habe euch verflucht! Ich werde zu Allah und Christus beten, zu dem unnennbaren Gott, der über allen Göttern ist, werde ich beten, daß du eine beglückte Frau und Mama werdest, wie ich es war; daß du's bis zum Ende seist, wie ich es nicht war -
ZDENKA: Du bist zu leidenschaftlich, im Glück wie im Schmerz. Du willst doch meine Hand nicht küssen? *Sie zieht ihre Hand, die Leila an den Mund geführt hat, zurück.*
LEILA: Denn du, du verstehst, daß es außer den schlimmen Gesetzen noch ein Gesetz des Herzens gibt! Du hast ihm gehorcht und gibst mir meine Kinder wieder -
ZDENKA: Es ist nicht ganz so, Leila. Ich konnte nicht alles, was ich wünschte, erreichen.
LEILA: *fährt auf* Nicht? Ich bekomme sie nicht? Treibst du dein Spiel mit meinem Unglück?
ZDENKA: Du bekommst nicht beide. Nur eins. Aber eins bekommst du.
LEILA: Nur eins? Und nicht beide? Und welches von beiden?
ZDENKA: Du kannst es dir wählen. Das, welches du mehr liebst.

LEILA: Wählen? Ich liebe sie beide gleicherweise. Das, auf welches ich verzichte, wird immer das Geliebtere sein -

ZDENKA: Sei nicht undankbar! Es ist nur gerecht, daß das eine Kind mit der Mama geht, das andere beim Vater bleibt.

LEILA: Du hast noch kein Kind gehabt! Sonst würdest du nicht zu einer Mama von Gerechtigkeit reden! Mein Herz in zwei Hälften zerreissen - und die eine Hälfte hier zurücklassen!

ZDENKA: Ich muß dir auch sagen, daß eine Bedingung dabei ist. Der Minister hat sie gestellt. Die Kinder dürfen nicht gezwungen werden. Du nimmst nur das mit dir, das freiwillig mit dir geht.

LEILA: Das nennst du eine Bedingung? Dann bekomme ich beide! Sie werden sich beide dazu drängen, mit mir zu gehen! Das Kind, das bleiben soll, werdet ihr zwingen müssen -

ZDENKA: Du nimmst die Bedingung also an?

LEILA: Ich nehme sie an. Wo aber sind sie? Wann werden sie kommen?

ZDENKA: Prokop hat sie hergebracht. Ich bin nur vorausgekommen, um dich auf sie vorzubereiten. Sie sind draußen im Flur.

LEILA: Und das sagst du mir erst jetzt? Und ich habe es nicht gefühlt?

ZDENKA: *öffnet die Tür und spricht hinaus* Bring sie herein, Prokop! *Prokop tritt ein, die beiden Kinder an der Hand haltend.*

LEILA: *schreit auf* Omar! Amin! *Sie will auf die Kinder zustürzen, bezwingt sich aber und bleibt stehen.*

PROKOP: Hier sind die Kinder! *Zu Zdenka* Sie kennt die Bedingung?

ZDENKA: Ja, ja, sie hat sie akzeptiert. *Leise.* Komm schnell hinaus! Stören wir nicht das Glück der armen Frau!

LEILA: *die Kinder immerzu anstarrend, stammelt* Die Kinder! Meine Kinder!

PROKOP: *zu den Kindern* Erinnert euch an das, was ich euch gesagt habe: seid lieb zu eurer Mama! *Zu Leila:* Du denk daran: Erschreck sie nicht durch deine Leidenschaft!

OMAR: *sich an Prokop festhaltend* Laß uns nicht allein mit ihr, Vati!

PROKOP: Ihr bleibt jetzt bei der Mama. Wir kommen bald zurück.

Er und Zdenka gehen ab. Die Kinder bleiben scheu an der Tür stehen.
LEILA: *die Arme gegen sie ausstreckend* Meine Kinder! Meine Kleinen! Ihr wißt nicht, was die bösen Menschen eurer Mama getan haben! Sie jagen mich aus dem Land; euch, ihr Geliebten, wollten sie mir rauben! Ihr ahnt nicht, wie grausam euer leiblicher Vater an mir gehandelt hat -
OMAR: Das ist nicht wahr! Vater ist gut. Er ist nicht grausam.
LEILA: Ihr sollt es nicht erfahren! Ihr sollt euren Vater immer lieben und ehren! - Was drückst du dich an die Türe, Omar? Komm! Komm zu mir!
OMAR: Ich weiß, was du willst.
LEILA: Komm, mein Liebling! Umarme mich! Ich lechze nach einem guten Wort. Sag mir, daß du mich lieb hast!
OMAR: Du willst mich mit dir dorthin nehmen. Dort ist es häßlich.
LEILA: Häßlich? Erinnerst du dich nicht an das schöne Haus und den kühlen Hof und den Orangenhain mit den goldenen Früchten? Und Großvater im weißen Kleid, der die bunten Märchen erzählte? In eurer Heimat ist es viel schöner als hier -
OMAR: Du hast gelogen. Du hast gesagt, die Tschechen sind ein böses und feiges Volk. Die Senussi sind bös und häßlich.
LEILA: *erstarrend* Wer hat dir das gesagt? Hat vielleicht eure Tante Zdenka dich das gelehrt?
OMAR: Tante Zdenka hat gesagt, ich soll mit dir dorthin gehen. Die andern Tanten sagen es. Und alle Kinder sagen es.
LEILA: Und du glaubst diesen abscheulichen Fratzen? Bist du nicht immer stolz darauf gewesen, ein junger Senussi zu sein?
OMAR: Ich bin kein Senussi. Vater ist Tscheche. Die Senussi sind schmutzige Zigeuner. Sie stehlen und stinken.
LEILA: Ich bin eine Senussi, weißt du's nicht? Bin ich schmutzig und stehle ich?
OMAR: Wenn ich groß bin, werde ich Soldat. Dann nehme ich ein Gewehr und schieße die Zigeuner tot.
LEILA: Schießt du auch deine Mama tot?
OMAR: Alle schieße ich tot! Alle Zigeuner und Zigeunerinnen!

LEILA: *ihn entsetzt anstarrend* Wer bist du? Du bist nicht das Kind, das ich geboren habe! Geh fort von mir, Wolfsbrut -
OMAR: Geh selber fort zu deinen Senussi! Ich und Amin bleiben hier in Prag.
LEILA: Ich reiße dich aus meinem Herzen aus! Ich kenne dich nicht mehr -
OMAR: *Amin fassend* Komm, Amin!
LEILA: Rühr mir das Kind nicht an! Komm du zu mir, mein kleiner Amin! Er ist das Ebenbild seines Vaters. Er war immer kalt und grausam: ich habe es vor mir selbst verhehlt. Du bist mein Blut, mein Abbild -
AMIN: *weinerlich* Ich habe Angst.
LEILA: Du hast die Zärtlichkeit deiner Mama nicht vergessen. - Drängst du dich an den schändlichen Buben? Komm! Gib mir einen Kuß!
AMIN: Ich will auch bei Vater bleiben! Und bei Tante Zdenka und den Kindern -
LEILA: Willst du deine Mama verraten? - Her zu mir! Ich befehle dir, komm sofort zu mir!
AMIN: Was schaust du mich mit so schrecklichen Augen an? Ich fürchte mich vor dir!
LEILA: Fürchte dich nicht! Ich bin zu heftig, ich weiß es. - *Sie wirft sich zur Erde.* Deine Mama liegt vor dir auf Knieen, mein Kind! Deine Mama bettelt dich um ein bißchen Liebe -
AMIN: Du bist aber nicht meine Mama!
LEILA: *zurücktaumelnd* Nicht deine Mama?
AMIN: Du bist eine Schwarze. Tante Zdenka ist meine Mutti!
LEILA: Es kann nicht sein! Allerbarmender Heiliger! Es kann nicht sein, daß auch er -
AMIN: Du hast mich ihr gestohlen. Alle Zigeunerinnen stehlen Kinder.
LEILA: Auch du ein tückischer Bastard? Nein, ich lasse dich nicht - *Sie reißt ihn an sich.*
AMIN: *weint* Laß mich los! Du wirst mich wieder schlagen!
LEILA: *entsetzt* Dich schlagen? Wann habe ich dich je geschlagen?

AMIN: Und du wirst mich fressen! Die Zigeunerinnen fressen kleine Kinder!
LEILA: *in ungeheurem Schmerz laut aufschreiend* Kinderlos! Ich habe keine Kinder mehr!
OMAR: *zur Tür stürzend* Vati! Tante Zdenka! Sie schlägt Amin!
Prokop und Zdenka treten rasch ein.
PROKOP: Was hast du mit den Kindern gemacht?
LEILA: *sich aufbäumend* Was habt ihr mit den Kindern gemacht?
OMAR: Wir wollen nicht mit ihr gehen. Wir bleiben bei dir, Vati.
PROKOP: Die Kinder wollen nicht. Du hast es gehört.
LEILA: Was wissen die Kinder? Ihr habt es ihnen eingeblasen!
ZDENKA: Es tut mir sehr leid, daß sie nicht wollen, glaub es mir -
PROKOP: Du kennst die Bedingung -
LEILA: Ich erkenne keine Bedingungen an! Ich will sie bedingungslos haben, alle beide!
PROKOP: Ich kann sie dir nicht gegen ihren Willen geben -
LEILA: So nehme ich sie mir! *Sie reißt beide Kinder schnell an sich und schiebt sie ins Nebenzimmer.* Farida, du gibst sie nicht heraus! *Sie schließt die Tür und stellt sich vor diese, heftig ausbrechend:* Was habt ihr mit den Kindern gemacht? Sie waren unschuldig, als sie von mir gingen! Ihr habt ihre Seelen mit Haß vergiftet! Ihr habt sie humanisiert, wie ihr es nennt! Ihre Einfalt getötet, die Mama in ihren Herzen getötet, daß sie hart werden wie ihr, unglücklich wie ihr -
PROKOP: Wir haben keinen Einfluß auf sie genommen. Sie haben sich aus eigenem Willen entschieden.
LEILA: Aus eigenem Willen! Nachdem ihr ihnen beigebracht habt, sich ihres Ursprungs zu schämen, ihre Mama zu verleugnen! Ihr habt meine Kinder zu Verbrechern gemacht -
PROKOP: Verbrecher! Wie wagst du das?
LEILA: Kinder, die ihre Mama verleugnen, werden später Verbrecher werden. Ich dulde es nicht -
PROKOP: *geht auf sie zu* Gib sie heraus!
LEILA: *zieht ihr Messer* Ich gebe sie nicht!

PROKOP: Steck dein Messer ein! Ich fürchte mich nicht vor deinem Messer! Du kannst sie nicht haben!
LEILA: Dann soll niemand sie haben!
PROKOP: Sie schreien und weinen. *Heftig:* Begreifst du's nicht? Sie bäumen sich gegen die Barbarin auf! Sie haben sich für mich entschieden und die Barbarenmutter verworfen -
LEILA: Die Barbarin: ich bin es! Das Barbarenweib gibt ihre Jungen nicht heraus -
PROKOP: *wendet sich zur Außentür; er sagt kalt:* Es gibt noch Gesetze im Staat.
LEILA: Du sollst sie haben!
Sie reißt die Tür auf und stürzt ins Nebenzimmer. Das Folgende geschieht blitzschnell:
FARIDA: *Faridas Stimme von draußen, schreit entsetzt auf* Was machst du, Leila? *Man hört den kurzen Aufschrei eines Kindes.*
Töte nicht auch ihn! Mich töte! Mich! *Man hört den Aufschrei des zweiten Kindes.*
Was hast du, Unglückliche, gemacht?
Prokop, der vor Entsetzen wie versteinert dagestanden ist, stürzt gegen die Tür. Leila tritt aus der Tür.
PROKOP: *aufschreiend* Wahnsinnige! Was hast du gemacht?
LEILA: *totenbleich, aber ruhig* Ich habe sie dem Leben gegeben. Ich habe sie zurückgenommen.
PROKOP: Kindesmörderin! Du hast die eigenen Kinder gemordet!
LEILA: Ich habe sie getötet. Du hast mich zu dem Mord getrieben. Der Mörder bist du!
PROKOP: *zurücktaumelnd* Ich? Wälzst du das Verbrechen auf mich? Du allein hast sie gemordet!
LEILA: Ich habe sie davor bewahrt, zu werden, wie ihr seid. Jetzt macht mit mir, was ihr wollt! Bald bin ich dort, wo sie sind.
Sie geht gefaßt auf den Ausgang zu.

Die Entscheidung Lorenzo Morenos

Schauspiel in vier Akten

Personen:

LORENZO MORENO, ein berühmter Schriftsteller
GABRIELA, seine Frau
FABIO, sein Sohn, Student
CAPABLANCA, ein junger Schriftsteller
NAVARRO, Gouverneur der Provinz
DOLORES, Morenos Sekretärin
INES, deren Nachfolgerin

Die Handlung spielt in der Provinzhauptstadt eines südamerikanischen Diktaturstaates.

Erster Akt

In Morenos Haus, das vorn nach einem offenen Platz gelegen, hinten von einem Garten umgeben ist. Ein großes, als Empfangsraum dienendes Zimmer. Zwei Türen: die eine führt in Morenos Arbeitszimmer, die andere in die ins Stiegenhaus mündende Halle.

Gabriela und Fabio.

GABRIELA: Das ist eine frohe Überraschung, Fabio -
FABIO: Ich bin nur für einige Augenblicke gekommen, Mama. Ich muß gleich zurück.
GABRIELA: Du hast doch nicht die dreistündige Fahrt gemacht, um gleich wieder zurückzufahren.
FABIO: Ich habe am Nachmittag ein Examen. Wenn ich es versäume, verliere ich ein Semester. Ich war plötzlich unruhig. Ich wollte mich erkundigen, ob sich bei euch nichts verändert hat -
GABRIELA: Nichts hat sich verändert. Weshalb hast du nicht lieber telefoniert?
FABIO: Telefongespräche werden vielleicht abgehört. Ich habe es vorgezogen, mich persönlich zu überzeugen. Ich fühlte das Bedürfnis, sofort Vater zu sehen.
GABRIELA: Vater kannst du jetzt nicht sehen.
FABIO: *in großer Erregung* Ist er nicht hier? Ist er weg? Weggebracht worden?
GABRIELA: Weggebracht? Wie kommst du auf den Einfall? Er ist hier.
FABIO: Sag mir die Wahrheit, Mama! Habt ihr in der Nacht Eindringlinge hier gehabt? Haben sie Vater mitgenommen?
GABRIELA: Ich sage dir doch, daß er hier ist. Wäre ich sonst so ruhig?
FABIO: Wenn er hier ist, warum kann ich ihn nicht sehen?
GABRIELA: Er hat sich zurückgezogen, schon vor zwei Wochen. Ich habe es dir ja geschrieben. Du weißt, wie das ist: wenn dann alles aus ihm herausbricht, was sich viele Monate oder noch länger in

ihm angesammelt hat. Er kommt nicht zu den Mahlzeiten. Er schläft kaum. Er lebt in einer anderen Welt. Ich würde es nie wagen, ihn in unsere Welt zurückzureißen.

FABIO: Verhehlst du mir auch nichts, Mama?

GABRIELA: Ich will dir etwas im Vertrauen sagen. Ich glaube, daß wir bald eine große Freude erleben werden. Wenn mich nicht alles täuscht, ist Vater nahe daran, sein neuestes Drama zu beenden.

FABIO: Ja, das wäre eine große Freude. Dann kann ich also erleichtert zurückfahren. *Er geht zur Tür.*

GABRIELA: *ihn zurückhaltend* Du hast mir ja noch nicht gesagt, was dich hergetrieben hat?

FABIO: Es gingen Gerüchte bei uns um -

GABRIELA: Gerüchte! Wer glaubt schon Gerüchten in dieser hektischen Zeit?

FABIO: Es heißt, heute nacht sei ein vernichtender Schlag gegen die Intellektuellen geführt worden. Man flüstert sich zu, daß eine Anzahl hervorragender Schriftsteller verhaftet wurde.

GABRIELA: Da hast du gefürchtet, daß auch Vater - ? Und du hast dich gleich in den Zug gesetzt, trotz deinem Examen?

FABIO: Ich wurde von einem wilden Schrecken gepackt. Mit diesem Schrecken in den Gliedern hätte ich das Examen doch nicht bestanden.

GABRIELA: Man kann Vater nichts anhaben. Er hat sich um Politik nie gekümmert. Seit wir die Diktatur haben, hat er sich aus der Öffentlichkeit ganz zurückgezogen. Er hat immer nur für seine Arbeit gelebt. Es besteht für ihn auch nicht die kleinste Gefahr.

FABIO: Adieu, Mama. Bitte, sag ihm nicht, daß ich hier war. Ich schäme mich jetzt, daß ich mich vom Schrecken so überwältigen ließ.

GABRIELA: Was für ein liebevolles Kind du bist! Willst du wirklich nicht ein paar Stunden bleiben?

FABIO: Ich muß den nächsten Zug nehmen, wenn ich zur Prüfung rechtzeitig antreten will. Er geht in einer Viertelstunde. Du mußt mir etwas versprechen: du verständigst mich sofort, wenn etwas geschieht!

GABRIELA: Es wird nichts geschehen. Aber ich verspreche es dir.

Sie gehen hinaus. Nach einer Pause treten aus der anderen Tür Moreno und Dolores ein.

MORENO: Rufen Sie also meine Kollegen an, Dolores! Dann gehen Sie schlafen. Sie haben in diesen Wochen nicht viel geschlafen.

DOLORES: Sie auch nicht, Herr Moreno.

MORENO: Sie haben die Liste noch vom vorigen Mal. Zeigen Sie sie! *Sie gibt ihm eine Liste.* Menendes. Gestorben. - Rotas. Ist zum Lobredner der Diktatur geworden. Wird gestrichen. - Astigueta. Hat auch seinen Frieden mit den Gewalthabern gemacht. Gestrichen. - Wir werden immer weniger. Vielleicht werde ich bald allein übrig sein. - Die andern laden Sie ein, für fünf Uhr! Wollen Sie dann auch zur Vorlesung kommen?

DOLORES: Mit tausend Freuden!

Sie geht ab. Nach einer Weile tritt Gabriela ein.

GABRIELA: Du kommst wieder zum Vorschein. Kann ich es so deuten, daß -

MORENO: Ja, ich habe mein Drama beendet.

GABRIELA: Das ist ein schöner Tag -

MORENO: Sicherlich ist es ein seltener Tag. Nun bin ich Ende fünfzig. Und ich habe erst fünfzehnmal den Tag erlebt, an dem ich das „Finis" unter eines meiner Dramen setzen konnte.

GABRIELA: Da darf ich dich beglückwünschen.

MORENO: Beglückwünsche mich erst, wenn ich weiß, daß es mir gelungen ist! Ich lasse eben einige Kollegen einladen, wie die zwei letzten Male, um es ihnen vorzulesen. Ich kann ihr Urteil nicht erwarten. Bis dahin werde ich von Unruhe verzehrt -

GABRIELA: Ich bin sicher, daß du wieder ein bedeutendes Werk geschrieben hast.

MORENO: Aber ich bin nicht sicher. Solang ich diese Gestalten in mir verschlossen trage, sind sie ein Teil meines eigenen Daseins, und ich bin ihrer so sicher wie meiner selbst. Nun, da sie sich von mir abgelöst haben, weiß ich nicht, ob es mir geglückt ist, ihnen ein selbständiges Leben zu geben.

GABRIELA: Du hast dich noch jedes Mal mit solchen Zweifeln geplagt, nachdem du ein Drama beendet hattest. Und immer waren deine Zweifel unbegründet gewesen.

MORENO: Wenn ich siebzig vollendete Werke geschrieben hätte, würde ich beim einundsiebzigsten auch wieder zweifeln. Ich bin wie eine Frau, die während einer langen, qualvollen Niederkunft das Bewußtsein verloren hat. Ich weiß keinen bessern Vergleich. Aus ihrer Ohnmacht erwacht, fragt sie sich mit banger Angst, ob sie ein lebendes oder ein totes Kind geboren hat. Sie wird nicht eher ruhig werden, als bis sie ihr Kind schreien hört. Ich muß mein Kind schreien hören. Wenn meine Kollegen ergriffen sein werden, werde ich wissen, daß es geschrien hat.

GABRIELA: Du liebst es nicht, über deine Arbeiten zu sprechen, bevor der letzte Satz niedergeschrieben ist, und ich frage dich nie. Du kannst dir vorstellen, wie gespannt ich jetzt bin, zu erfahren -

MORENO: Du weißt, daß ich eine Scheu habe oder - wenn du willst - den Aberglauben, durch müßiges Gerede den Werdeprozeß zu stören. Nun kann ich ja sprechen. Es ist ein Abraham-Drama. Das Drama eines heutigen Abraham. Eines Mannes, der gläubig und gehorsam sein Kind zum Opfer bringt, weil er den höheren Auftrag dazu erhalten hat. Ich denke, es ist der bedeutendste Vorwurf, an den ich mich je gewagt habe: die Tragödie eines solchen Vaters, der den übermenschlichen Kampf zwischen Liebe und Glauben kämpft - *Dolores tritt ein.* Nun, haben die Kollegen zugesagt?

DOLORES: Entschuldigen Sie, Herr Moreno. Ich konnte Sie nicht erreichen.

MORENO: Wie soll ich das verstehen?

DOLORES: Zuerst rief ich Cardona an. Es meldete sich niemand. Ich habe es immer wieder versucht, aber immer vergebens.

MORENO: Um diese Stunde sitzt er unfehlbar in seinem Arbeitszimmer. Das war seit Jahren nie anders.

DOLORES: Dann verband ich mich mit Dos Campos. Nach einer langen Zeit kam seine Frau ans Telefon. Es schien mir, sie sprach mit einer verstörten Stimme. Sie sagte nur kurz, ihr Mann sei abwesend.
MORENO: Abwesend? Sie sagte wohl: ausgegangen. Wenn er ausgegangen ist, wird er zurückkommen.
DOLORES: Sie gebrauchte das Wort: abwesend. Als ich fragte, wann er zurückkomme, schluchzte sie auf und hängte ab. Bei Peralta meldete sich eine fremde, unwirsche Stimme. Sie schrie ins Telefon, er sei verreist, und das Hörrohr wurde krachend niedergeschlagen. Bei Algaray -
MORENO: Abwesend? Verreist? Gerade heut? Gerade, wenn ich sie brauche?
DOLORES: Ich bekam überall das Gleiche zu hören: verreist oder abwesend. Und niemand ließ sich herbei, mir eine Erklärung zu geben.
MORENO: Das ist fast wie ein Komplott. Springen Sie zu Cardona und erkundigen Sie sich, was da los ist. Er wohnt ja nicht weit. Und entschuldigen Sie, daß ich Sie weiter bemühe.
DOLORES: Ich tue es gern.
Sie geht ab.
MORENO: *zu Gabriela* Was soll das bedeuten? Verstehst du das?
GABRIELA: *leise* Ich fürchte, es zu verstehen. *Sie horcht hinaus.* Jemand ist gekommen. *Sie geht hinaus und kommt sofort zurück.* Es ist Capablanca. Er wünscht, mit dir allein zu sprechen. Vielleicht kann er es dir erklären.
Sie läßt Capablanca, einen jüngeren Mann, eintreten und geht ab.
CAPABLANCA: Guten Tag, Herr Moreno.
MORENO: Guten Tag, Capablanca. Sie kommen im richtigen Augenblick. Ich habe mein jüngstes Drama beendet und einige Kollegen einladen lassen, um es ihnen vorzulesen. Ich habe vergessen, Sie auf die Liste zu setzen. Nun lade ich Sie persönlich ein -

CAPABLANCA: Das ist für mich eine große Auszeichnung, Herr Moreno.
MORENO: Da scheint aber etwas vorzugehen, was ich nicht begreife. Meine Sekretärin konnte keinen der Kollegen erreichen. Sie wird mit Ausflüchten abgefertigt -
CAPABLANCA: Wissen Sie nicht, daß Ihre Kollegen verhindert sind, Ihrer Einladung zu folgen?
MORENO: Verhindert? Was kann sie hindern?
CAPABLANCA: Sie wissen nicht, was in dieser Nacht geschehen ist?
MORENO: Ich war zwei Wochen lang in Klausur - so nenne ich's - um meine Arbeit abzuschließen. Während dieser Zeit habe ich weder ein Radio gehört, noch eine Zeitung gelesen. Die Außenwelt hat für mich nicht existiert und, offen gestanden, sie kümmert mich auch nicht.
CAPABLANCA: Heut nacht hat der Terror zu einem neuen Schlag ausgeholt. Die eiserne Faust ist diesmal auf unsere Köpfe niedergefahren.
MORENO: Wollen Sie mir nicht erklären -?
CAPABLANCA: Cardona und Peralta wurden verhaftet. Algaray ist heimlich abgereist, um der Verhaftung zu entgehen. Ich hoffe, er ist bereits über der Grenze. Dos Campos ist in Deckung gegangen, so lange, bis er einen Fluchtweg findet. Er hat keinen Paß -
MORENO: Verhaftet? Warum wurden sie verhaftet?
CAPABLANCA: Weil wir jetzt an der Reihe sind, verhaftet zu werden. Weil es unsern Machthabern gefällt, ihre Macht jetzt an den Intellektuellen auszukosten.
MORENO: Aber... aber - Ich verstehe Sie nicht. Die Kollegen müssen sich doch irgendwie vergangen haben, wenn sie verhaftet wurden.
CAPABLANCA: Wir haben geschwiegen, als die Republik zertrümmert wurde. Wir haben geschwiegen, als die faschistische Diktatur aufgerichtet wurde, als Heere unschuldiger Menschen in die Gefängnisse wanderten, als der Terror von Woche zu Woche schamloser und böser wurde. Wir haben immer geschwiegen, um unserer Ruhe und Sicherheit willen, als es unser Gebot war, laut

unsere Stimme zu erheben. Wir haben uns am Geist und an der Menschlichkeit vergangen; an jenen, die jetzt die Strafe an uns vollziehen, haben wir uns leider nicht vergangen.

MORENO: Ich teile Ihre Ansicht nicht. Das Gebot des Dichters ist es, Dichtwerke zu schaffen. Das ist unser Dienst am Geist und an der Menschlichkeit. Sie sind verwirrt, mein Lieber. Die Kollegen wurden doch nicht wegen ihres Schweigens verhaftet.

CAPABLANCA: Nun, man hat wohl plötzlich entdeckt, daß Cardona in seiner Jugend Hymnen an die Freiheit gedichtet hat. Und Peralta hat sich zur Republik bekannt, als die Republik unsere legale Staatsform war. Von Dos Campos und den andern weiß man, daß sie die Diktatur in Gedanken verwerfen. Jetzt soll der Terror auch auf den Bereich der geheimen Gedanken ausgedehnt werden.

MORENO: *heftig* Ich glaube Ihnen nicht. Ich weigere mich, Ihnen das zu glauben!

CAPABLANCA: *nach einer Pause* Sie selber haben es in Ihren „Bilderstürmern" dargestellt, daß Revolutionäre, selbst wenn sie die lautersten Absichten haben und reinen Herzens sind, unweigerlich zu grausamen Tyrannen werden müssen. Sie haben diese Entwicklung mit solcher Kraft und Leidenschaft dargestellt, daß sie unabwendbar und unaufhaltsam wie eine Elementarkatastrophe erscheint. Von unseren Revolutionären wird auch der Leichtgläubigste nicht behaupten wollen, daß sie reinen Herzens sind.

MORENO: Nein, gewiß nicht.

CAPABLANCA: Und nun weigern Sie sich, Herr Moreno, anzuerkennen, daß das furchtbarste Wirklichkeit geworden ist, was Sie schon vor Jahrzehnten wie ein Prophet in erschütternden Visionen verkündigt haben.

MORENO: Wenn es zutrifft, was Sie sagen, hätte man auch mich verhaftet. Man hätte mich sogar als ersten verhaftet.

CAPABLANCA: An Sie traut man sich nicht heran. Vielleicht traut man sich nur noch nicht heran. Sie sind ein weltberühmter Dichter, und Ihre Verhaftung würde unliebsames Aufsehen erregen. Oder man spart Sie für andere Zwecke auf.

MORENO: Was sollten die sein? Nun, Sie selbst sind auch ungeschoren geblieben.

CAPABLANCA: Ich stehe nicht in der vordersten Front. Ich bin ein kaum bekannter, wenig begabter Mensch. Ich bin zu unwichtig.

MORENO: Sie werden sich selbst nicht gerecht. Ihre letzten Erzählungen bezeugen ein schönes, sich entwickelndes Talent. Sie werden noch Vortreffliches hervorbringen.

CAPABLANCA: Ich danke Ihnen, Herr Moreno. Ich werde an diese Worte zurückdenken, sooft ich einer Ermutigung bedarf. Und ich fürchte, ich werde einer Ermutigung bald bedürfen.

MORENO: *nach einer Pause* Es ist schrecklich. Schrecklich und kaum faßlich. Ich werde alles versuchen, um den Freunden zu helfen. Ich bin selber ohnmächtig. Aber ich werde alles daransetzen. Doch nicht jetzt, nicht heute. Ich muß erst die Gewißheit haben, daß mein Drama geglückt ist. Vorher bin ich unfähig, einen andern Gedanken zu fassen. *Er unterbricht sich.* Sie halten mich wohl für sehr egoistisch?

CAPABLANCA: Wir Künstler sind alle egoistisch. Entschuldigen Sie, daß ich mich mit Ihnen in einem Atem nenne! Alle Künstler sind Besessene. Sonst wären sie keine Künstler. Doch ich denke, daß es ein gehobener, geläuterter Egoismus ist.

MORENO: Ich bin Ihnen dankbar dafür, daß Sie mich verstehen. Kommen Sie also um fünf Uhr zu meiner Vorlesung!

CAPABLANCA: Es tut mir unsagbar leid. Unter andern Umständen hätte nichts mich abgehalten, Ihre Einladung anzunehmen. Aber ich muß noch heute über die Grenze.

MORENO: Was? Sie auch?

CAPABLANCA: Meine Frau ist schwer krank. Ich kann sie nicht mitnehmen. Ich hoffe, daß sie mir bald wird folgen können. Sie drängt mich verzweifelt, sofort abzureisen. Sie hat ja recht: ich könnte ihr nicht von Nutzen sein, wenn ich verhaftet würde.

MORENO: Sie haben doch eben gesagt, Sie seien zu unwichtig -

CAPABLANCA: Man hat mich übersehen. Aber man wird sich meiner erinnern. Ich habe es zu häufig ausgesprochen, daß ich die Diktatur verabscheue.

MORENO: Können Sie die Abreise nicht etwas verschieben? Ich hatte gehofft, Sie würden ein Interesse daran haben, mein Drama kennenzulernen.

CAPABLANCA: Sprechen Sie nicht so, Herr Moreno! Es lebt kein Mensch, den ich so tief verehre wie Sie. Ihre Werke sind für mich die großartigsten und unerreichbaren Vorbilder. Heute sind die Grenzen noch offen, und ich habe einen Paß. Morgen können sie bereits geschlossen sein. Vielleicht wird schon diese Stunde, die ich um Ihretwillen verziehe, mir zum Verhängnis.

MORENO: Um meinetwillen?

CAPABLANCA: Ich habe einen Auftrag übernommen, dessen ich mich entledigen muß. Bevor Dos Campos in Deckung ging, suchte er mich auf, weil er mich für weniger gefährdet hielt. Er trug mir auf, Ihnen im Namen Ihrer Freunde und Bewunderer nahezulegen... Ihnen zur Erwägung zu geben... Sie zu bitten...

MORENO: Nun?

CAPABLANCA: Sie möchten überlegen, ob es nicht geraten wäre... daß auch Sie ins Ausland gehen... solang es noch Zeit ist...

MORENO: Ich? Ich laufe nicht davon!

CAPABLANCA: Wir andern gehen ins Ungewisse; vielleicht ins Elend. Sie wird man überall mit offenen Armen aufnehmen.

MORENO: Ich fürchte das Elend nicht. Ich habe lange Jahre im Elend gelebt und könnte es auch heute. Was mit mir selbst geschieht, ist mir nicht sehr wichtig. Aber ich habe Hunderte Menschen in mir, denen ich das Leben geben muß. Für diese Ungeborenen trage ich die Verantwortung -

CAPABLANCA: Ihre Freunde meinen, daß Sie gerade deshalb ins Ausland gehen sollten, um in Freiheit schaffen zu können -

MORENO: Das kann ich nur hier! Nur hier, wo meine Sprache gesprochen wird. Die Sprache, aus der mir die Gedanken entgegenwachsen; an die ich meine Fragen richte; die mir alle Antworten gibt; die mir ihre tiefsten Geheimnisse preisgibt -

CAPABLANCA: Spanisch wird auch in andern Ländern gesprochen.
MORENO: Aber nicht mit diesem Tonfall! Nicht mit diesen reinen, vollen, zärtlichen Vokalen, die mich Tag für Tag beglücken und begeistern! Ich weiß, daß es andere, reichere und gesegnetere Länder gibt. Daß auch in andern Ländern Blumen und Bäume wachsen und Bäche fließen und das Meer an die Küste schlägt. Aber die Bäume rauschen dort anders im Wind und die Bäche murmeln in einem andern Rhythmus. Es ist nicht die mir vertraute Sprache -
CAPABLANCA: Jeder liebt die Heimat. Doch es gibt Menschen, die die Freiheit noch heißer lieben.
MORENO: Eben! Eben! Ich werde es beweisen, daß die Freiheit des Geistes auch von der blutigsten Despotie nicht unterdrückt werden kann! Ich bin mir über mein nächstes Drama bereits schlüssig geworden. Sie haben mir einen prophetischen Geist zugesprochen. Ich werde einen „Dämonensturz" schreiben, in dem ich die Schmach und den Fluch der Diktatur darstellen werde und ihren unaufhaltsamen Untergang verkündigen... und diese Prophezeihung wird sich erfüllen -
CAPABLANCA: Und Sie denken, daß man Ihnen erlauben wird, ein solches Werk zu veröffentlichen?
MORENO: Ich denke, daß man es verstohlen abschreiben und heimlich von Hand zu Hand reichen wird, und daß es den Entmutigten eine Tröstung sein und die Entschlossenen zur Empörung treiben wird.
CAPABLANCA: Das glauben Sie von unserm Volk, das sich in diesen Monaten der Diktatur bis zur Unkenntlichkeit verändert hat? Von diesem unglückseligen Volk, das nur noch aus Verfolgern und Verfolgten besteht, und solchen, die vor der Verfolgung zittern?
MORENO: Ich glaube, daß mein Volk seine Seele nicht verloren hat. Und ich weiß, daß mein Platz bei meinem Volk ist!
CAPABLANCA: *traurig* Meine Mission ist gescheitert. Leben Sie wohl, Herr Moreno!

MORENO: Auch Sie! Ich wünsche Ihnen einen guten Aufenthalt drüben. Und daß Sie nie Ursache haben mögen, Ihren Entschluß zu bedauern.
CAPABLANCA: Das Gleiche wünsche ich Ihnen, Herr Moreno.
Er geht ab. Nach einer Weile tritt Gabriela ein.
GABRIELA: Hat er dir eine Aufklärung gegeben?
MORENO: Peralta und Cardona sind verhaftet. Die andern sind geflohen oder in Deckung gegangen, weil sie die Verhaftung fürchten.
GABRIELA: Mein Gott! Und er - ?
MORENO: Er selbst will noch heute über die Grenze. Und er versuchte, mich zu überreden, gleichfalls ins Ausland zu gehen.
GABRIELA: *erregt* Ins Ausland? Ins Ausland! Was hast du beschlossen?
MORENO: Was ist da zu beschließen? Ich bleibe, wo ich bin.
GABRIELA: *zögernd* Glaubst du nicht, daß wir seinen Vorschlag erwägen sollten?
MORENO: *schroff* Du stimmst also nicht mit mir überein?
GABRIELA: Du hast zu entscheiden. Wenn du so entschieden hast, wird es so richtig sein.
DOLORES: *tritt ein* Etwas Schreckliches ist geschehen. Die Wohnung Cardonas war versiegelt. Ein Nachbar flüsterte mir zu -
MORENO: Ich weiß! Ich weiß! Er ist verhaftet. Alle, die ich zu meiner Vorlesung eingeladen habe, sind in alle Winde zerstoben! *Nach einer Pause.* Ich muß die Vorlesung trotzdem halten!
GABRIELA: Du wirst sie im kleinsten Kreis halten, nur vor mir und Dolores. Schade, daß Fabio nicht hier ist! Ich bin ja nicht intelligent genug, um dein Werk ganz zu erfassen, oder gar es zu zergliedern, aber ich bin fähig, seine Schönheit zu empfinden -
MORENO: Ich will es halten wie der Fürst der Parabel, der die Armen von der Straße zu Gast lud, als seine Mitfürsten sich weigerten, an seinem Festmahl teilzunehmen. Ich will mir andere Richter wählen und mich an die Jugend wenden. Laden Sie, Dolores, ein paar junge Leute aus Ihrer Bekanntschaft ein, die die Kunst lieben!

DOLORES: Ich kenne solche jungen Leute nicht. Die ich kenne, lieben nur Fußball und Boxkampf, Schlagermusik und Modetänze.
MORENO: Solche Jugend hat es immer gegeben. Es gibt auch eine andere, die Sehnsucht nach Höherem in sich trägt und für die Schönheit Begeisterung fühlt.
DOLORES: Sie kennen die Jugend nicht, deren Geist von der Diktatur geprägt ist. Die begeistert sich nur für nationalistische Schlagworte und berauscht sich an pathetischen Phrasen. Sie ist nur irregeleiteter, verlogener Gefühle fähig. Für Höheres, Schönheit und Wahrheit hat sie nur Unglauben und Verachtung.
MORENO: Hören Sie! Sie sind doch selber jung -
DOLORES: Ich hatte das Glück, daß Sie mich zu Ihrer Sekretärin machten. Ich durfte Zeugin sein, wie Sie um Ihre Schöpfung rangen, wie Sie oft stundenlang an einem einzigen Satze formten, und wie aus Dunkel, Qual und Chaos Ihr Werk geboren wurde. Da habe ich etwas gelernt, was die andern nicht kennen: Ehrfurcht. Sonst wäre auch ich flach und hohl geblieben -
MORENO: Und Ihr Verlobter? Sie haben mir von ihm erzählt -
DOLORES: Meinen Verlobten habe ich mit meiner Begeisterung angesteckt. Aber es ist mir bei keinem zweiten gelungen. Stehen Sie von Ihrem Vorhaben ab, ich bitte Sie -
MORENO: Sie haben einen andern Grund. Ich fordere von Ihnen die volle Wahrheit. Sie glauben, daß mein Drama verpfuscht ist!
DOLORES: *leidenschaftlich* Es ist ein wunderbares Werk, das mich tief ergriffen und erschüttert hat -
MORENO: Wenn es Sie ergriffen hat, werden auch andere von ihm ergriffen werden! Ich lasse mir meinen Glauben an die Jugend nicht nehmen. Wenn ich nicht für die Jugend schaffe, habe ich nur Vergängliches geschaffen. Laden Sie acht oder zehn junge Menschen ein! Die sollen den Aeropag bilden, dem ich mich unterwerfe. Sie werden sehen, Dolores, daß echte Kunst echtes Gefühl erweckt und daß auf Begeisterung Begeisterung antwortet. Sie werden es sehen!

Zweiter Akt

Einige Monate später.
Moreno und Dolores.

DOLORES: Ich war entsetzt, als ich es hörte. Warum haben Sie mich gestern nicht gleich verständigt?
MORENO: Der Anschlag ist mißglückt. Wozu sollte ich Sie beunruhigen?
DOLORES: Während des Begräbnisses Cardonas?
MORENO: Ich war der einzige, der sich auf dem Friedhof eingefunden hatte. Früher hätten Hunderte ihm das letzte Geleit gegeben; jetzt hat keiner es gewagt. Als ich den Friedhof verließ, stand dort der unbekannte Mensch und schoß.
DOLORES: Es muß ein Verrückter gewesen sein. Er wußte nicht, auf wen er schoß.
MORENO: Ich glaube, daß er bei vollen Sinnen war und wußte, wer ich bin. Nun, ich bin heil davongekommen. - Haben Sie die Post durchgesehen?
DOLORES: *zögernd* Nichts Erfreuliches. Ein Brief des Verlags. Er zögert die Annahme des Stückes hinaus. Er bittet Sie, die ungewöhnlichen Schwierigkeiten zu bedenken, unter denen er jetzt arbeiten muß -
MORENO: Das heißt: er muß das Imprimatur dieser neuen Literaturbehörden einholen und hat es noch nicht erhalten. Weiter!
DOLORES: Die Antwort des Nationaltheaters auf meine Urgenz. Es lehnt die Aufführung ab.
MORENO: Ich habe es erwartet. Und warum?
DOLORES: Sie schreiben: da die Zuhörer der Probevorlesung das Stück einhellig mißbilligten, ist der Beweis erbracht, daß es dem Geist der neuen Zeit zuwider ist.
MORENO: Dem Geist der Zeit? Dem Ungeist!
DOLORES: Es ist meine Schuld. Ich habe damals nicht die richtigen Zuhörer aufgebracht. Ich hätte jeden einzelnen der Bande am

liebsten in Stücke gerissen, als sie bei den schönsten Stellen kicherten -
MORENO: Sie sind ohne Schuld. Ich war ein Narr, meine Hoffnung auf diese Jugend zu setzen. - Das ist alles? - Haben die Zeitungen über den gestrigen Vorfall berichtet?
DOLORES: Ja. Ohne Ihren Namen zu nennen.
MORENO: Mein Name ist Tabu geworden. Zeigen Sie!
Er greift nach einer Zeitung.
DOLORES: *sie zurückhaltend* Lesen Sie die Infamien nicht! Die Schlagzeilen genügen. „Unverschämte Beleidigung des patriotischen Gefühls". Und „Verdiente Zurechtweisung eines Herausforderers" -
MORENO: *erregt* Die Teilnahme an einem Begräbnis beleidigt das patriotische Gefühl! Ein Attentäter schießt hinterrücks auf mich - und der Herausforderer bin ich! Jeder Begriff wird in sein Gegenteil verzerrt! Die Sprache wird ihres Sinnes beraubt! Ich könnte Scham darüber empfinden, daß ich in der gleichen Sprache dichte, in der diese Menschen nur lügen und verleumden -
DOLORES: Regen Sie sich nicht so auf! Jetzt, vor dem Besuch des Gouverneurs -
MORENO: Ziehen Sie das Manuskript von allen Bühnen zurück! Ich verzichte auf die Aufführung des Stücks. Für diese Zeitgenossen habe ich es nicht gedichtet!
DOLORES: *nach einer Pause, verlegen* Entschuldigen Sie, Herr Moreno! Ich muß jetzt gehen. Ich habe den Befehl, am Marsch zu Ehren des Revolutionstags teilzunehmen.
MORENO: Marschieren Sie! Ich halte Sie nicht zurück.
DOLORES: Ich komme mir selber schmutzig vor, daß ich da mitmache. Wenn ich aber fernbleibe, werde ich vielleicht in ein Strafbataillon zu Zwangsarbeit eingewiesen und ich verliere meine Stellung bei Ihnen -
MORENO: Das würde ich sehr bedauern. Gehen Sie nur! Ich bin heute ohnehin nicht in der Laune, zu arbeiten.
DOLORES: Dann bis morgen, Herr Moreno!
Sie geht ab. Nach einer Weile tritt Gabriela ein.

GABRIELA: Es bereitet sich etwas vor, Lorenzo. Der Platz ist von Menschen voll.
MORENO: Wir können den Leuten nicht verwehren, den Platz zu benützen.
GABRIELA: Ich glaube, sie benützen ihn als Versammlungsort. Sie kommen in Gruppen an, von verschiedenen Seiten, und stellen sich in Ordnung auf, als wären ihre Plätze ihnen im voraus angewiesen. Es hat den Anschein, daß das alles inszeniert ist.
MORENO: Nun, sie sind herbefohlen, um dem Gouverneur, der mich besuchen wird, eine Ovation darzubringen.
GABRIELA: So sehen sie nicht aus. Sie machen finstere Mienen und starren auf unser Haus. Sie führen etwas im Schild. Es ist auch Polizei gekommen.
MORENO: Um den Gouverneur vor der Begeisterung seiner Gefolgsleute zu schützen.
GABRIELA: Die Polizei hat das Haus auf allen Seiten umstellt. Hast du eine Ahnung, was der Gouverneur will?
MORENO: Gewiß nicht mir seine Sympathie bezeugen. Es wird schon nichts Gutes sein.
GABRIELA: Reiz ihn nur nicht! Beherrsch dich und sprich ruhig mit ihm -
MORENO: Du kannst sicher sein, daß ich aufrichtig mit ihm sprechen werde.
GABRIELA: Ich fürchte diese Aufrichtigkeit. Solche Menschen vertragen keine Aufrichtigkeit. Vergiß nicht, daß er die Macht hat -
MORENO: Ich habe dich sonst nicht ängstlich gekannt.
GABRIELA: Sonst war ich's auch nicht. Seit gestern bin ich's. Hättest du mir gestern von deiner Absicht gesagt, am Begräbnis Cardonas teilzunehmen, so hätte ich dich gewarnt. Ich warne dich auch jetzt - *Draußen laute Rufe und Beifallsklatschen.* Sie schreien und klatschen. Der Gouverneur ist vorgefahren.
MORENO: Eine Ovation. Ich habe es dir gesagt. Jetzt werden sie sich zurückziehen.
GABRIELA: Ich hoffe es, aber ich glaube es nicht. Kann ich nicht bleiben?

MORENO: Nein, laß mich mit ihm allein!
Gabriela geht zögernd ab. Nach einer Weile tritt Navarro ein, durch die andere Tür. Während der ganzen folgenden Szene ist ein gedämpftes Murren, das von Außen hereindringt, vernehmbar, so daß die Gegenwart einer großen Menge fühlbar ist.
NAVARRO: *jovial* Ich begrüße Sie, Herr Moreno!
MORENO: *kalt* Guten Tag, Herr Gouverneur.
NAVARRO: Sie haben meine Einladung zweimal ausgeschlagen. Nun, wenn Mohammed nicht zum Berge kommt -
MORENO: Bitte, setzen Sie sich! - Ich habe mich beide Male nicht wohl gefühlt.
NAVARRO: Sie haben Ihr Ausbleiben höflicherweise mit einer plötzlichen Erkrankung begründet. Nun habe ich mit Schrecken gehört, daß Sie wirklich erkrankt sind, vielmehr verwundet -
MORENO: Der Schuß ist an mir vorbeigegangen. Es ist nicht der Rede wert.
NAVARRO: Das freut mich. Ich bin gekommen, um Ihnen mein Bedauern über den unvorhergesehenen Vorfall und meine Entschuldigung auszusprechen -
MORENO: Nicht nötig. Sie hatten daran keinen Anteil.
NAVARRO: Wir fühlen uns für alles verantwortlich, was im Lande geschieht. Ich gebe Ihnen die Versicherung, daß Ihnen volle Gerechtigkeit widerfahren und der Schuldige die verdiente Strafe finden wird.
MORENO: Das wünsche ich nicht. Ich will nicht, daß ein verblendeter junger Mensch, der sich zu einer sinnlosen Handlung hinreißen ließ, meinetwegen bestraft wird.
NAVARRO: Ich habe es von Ihrem Hochsinn nicht anders erwartet. Wir können trotzdem nicht dulden, daß ein einzelnes Individuum das Recht in seine Hand nimmt. Dem Übertreter wird der Prozeß gemacht werden.
MORENO: Ich nehme nicht an, daß nur das der Grund Ihres Besuches ist -
NAVARRO: Ich habe schon längst das Verlangen gefühlt, den berühmtesten Mann unseres Landes, der sich mir so hartnäckig ent-

zog - das heißt, den nach dem Marschall berühmtesten - kennenzulernen. Und Sie zu fragen, ob Sie Wünsche hegen, deren Erfüllung in unserer Macht gelegen ist.

MORENO: Danke. Ich habe keine Wünsche.

NAVARRO: Schade. Wir hätten Ihnen gerne einen Beweis unseres guten Willens gegeben. Es ist uns nicht unbekannt, daß Sie uns nicht sehr lieben, und wir möchten das ändern.

MORENO: Nein, ich liebe Sie nicht. Ich habe nie ein Hehl daraus gemacht.

NAVARRO: Ich kann das verstehen. Es kränkt Sie, daß Sie, früher gefeiert, umworben, von Ruhm beglänzt, nun ein Leben im Schatten führen. Es muß Ihre Erbitterung erregen, daß Stücke, welche Sie für kümmerliche Machwerke halten müssen, Triumphe feiern, während Ihre Meisterwerke von den Bühnen verschwunden und vergessen sind. Wenn Sie gerecht sind, würden Sie sich zwar sagen, daß Sie daran nicht ganz schuldlos sind -

MORENO: Ich kann auf die Aufführungen verzichten. Ich habe bereits verzichtet.

NAVARRO: Das verstehe ich nicht ganz. Sie schreiben Ihre Dramen doch deshalb, damit sie aufgeführt werden.

MORENO: *von oben herab* Sie sind im Irrtum. Ich schreibe sie, weil diese Menschen in mir ein so heftiges Leben führen, daß ich mich von ihnen befreien muß. Wenn ich allein auf einer unbewohnten Insel leben würde und die Gewißheit hätte, daß kein Mensch meine Dramen je zu Gesicht bekommt, würde ich sie auch dann schreiben.

NAVARRO: Das ist mir neu. Ich habe bisher beobachtet, daß alle Künstler nach Erfolg und Anerkennung geradezu verschmachten.

MORENO: Ich wäre ein Heuchler, wenn ich sagen würde, daß ich über meine Erfolge nicht Freude empfinde. Der Grund und Sinn meiner Arbeit aber, und auch ihr höchster Lohn, liegt in der Arbeit selbst und im Gelingen der Arbeit.

NAVARRO: Dann begreife ich wirklich nicht, warum Sie uns ablehnen. Sie können uns nicht den Vorwurf machen, daß wir Sie daran hindern, zu schreiben, was Ihnen beliebt. Wir forschen nicht einmal nach, ob das, was Sie schreiben, den Grundsätzen unserer Revolution widerspricht. Und ich bin aufrichtig darüber erfreut, daß Sie nicht auf einer öden Insel leben, sondern in Wohlstand und Behaglichkeit, in einem reichen, prächtigen Haus -

MORENO: Ich lehne Sie nicht deshalb ab, weil Sie meine Dramen von den Bühnen verbannen. Ich lehne Sie ab, weil Sie ein Regiment des Terrors führen und jede Freiheit, auch die des Geistes, mit Füßen treten. Ich habe meine Augen allzulange davor verschlossen. Sie haben sie mir geöffnet, als Sie meine Kollegen verhafteten.

NAVARRO: Wenn wir sie verhafteten, so war es von einer höheren Notwendigkeit geboten, daß sie verhaftet würden. Und wir haben die meisten auch wieder freigelassen.

MORENO: Sie haben sie willkürlich verhaftet und sie willkürlich freigelassen. Sie haben sie freigelassen, nachdem Sie Ihre Absicht durchgesetzt hatten: sie durch Schrecken zu lähmen und die Unabhängigkeit ihres Geistes zu vernichten. Und Sie lassen die Drohung der Wiederverhaftung beständig über ihren Köpfen schweben. Diese Drohung hängt auch über mir -

NAVARRO: Darüber kann ich Sie restlos beruhigen. Wir denken nicht im Entferntesten daran, Sie zu verhaften.

MORENO: *nach einer Pause* Sie haben mich gefragt, ob ich Wünsche hege. Ich habe einen heißen, verzehrenden Wunsch, und die Erfüllung dieses Wunsches liegt in Ihrer Macht. Geben Sie mir einen Paß!

NAVARRO: Einen Paß? Sie erschrecken mich. Wozu brauchen Sie einen Paß?

MORENO: Es ist unter meiner Würde, mich heimlich ins Ausland zu stehlen. Ich möchte nicht an der Grenze aufgegriffen und mit Schimpf zurückgebracht werden. Lassen Sie mich frei und offen gehen! Ich werde Ihnen alles zurücklassen, was ich besitze, und nur meine Manuskripte und ein paar Bücher mitnehmen.

NAVARRO: Was fällt Ihnen ein? Wir werden uns doch nicht Ihren Besitz aneignen!

MORENO: Ich bin bereit, mit Ihnen einen Vertrag abzuschließen. Sie geben mir den Paß, und ich verpflichte mich, mich jeder Feindseligkeit zu enthalten. Ich werde keine Anklagen erheben und keine Angriffe gegen Sie richten -
NAVARRO: Sie denken doch nicht, daß wir vor solchen Invektiven Angst haben? Darüber lachen wir nur. - Aber wir haben vor Ihnen eine viel zu große Achtung, nein, Ehrerbietung -
MORENO: So? Das habe ich noch nicht bemerkt.
NAVARRO: Wir rechnen es Ihnen hoch an, daß Sie nicht, wie so viele Ihrer Kollegen, heimlich Reißaus nahmen und es vorzogen, freiwillig im Vaterland zu bleiben. Wir sind stolz darauf, den bedeutendsten lebenden Dichter spanischer Sprache unsern Mitbürger zu nennen. Nein, einen Paß werden wir Ihnen niemals geben. Wir sind nicht so töricht, einen so kostbaren Mann freizugeben -
MORENO: Sie betrachten mich also als Ihren Gefangenen?
NAVARRO: *wie auch im Folgenden über Morenos Antworten hinweghörend* Sie ahnen nicht, wie sehr wir Ihre Dramen schätzen. Nicht gerade die „Bilderstürmer". Wir wissen natürlich, daß Sie in diesen jämmerlichen Rebellen, die ihre Revolution verraten, nicht uns abkonterfeit haben. Uns wird niemand nachsagen, daß wir unsere Revolution nicht zu Ende führen. Und als Sie dieses Drama schrieben, haben wir noch nicht existiert.
MORENO: Nein. Ich habe Sie vorausgesehen.
NAVARRO: Sie haben eine so reiche, weite Welt gebildet, Sie haben eine solche Galerie lebensnaher, lebenswarmer Gestalten geschaffen, daß unzählige Menschen sich in Ihren Figuren wiederzuerkennen vermögen. Ihr „Sieger" zum Beispiel. Sie sehen, daß wir Ihre Werke studiert haben. In diesem Sieger, diesem kühnen Kämpfer, der sein Ideal uneingeschränkt zum Triumph führt, haben Sie unseren Marschall abgebildet oder, wie Sie sich ausdrükken, ihn vorausgesehen. Wir legen es wenigstens so aus, wenn Sie gestatten -
MORENO: Ich gestatte es nicht. Und wenn Sie es so auslegen, werde ich laut Widerspruch erheben.

NAVARRO: *unbeirrt* Wir schätzen auch Ihren Stolz und Ihren Mut sehr hoch. Obwohl Sie wissen, daß es keines großen Mutes bedarf, einem so wohlgesinnten Mann, wie ich es Ihnen bin, herausfordernd zu widersprechen. Und obwohl wir wünschen würden, daß Sie Ihren Mut auf andere Art beweisen, als Sie es gestern getan haben.
MORENO: Ich habe nicht gewußt, daß es schon mutig ist, einem Freund die letzte Ehre zu erweisen.
NAVARRO: Gewiß, Sie haben nur die Absicht gehabt, einen Akt der Pietät auszuführen. Aber Sie haben nicht genügend bedacht, wer es war, dem Sie diese Ehre erwiesen.
MORENO: Für mich war er ein von mir verehrter Dichter, der ungerecht verhaftet wurde, dessen Lebenskraft im Gefängnis zerbrach und der in unverdientem Elend starb.
NAVARRO: Für uns war er ein Gegenrevolutionär, den zu ächten wir gezwungen waren. Und indem Sie dem Verfemten Ehre erwiesen, haben Sie die Revolution beleidigt. Das mußte jeder Patriot als eine vorsätzliche Provokation empfinden. So hat es auch der verblendete junge Mensch empfunden, der sich in seiner Empörung dazu hinreißen ließ, auf Sie zu schießen.
MORENO: Vorhin haben Sie anders geredet.
NAVARRO: Und so wird er es auch, wenn wir ihm den Prozeß machen, den Richtern darstellen, und ich fürchte, daß er seine Richter überzeugen wird. Es wird vielleicht besser sein, ihm nicht den Prozeß zu machen. Sonst könnte es im Handumdrehn geschehen, daß der Angeklagte zum Ankläger wird, und der Beleidigte als Beleidiger erscheint, und die Entrüstung des Volkes einen ganz andern Prozeß fordert -
MORENO: Jetzt weiß ich, warum Sie hergekommen sind. Auch wenn Sie es leugnen, Sie sind gekommen, um mich zu verhaften.
NAVARRO: Es scheint mir, daß Sie sich jetzt doch ein wenig überschätzen. Sie glauben im Ernst, daß der Gouverneur sich herbemühen wird, nur um Sie persönlich in Haft zu nehmen? Dazu würden zwei Polizisten genügen. - *Nach einer Pause:* Im Gegen-

teil. Ich bin gekommen, um Sie zu schützen. Sie wissen, daß heute der Tag der Revolution ist?

MORENO: Ich weiß es.

NAVARRO: Und daß das ein Festtag ist, den das ganze Volk mit Freude und Jubel begeht. Ich bin durch die halbe Stadt gefahren. Alle Häuser sind geschmückt, von allen Dächern wehen Fahnen herab. Ihr Haus, als einziges, ist ungeschmückt, nackt, von einer beleidigenden Nacktheit. Es ist, wie wenn in eine festliche Versammlung ein zerlumpter Bettler träte und seine häßlichen Fetzen herausfordernd zur Schau stellte. Kein Wunder, daß das den Zorn der Festgäste weckt. Möchten Sie nicht ans Fenster treten?

MORENO: Nein.

NAVARRO: Sie würden eine dichtgedrängte Menge sehen, die in disziplinierter Selbstbeherrschung demonstriert. Ich weiß nicht, wie lange sie ihre Disziplin noch bewahren wird -

MORENO: Sie haben diese Masse herkommandiert, damit sie demonstriert. Sie müssen ihr nur ein Zeichen geben, so wird sie abziehen.

NAVARRO: Wir waren genötigt, einen Polizeikordon um Ihr Haus zu ziehen. Ein trauriges Abbild Ihrer Lage: der große Mann, der durch Polizei vor dem Volk geschützt werden muß. - Und alles wegen einer Fahne!

MORENO: Gibt es ein Gesetz, das mich zwingt, eine Fahne herauszustecken?

NAVARRO: Es gibt kein solches Gesetz. Wir zwingen keinen. Aber es ist der Wille des Volkes. - Was ist schon eine Fahne? Für einen hohen Geist, wie den Ihren, ist sie eine Stange, an die ein Fetzen dreifarbigen Tuchs gehängt ist. Für die einfachen Menschen dort draußen ist sie ein Symbol, das erhabene Symbol ihrer tiefsten Wünsche und Ideale, für das sie leben, für das sie zu sterben bereit sind -

MORENO: Und zu töten!

NAVARRO: Die Revolutionsflagge ist zur Nationalfahne geworden. Es steht Ihnen frei, die Revolution abzulehnen. Wenn Sie die

Fahne hissen, bekennen Sie sich nur zur Nation, die wohl auch Sie nicht ablehnen werden.
MORENO: Das sind erbärmliche Sophistereien!
NAVARRO: Sie werden verstehen, daß es uns nicht möglich sein wird, durch unbegrenzte Zeit einen Polizeikordon um Ihr Haus zu spannen. Wir werden auch nicht in der Lage sein, Ihnen jedesmal Polizeideckung mitzugeben, sooft Sie Lust verspüren, einen Spaziergang zu machen. Es könnte schwerlich verhindert werden, daß ein anderer verblendeter junger Mensch sich von seiner Empörung hinreißen ließe, auf Sie zu schießen - und dieser zweite könnte unseligerweise ein besserer Schütze als der erste sein -
MORENO: Gut. So werde ich freiwillig in Hausarrest bleiben.
NAVARRO: Sie begreifen noch immer nicht, daß Sie auch in Ihrem Haus nicht sicher sein werden. Es wird unsere Pflicht sein, Sie vor sich selber zu schützen. Sie werden uns zwingen, Sie an einen sicheren Ort zu bringen, Sie in Verwahrung zu nehmen, in Schutzhaft, in Ehrenhaft, aber doch in Haft, gegen unseren Willen und zu unserm Bedauern - *Draußen hat sich ein lauter Lärm erhoben. Er tritt ans Fenster.* Hören Sie! Hören Sie! Die Menschen schreien -
MORENO: Haben Sie ihnen ein Zeichen gegeben, das Haus zu stürmen?
NAVARRO: Aber nein! Es sind Freudenschreie. Was für ein gutherziges Volk das ist! Wie wenig genügt, um ihren Jubel auszulösen! Man bringt Ihnen eine Ovation dar. Zeigen Sie sich am Fenster! Es muß Ihnen wohltun, nach so langer Entbehrung Gegenstand einer Ovation zu sein.
MORENO: *verdutzt* Eine Ovation? Ich wüßte nicht, wodurch ich sie verdient hätte.
NAVARRO: Sie haben einen guten Geist im Haus. Einen weitblickenden und klugen Geist, der das Wissen besitzt, Zorn in Jauchzen und Empörung in Begeisterung zu verwandeln. *Er bricht ab.* Ich freue mich darüber, daß unser Gespräch sich so freundschaftlich entwickelt hat. Wir sehen uns heut nicht zum letzten Mal.

Ich bin davon überzeugt, daß unsere nächste Begegnung unsere Freundschaft befestigen wird.
Er geht schnell ab und läßt Moreno verwirrt zurück.
MORENO: *nach einer längeren Pause ans Fenster tretend* Was ist das? Sie ziehen ab? *Nach einer Pause tritt Gabriela ein.* Warum sind sie in Jubel ausgebrochen? Und warum ziehen sie jetzt ab?
GABRIELA: Sie haben erreicht, was sie wollten. Also ziehen sie ab.
MORENO: Was haben sie erreicht?
GABRIELA: Sie wollten das Gleiche wie dieser Gouverneur. Er hat dich ja nur deshalb mit seinem Besuch beehrt. Sie wollten und forderten, daß die Fahne aufgezogen wird. Da sie aufgezogen wurde, marschieren sie programmgemäß ab.
MORENO: *fassungslos* Die Fahne wurde - ? Wer hat die Fahne aufgezogen?
GABRIELA: Ich habe Luis den Auftrag gegeben, sie aufzuziehen.
MORENO: Du? Du hast - ? Hast du denn deine Gesinnung geändert?
GABRIELA: Meine Gesinnung ist unverändert. Ich beobachtete, wie ihre Anpeitscher sie aufhetzten und ihnen Schlagworte zuriefen, die sie in Wut versetzten. Die Horde wartete nur auf ein Signal, um loszubrechen. Es mußte ein Entschluß gefaßt werden. Ich fühlte, daß es dir schwer sein würde, diesen Entschluß zu fassen. Ich habe ihn für dich gefaßt.
MORENO: Dazu hast du kein Recht gehabt! Du hättest mich nach meinem Willen fragen müssen.
GABRIELA: Dafür war keine Zeit. Sie hätten vielleicht schon im nächsten Augenblick das Haus gestürmt. Die Polizei hätte ihnen keinen Widerstand geleistet. Es war ja alles abgekartet. Der Entschluß mußte schnell gefaßt werden. Und ich glaubte, deinen Willen auszuführen.
MORENO: Meinen Willen? Das war nicht mein Wille. Wie kannst du mir unterschieben, daß -
GABRIELA: Es war sicherlich nicht dein Wille, wegen einer Fahne zum Märtyrer zu werden. Also mußtest du wünschen, daß die Fahne aufgezogen wird. Wenn ich mich geirrt habe, verzeih es mir!

MORENO: Es wird mißdeutet werden. Man wird mir den Vorwurf machen, daß ich vor der Diktatur zu Kreuz gekrochen bin.
GABRIELA: Du wirst auf die Vorwürfe antworten, daß ich mich über deinen Willen hinweggesetzt und hinter deinem Rücken gehandelt habe. Ich habe dich auch deshalb nicht nach deinem Willen gefragt, damit du mit gutem Gewissen so antworten kannst.
MORENO: Es ist nicht meine Art, meine Verantwortung auf andere abzuwälzen. Du mußtest wissen, daß ich für deine Eigenmächtigkeit einstehen würde.
GABRIELA: Es läßt sich rückgängig machen. Wenn es dein Wunsch ist, daß die Meute zurückkehrt, das Haus stürmt und plündert und dich wegschleppt, mißhandelt, vielleicht erschlägt, lasse ich die Fahne einziehen. Wünschest du es?
MORENO: *in großer Erregung auf und ab gehend* Du hast also so gehandelt, um mich zu retten. - Trotzdem, es war nicht richtig gehandelt. - *Er bleibt plötzlich vor ihr stehen.* Du sagst, daß du den Entschluß auf dich genommen hast, weil er für mich zu schwer gewesen wäre?
GABRIELA: *mit leisem Lächeln* Es ist nicht das erste Mal, daß ich dir eine Aufgabe abgenommen habe, die für dich schwer oder auch nur lästig gewesen wäre. Aber reden wir nicht davon!
MORENO: Doch, reden wir! Du hast mir alle Geldsachen abgenommen, die mir widerwärtig sind. Du hast das Haus geführt, das Vermögen verwaltet, dich mit den Steuerbehörden gebalgt. Das alles hast du mit meiner Zustimmung getan.
GABRIELA: Ach das! Ich habe die Verbindung mit deinen Kollegen im Exil aufrecht gehalten. Ich habe ihre Frauen, die sie hier zurücklassen mußten, aufgesucht, sie insgeheim unterstützt, ihre schwersten Sorgen erleichtert. Findest du nicht, daß das deine Aufgabe gewesen wäre? Es hätte dich aber belastet oder in der Arbeit gestört. Deshalb habe ich es übernommen und es dir verschwiegen. Ich wollte auch jetzt nicht darüber sprechen. Lassen wir es!
MORENO: *nach einer Pause, leise* Ich glaube, ich habe das nicht um dich verdient.

GABRIELA: *lächelnd* Du willst sagen, daß du kein guter Ehemann gewesen bist? In der Jugend hast du deine Geliebten gehabt. Später hast du hübsche Mädchen zu deinen Sekretärinnen und Mitarbeiterinnen gemacht, und ich wäre so gern deine Mitarbeiterin gewesen. Doch nach meinen Gefühlen hast du nie gefragt. Nein, ein guter Ehemann bist du nicht gewesen.

MORENO: Du hast noch anderes auf dem Herzen. Sage es!

GABRIELA: Du bist auch kein guter Vater gewesen. Du hast deine Freude daran gehabt, daß Fabio so prächtig geriet, ihn in die besten Schulen geschickt, ihn mit Geschenken überhäuft. An sein Eigenleben hast du aber kaum viele Gedanken verschwendet, und du hattest nie Zeit für ihn. Nicht für ihn, nicht für mich. Es ist ein Wunder, daß er dich trotzdem so liebt und vergöttert.

MORENO: *leise* Ich habe jetzt Zeit. Sprich weiter!

GABRIELA: Auch ein guter Kollege bist du nicht gewesen. Du hast von deinen Kollegen Vertrauen, Loyalität, uneingeschränkte Bewunderung verlangt; daß auch du ihnen Loyalität und Anerkennung schuldig sein könntest, wäre dir nie in den Sinn gekommen. Sie müssen erst sterben und begraben werden, wie gestern Cardona, daß du dich deiner Loyalität erinnerst. Mißversteh mich nicht; ich bin froh darüber, daß du dich erinnert hast -

MORENO: Du siehst mich sehr scharf. Fast lieblos. Du willst sagen, daß ich hart und egoistisch bin.

GABRIELA: Egoistisch. Selbstherrlich. Rücksichtslos. Du hast hemmungslos immer nur deinen Trieben und Launen gehorcht. Wenn Gott dir nicht den großen Geist und die Dichterkraft geschenkt hätte, nach deiner Natur hättest du einer dieser Despoten werden können, die uns unterdrücken und entwürdigen.

MORENO: *niedergeschlagen* Ich fürchte, es ist so, wie du sagst. Wenn es so ist und du es immer gewußt hast, begreife ich nicht, warum du -

GABRIELA: Warum ich bei dir geblieben bin? Du erwartest wohl nicht, eine Liebeserklärung von mir zu hören. Ich bin aus Eitelkeit geblieben. Es schmeichelte mir, den Namen eines gefeierten Dichters zu tragen, die Mama deines Kindes zu sein, vom Abglanz deines Ruhms beschienen zu werden. Und wohin hätte ich gehen sollen? Ich hätte mit keinem andern Mann mehr leben können, nachdem ich mit dir gelebt hatte, und allein zu leben, war ich zu schwach.

MORENO: Du setzest dich herab. Ich kenne dich zu gut. Das war es nicht.

GABRIELA: Du hast recht. Das war es nicht allein. So eigensüchtig, herrisch und überheblich du im Leben bist, so ergeben, demütig und fromm bist du in deiner Kunst, und ich habe immer gewußt, daß die Kunst dein wahres Leben ist. Dolores hat gesagt, daß sie bei dir Ehrfurcht gelernt hat. Die gleiche Ehrfurcht habe auch ich gefühlt, und sie war so groß und beherrschend, daß ich mir neben dir nichtig und bedeutungslos vorkam und alle Verletzungen und Zurücksetzungen hinnehmen konnte -

MORENO: Jetzt siehst du mich nicht, wie ich bin. Du dichtest mich jetzt.

GABRIELA: Ich lernte begreifen, daß du diese Leidenschaften, die Erhebungen und Zusammenbrüche, Gewissensqualen und Reue, daß du alles dies heftig und tief erleben mußtest, um es mit solcher überwältigender Kraft und Wahrheit gestalten zu können, wie du es in deinen Dramen getan hast. Ich begriff, daß auch deine Verirrungen und Verfehlungen Dienst an deinem Werk waren, ein Opferdienst, und du selbst weniger ein Täter als ein Opfer -

MORENO: Das sagst du? Du bist es, die Opfer über Opfer gebracht hat. All die Jahre, welche du mit mir lebtest, waren ein langer, stiller Opferdienst.

GABRIELA: Was redest du? Es war mein höchstes Glück, deinem Werk dienen zu können, sei es auch nur auf die unscheinbare Weise, daß ich die Sorgen das Alltags dir abnahm und Störungen von dir abwehrte. Und dann war noch etwas, was mich bei dir festhielt. Ich glaubte, es könnte eine Zeit kommen, in der du mich brauchen würdest. Wenn die hübschen Mädchen dir nicht mehr schmeicheln würden und dein Ruhm verblassen, und es kalt und einsam um dich werden würde -

MORENO: Du glaubst, daß diese Zeit jetzt gekommen ist?
GABRIELA: Ich wünsche, sie möge niemals kommen. Wenn sie aber käme, wollte ich zur Stelle sein.
MORENO: *nach einer langen Pause, leise* Ich habe dich immer gebraucht.
GABRIELA: *traurig den Kopf schüttelnd* Du hast mich nicht gebraucht. Du hast mich nur neben dir geduldet.
MORENO: Ich habe dich gebraucht, wie der Mensch Gesundheit, Nahrung und Schlaf braucht, deren Wert er erst begreift, wenn er im Begriff ist, sie zu verlieren. Das bist du für mich: das gute Brot und der friedliche Schlaf.
GABRIELA: Ich glaube dir nicht, was du sagst.
MORENO: Andere haben mir anderes gegeben: Leidenschaft, Aufschwung, Selbstvergessen, Rausch. Sie haben es mir gegeben und wieder genommen, und mir Qual und Bitterkeit zurückgelassen. Du hast mir Wärme und Geborgenheit gegeben, und nichts zurückgenommen, und nichts für dich gefordert, und was du gabst, war mehr, unendlich mehr als das andere -
GABRIELA: Jetzt dichtest du mich.
MORENO: Du bist mein guter Geist gewesen. Ohne deinen stillen Dienst hätte ich meine Werke vielleicht nicht geschaffen. Ich habe es mir nicht bewußt gemacht, weil ich mich deiner sicher wähnte. Jetzt wird es mir bewußt, weil ich anfange, zu bangen, daß ich dich verlieren könnte. Ich würde es nicht aushalten, dich zu verlieren. Ich würde zusammenbrechen -
GABRIELA: In allem, was du tatst, auch wenn du mir weh tatst, war etwas Kühnes und Hochsinniges. Etwas Niedriges und Häßliches hast du nie getan. Wenn du etwas Häßliches tätest, das würde ich nicht ertragen -
MORENO: Etwas Häßliches werde ich nicht tun. Das glaube ich, dir versprechen zu können.
GABRIELA: Wenn du es aber tätest, würde ich dich sofort verlassen. - *Nach einer Pause, lächelnd* Doch du hast meine Frage nicht beantwortet. Wünschest du, daß ich die Fahne einziehen lasse?

MORENO: Laß die Piratenflagge vom Dach wehen! Was macht das aus, wenn wir nur mit uns selber in Eintracht sind!

Dritter Akt

Einige Wochen später.
Moreno und Dolores.

MORENO: *Dolores eine Zeitung reichend* Lesen Sie das!

DOLORES: „Die Freiheit"? Die wird doch nicht über die Grenze gelassen!

MORENO: Ja, und jetzt wurde sie mir von unserm Literaturamt freundlichst ins Haus geliefert. Lesen Sie! Sie werden dann begreifen, warum.

DOLORES: *nachdem sie kurz gelesen hat* Ihre emigrierten Freunde sagen sich von Ihnen los. Nur, weil Sie dem Zwang weichen mußten und eine Fahne heraussteckten.

MORENO: Nur? Ich denke, das ist ein genügender Grund.

DOLORES: Aber ein so gehässiger, maßloser Angriff! Wären Ihre Freunde im Land geblieben, hätten sie das Gleiche getan.

MORENO: Darum eben haben sie das Land verlassen, um es nicht tun zu müssen. *Nach einer Pause* Die „Nation" hat gestern einen ellenlangen Artikel gebracht, in welchem ich als ein bedeutender Dichter über das Maß gepriesen werde. Auch das ist eine Quittung für die Fahne.

DOLORES: *holt eine Zeitung hervor* Dagegen bringt „Die Zukunft" heute einen, in welchem Sie herabgesetzt und angeprangert werden.

MORENO: Und beide Zeitungen schreiben nur das, was ihnen von oben her befohlen wird. Ich werde der Folter des Wechselbads unterzogen: bald kochend heißes Wasser, bald eisig kaltes. *Er hat die Zeitungen überflogen.* Haben Sie das gelesen? Sie müssen es übersehen haben.

DOLORES: Was?

MORENO: Den Passus hier: „Ein doppelgesichtiger Heuchler, der die Nationalfahne hißt und sie eine Piratenflagge nennt." Wie können die Skribenten das wissen?

DOLORES: Die Lumpen haben es sich aus den Fingern gesogen.
MORENO: Ich habe den Ausdruck wirklich gebraucht. Doch ich bin dessen gewiß, daß ich ihn nur zwischen meinen vier Wänden gebraucht habe. Ich kann im eigenen Haus nicht mehr frei reden! Es muß hier einen Aufpasser geben, der meine Worte nach außen trägt.
DOLORES: Das ist unmöglich!
MORENO: Daran ist kein Zweifel! Ich kann mir nicht vorstellen, daß es Luis sein könnte, oder Blanca, oder Maria. Sie müssen mir helfen, Dolores, diesen Spion ausfindig zu machen -
DOLORES: *plötzlich in größter Erregung* Verzeihen Sie mir, Herr Moreno! Verzeihen Sie mir!
MORENO: Was soll ich Ihnen verzeihen?
DOLORES: *stammelnd* Ich... Ich bin beauftragt... Ich habe den Befehl, regelmäßig Berichte über Sie abzuliefern.
MORENO: *starrt sie an* Was? Sie?
DOLORES: *sich überstürzend* Ich habe nie etwas berichtet, was Ihnen schädlich oder gefährlich sein konnte! Ich habe schlaflose Nächte damit verbracht, mir Gespräche auszudenken, die nie stattgefunden haben, und Dramenstoffe zu erfinden, an die Sie nie gedacht haben. Daß Sie Vorarbeiten zum „Dämonensturz" machen, habe ich nicht berichtet. Und auch nicht das von der Piratenflagge! Davon wußte ich nichts; das müssen die Schurken erraten haben -
MORENO: Sie also! Sie!
DOLORES: Sie wissen nicht, welche infernalischen Methoden die Peiniger anwandten, um mich dahin zu bringen! Wenn sie nur mich bedroht hätten, hätte ich mich nie dazu hergegeben. Sie drohten, meinen Verlobten für unbegrenzte Zeit zur Zwangsarbeit auf die entfernten Inseln zu schicken. Als ich einmal mit einem Bericht im Rückstand blieb, nahmen sie ihn sofort fest, um ihn zu deportieren.
MORENO: Warum haben Sie sich mir nicht anvertraut?
DOLORES: Ich habe mich geschämt! Ich habe mich geschämt!
MORENO: Mich zu hintergehen, haben Sie sich nicht geschämt?

DOLORES: Und wie ich mich geschämt habe! Ich nahm mir hundertmal vor, es Ihnen zu gestehen, und ich vermochte es nicht. Ich wagte es kaum mehr, Ihnen in die Augen zu blicken. Verzeihen Sie mir!

MORENO: Ich kann Ihnen verzeihen. Aber ich kann Sie nicht mehr sehen.

DOLORES: Entlassen Sie mich nicht! Sie wissen, wie tief ich Ihnen verbunden bin. Ich werde von jetzt an die Berichte im Einvernehmen mit Ihnen abfassen. Jede andere Sekretärin wird den gleichen Auftrag erhalten -

MORENO: Ich brauche keine Sekretärin mehr.

DOLORES: Man wird Ihnen eine aufnötigen. Sie wird der Partei hörig sein und jedes Ihrer unbedachten Worte gierig verzeichnen - und Sie sind immer so unbedacht! Sie werden eine Todfeindin im Hause haben. Entlassen Sie mich nicht!

MORENO: Es tut mir leid. *Hart.* Gehen Sie!

Dolores will sprechen, bricht in Tränen aus und eilt aufschluchzend weg. Moreno geht erregt auf und ab. Nach einer Weile tritt Gabriela ein.

GABRIELA: Ich muß dich stören. Fabio ist unerwartet gekommen und will mit dir sprechen. Sofort, noch bevor der Gouverneur eintrifft.

MORENO: Willkommen! Willkommen! Ich habe gerade eine bittere Erfahrung gemacht. Dolores hat mich hintergangen -

GABRIELA: Dolores? Du mußt dich täuschen.

MORENO: Sie hat es selber gestanden, daß sie geheime Berichte über mich abgeliefert hat. Laß Fabio kommen! Ich habe eine Erheiterung nötig.

GABRIELA: Ich fürchte, daß er nicht in der Verfassung ist, dich zu erheitern. Er hat etwas Schweres erlebt.

MORENO: Bring ihn nur!

Gabriela geht hinaus und kommt sofort mit Fabio zurück. Dieser ist blaß und tief aufgewühlt.

FABIO: *auf Moreno zugehend* Vater!

MORENO: *ihn umarmend* Mein lieber Junge!

FABIO: Es ist etwas geschehen, Vater... Ich habe etwas gesehen...
MORENO: Sprich dich aus! Sag mir alles!
FABIO: Heute... im Hörsaal... inmitten der Vorlesung... plötzlich wurden die Türen aufgerissen, und einige Kerle von der Staatspolizei stürmten herein. Sie stürzten sich auf drei Studenten, zerrten sie aus den Bänken und hieben mit Krokodillederpeitschen auf sie ein. Die Kameraden wehrten sich nicht; aber die Unmenschen schlugen blindlings auf sie los, auf die Schultern, die Hände, ins Gesicht, bis sie blutüberströmt zusammenbrachen. Sie schleppten sie an den Füßen hinaus, während die Köpfe auf dem Boden schleiften und blutige Spuren hinterließen -
MORENO: Furchtbar! Warum nur?
FABIO: Es heißt, daß sie einem gegenrevolutionären Geheimbund angehört haben. Ich hatte häufig gehört, daß Entsetzliches bei uns geschieht, in den Lagern, in den Strafkolonien, auf den Verbannteninseln. Ich war zu bequem, um daran zu denken, und ich hatte zu wenig Phantasie, um es mir vorzustellen. Ich wollte es nicht wissen und glauben. Jetzt aber habe ich es gesehen -
MORENO: Furchtbar! Furchtbar!
FABIO: *nach einer Pause* Etwas anderes war beinahe noch furchtbarer. Keiner von den Zweihundert, die es sahen, öffnete den Mund zu einem Wort des Protestes, während die Exekution vollzogen wurde. Als sie vorüber war, setzte der Professor seine Vorlesung über altkastilische Literatur fort, genau dort, wo sie unterbrochen worden war, und die Studenten schrieben eifrig in ihre Hefte... nicht anders, als seien eben nur drei Fliegen geklatscht worden -
GABRIELA: *leise* Mein armes Kind!
FABIO: Das Allerfurchtbarste aber war: als einer der Gepeitschten einen gellenden Schmerzensschrei ausstieß, blickte ich verstört ringsum... und ich sah zwei Studenten in der Bank hinter mir grinsen. Ich habe sie als freundliche, gutmütige Kameraden gekannt... und sie konnten grinsen, Vater...
MORENO: *nach einer längeren Pause* Du hast das Glück gehabt, bis jetzt mehr in Büchern und Träumen als in der Wirklichkeit leben zu dürfen. Heute hast du jäh erfahren, was die Wirklichkeit ist:

unter einer dünnen, glatten Oberfläche ein grauenvoller Abgrund. Jeder, der nicht ganz ohne Empfindung und Urteil ist, muß diese Erfahrung einmal machen. Uns allen bleibt nichts anderes übrig, als unser Leben fortzuführen, trotz diesem Abgrund, mit diesem Abgrund -

FABIO: *mit Festigkeit* Das kann ich nicht, Vater. Und ich will es auch nicht. Ich habe einen Augenblick des Entsetzens erfahren... ein Entsetzen ist durch mich hindurchgefahren... wie ein Blitzstrahl aus einer andern Welt. Ich bin nicht mehr derselbe, der ich vor diesem Augenblick war, und ich kann nicht mehr wie früher leben.

MORENO: *nach einer Pause* Was willst du tun?

FABIO: Aufschreien! Nein schreien! Denn sonst... denn sonst... würde ich die Furcht niemals los, daß ich auch so werden könnte... stumpf und kalt... daß auch ich zu den Leiden anderer grinsen könnte... *Er bricht ab und sagt entschlossen.* Ich bin gekommen, um Abschied zu nehmen.

MORENO: Abschied? Wohin willst du gehen?

FABIO: Du darfst es nicht wissen, Vater. Du kannst nicht lügen. Wenn du nach mir befragt wirst, mußt du in voller Aufrichtigkeit sagen können, daß du von mir nichts weißt.

MORENO: Willst du über die Grenze? In die Emigration?

FABIO: Ich werde es nicht sagen.

MORENO: Also nicht in die Emigration. Untergrund? Zu den Gegenrevolutionären?

FABIO: Ich werde es nicht sagen.

MORENO: Untergrund. Sie werden dich hetzen, dich aufspüren, dich mit Krokodillederpeitschen zu einem blutigen Kadaver schlagen. *Fabio schweigt.* Es ist auch lebensgefährlich, über die Minenfelder der Grenze zu gehen. Wenn es dir aber glückt, bist du drüben in Sicherheit. Versprich mir wenigstens, über die Grenze zu gehen!

FABIO: Ich kann dir nichts versprechen.

MORENO: Geh nicht untergrund! Und auch nicht über die Grenze! Bleib bei uns, mein Kind!

FABIO: Ich gehe doch den Weg, den du selbst mir gewiesen hast!
MORENO: Ich? Ich habe dir - ?
FABIO: In deinen Dramen. Du hast in deinen Dramen hohe Leitbilder aufgerichtet, Vorbilder für das rechte Handeln und Abbilder des falschen Handelns -
MORENO: Ich habe meine Dramen aus persönlicher Not geschrieben, zur Selbstbefreiung, oder aus Schaffenslust. Ich habe nie daran gedacht, Leitbilder aufzurichten.
FABIO: Du hast immer wieder die Glorie und den Triumph, den Triumph auch im Untergang derer dargestellt, die im Einklang mit ihrem tiefsten Gefühl handeln, und die Unseligkeit und Verdammnis der andern, die ihrer inneren Stimme widerstreben. Das hast du doch nicht zum Spaß geschrieben. Du hast an das geglaubt, was du gedichtet hast -
MORENO: Gewiß nicht zum Spaß. Aber das Leben in der Dichtung ist nicht das gleiche wie das wirkliche Leben.
FABIO: Ich handle ja nicht anders als Romulo in deinem „Brandopfer". Du hast keine zweite Gestalt mit so viel Zärtlichkeit und Innigkeit gezeichnet wie ihn. Du wirst mir nicht verwehren, das zu tun, um dessenwillen du ihn geliebt hast.
MORENO: Romulo bringt sich selbst zum Opfer, um die Schuld seines Vaters zu sühnen. Du glaubst also, die Aufgabe auf dich nehmen zu müssen, die mir gestellt war und die ich nicht erfüllte.
FABIO: Wie kannst du so etwas denken? Deine Aufgabe war es, als einer unter Millionen die Leitbilder zu schauen und vor uns aufzurichten. Wir, die wir nicht dein Genie besitzen, haben die Aufgabe, diesen Leitbildern zu folgen.
MORENO: Ich habe keinen Zweifel daran gelassen, daß Romulo in trotziger Empörung gegen seinen Vater handelt. Indem er in den Tod geht, hat er die Absicht, seinen Vater zu strafen. Das willst auch du. Ich kann dich nicht tadeln. Ich bin dir kein guter Vater gewesen -
FABIO: Sprich nicht so! Du bist mir der liebevollste Vater. Du warst mein Lehrer, mein Leiter, mein höchstes Vorbild -

MORENO: Du meinst, deinem Gefühl folgen zu müssen, das dich in den Untergang treibt. Das aber ist dir gleichgültig, daß du mich mit dem vernichtenden Gefühl zurückläßt, ich hätte dir diesen unheilvollen Weg gewiesen. Du eiferst auch darin meinem Beispiel nach. Ich habe stets nur meinen Trieben und Lüsten gehorcht; die Gefühle anderer habe ich mißachtet und mißhandelt -
FABIO: Du bist stärker als ich. Wenn du es willst, wirst du meinen Willen beugen. Aber du würdest mich zerbrechen -
MORENO: Und daran denkst du nicht, daß du durch deine Empörung mich denen in die Arme treibst, gegen die du dich empörst. Du wirst eines Schutzes bedürfen. Du wirst mich zwingen, mich mit dem verhaßten Feind zu versöhnen, damit ich dir diesen Schutz gewähren kann.
FABIO: *schreit auf* Zerbrich mich nicht, Vater! *Mit verzweifelter Inbrunst.* Denk daran, daß ich mich verachten müßte, wenn ich mein bestes Gefühl verraten würde! Ich würde grenzenlos unglücklich werden! Und mich in Selbstverachtung und Selbsthaß zerstören -
GABRIELA: *schreit auf* Das wirst du nicht!
FABIO: Du würdest mich nicht mehr lieben, wenn du mich nicht mehr achten könntest! Wenn ich herzensarm und herzenskalt würde, wenn ich zu den Schmerzen anderer grinsen würde - *Verzweifelt zu Gabriela.* Und auch du nicht, Mama! Hilf du mir -
GABRIELA: *schnell und entschlossen* Tu das, was dein Herz dir sagt! Gehorche deinem Gefühle unbedingt!
FABIO: Mama! Liebe Mama!
GABRIELA: Du wirst in jedem Fall unglücklich sein, ob du der innern Stimme folgst oder ihr widerstrebst. Doch du wirst weniger unglücklich sein, wenn du dir gestehen darfst, daß du deines Unglücks würdig bist.
FABIO: Ich danke dir, Mama. Ich habe gewußt, daß du mich verstehen wirst. *Flehend zu Moreno.* Du mußt das auch verstehen, Vater -
MORENO: Glaubst du, ich verstehe die Schönheit deines Entschlusses nicht? Ich bewundere dich, daß du gesegnet bist, so rein und

tief zu empfinden, und ich beneide dich darum, daß du die Kühnheit hast, das zu tun, was ich gedichtet habe -
FABIO: Du machst mich glücklich, Vater.
MORENO: Du bist die schönste und innigste Gestalt, die ich gebildet habe, und daß du so geworden bist, ist nicht mein Verdienst. Ich wollte dich ja nur deshalb zurückhalten, damit so viel Schönheit nicht zerstört wird. Ja, tu das, wozu das Herz dich treibt -
FABIO: Ich hätte es auch ohne deine Einwilligung getan, in Kummer und mit Zweifeln. Mit deiner Zustimmung werde ich es in froher Gewißheit tun.
MORENO: Jetzt bist du es, der mir ein Leitbild aufrichtet. Dein Beispiel wird auch mir die Kraft geben, richtig zu handeln. Jetzt gleich, wenn der Gouverneur kommt -
FABIO: Nein, Vater. Du mußt dich erhalten, um deine Werke zu schaffen.
MORENO: Der Gouverneur wird sofort hier sein. Geh jetzt! *Er umarmt ihn.* Gott mit dir! Gott gebe es uns, daß wir uns wiedersehen!
Fabio und Gabriela gehen ab. Moreno bleibt eine Weile allein. Dann tritt Navarro ein, durch die andere Tür.
NAVARRO: Seien Sie mir gegrüßt, Herr Moreno! Heut bringe ich eine Botschaft, die Sie erfreuen wird.
MORENO: Guten Tag, Herr Gouverneur.
NAVARRO: Ich komme im Auftrag des Marschalls. Er hält die Zeit für reif, um die Revolution stufenweise in eine neue Epoche der Toleranz hinüberzuleiten. Er hat beschlossen, daß die Versöhnung zwischen der Macht und dem Geist die erste Stufe dieser Entwicklung bilden soll. Sie sind dazu ausersehen, das leuchtende Symbol dieser Versöhnung zu sein.
MORENO: So? Ich?
NAVARRO: Sie sollen eine volle Rehabilitierung erfahren. Sie werden den Rang, den Sie im Reich des Geistes besitzen, weithin sichtbar auch in der Wirklichkeit einnehmen. Ich gratuliere Ihnen. Ich bin glücklich, daß ich an dieser Wendung nicht ganz

unbeteiligt bin. *Er unterbricht sich.* Sie scheinen sich nicht zu freuen.

MORENO: Zuerst etwas anderes. Ich habe gehört, daß sich an der Universität von San Fernando eine entsetzliche Szene abgespielt hat. Drei Studenten wurden im Hörsaal von Bestien Ihrer Staatspolizei überfallen und zu blutigen Fetzen gepeitscht -

NAVARRO: Haben Sie das von Ihrem Sohn gehört? Er studiert dort an der Universität.

MORENO: Es ist gleichgültig, von wem ich das gehört habe. Ich möchte Sie fragen, ob Sie in diesem Auftritt das würdige Vorspiel zu Ihrer neuen Epoche erblicken. Ich sehe darin nur den fortgesetzten Terror, die alte Verachtung des Menschen und der menschlichen Würde -

NAVARRO: Die Burschen haben die Strafe sicherlich verdient, die sie erhielten.

MORENO: Darüber hätte ein Gericht zu urteilen. Sie sprechen, Herr Gouverneur, von einer Versöhnung zwischen dem Geist und der Macht. Sie meinen aber die Unterwerfung des Geistes unter die Macht. Wenn ich mich mit Ihnen versöhne, versöhne ich mich mit Ihrer Gewaltherrschaft, Ihrem Zynismus, Ihrer Barbarei. Das heißt: ich kapituliere vor Ihnen...

NAVARRO: Ist Ihnen nie der Gedanke gekommen, daß Sie für diese sogenannte Barbarei mitverantwortlich sein könnten? Oder zumindest, daß Sie es unterlassen haben, bei ihrer Humanisierung mitzuwirken?

MORENO: Nein. Wahrhaftig nicht!

NAVARRO: Ich stelle mir vor, daß es der edelste Beruf des Dichters ist, durch die anziehende Darstellung des Guten die Macht des Guten zu stärken, durch die abstoßende Darstellung des Bösen gegen das Böse an zu kämpfen, und auf diese Weise zur Humanisierung der Menschen beizutragen. Vielleicht ist das die naive Vorstellung eines Laien -

MORENO: Durchaus nicht. Und ich darf ohne Überheblichkeit behaupten, daß ich das in meinen Dramen getan habe.

NAVARRO: Sie haben lebensvolle, lebenskräftige Wesen in die Welt gesetzt, aber Sie haben sich den Teufel darum gekümmert, sie auch am Leben zu erhalten. Sehen Sie's doch endlich ein, daß Sie Ihren Kindern ein Stiefvater sind! Sie haben sich vom Strom des Geschehens abgeschieden, über die böse Gegenwart gemurrt und geklagt und sich in den Schmollwinkel zurückgezogen; so aber haben Sie Ihre Geschöpfe zur Stummheit verurteilt und sie der Vergessenheit preisgegeben. Wir bieten Ihnen an, Ihren Geschöpfen wieder zum Leben zu verhelfen, und Sie ziehen es vor, weiter zu schmollen -

MORENO: *nach einer Pause* Sprechen Sie deutlich! Damit ich Ihnen deutlich antworte.

NAVARRO: Sie begehen demnächst Ihren sechzigsten Geburtstag. Es ist der Wille des Marschalls, daß dieser Tag als nationaler Festtag im ganzen Land gefeiert wird. Alle Bühnen werden Ihre Dramen spielen -

MORENO: Welche Gegenleistung verlangen Sie von mir? Ich bin sicher, daß Sie eine Gegenleistung fordern.

NAVARRO: Der Marschall wird sich Ihnen zu Ehren hierher begeben und Ihnen einen Besuch abstatten, um Sie feierlich zum Poeta laureatus zu ernennen. Sie werden ihn in Ihrem Haus begrüßen und einige Worte mit ihm wechseln. Ich nehme nicht an, daß Sie dies als eine Kapitulation deuten. Es ist ein schlichter Akt der Höflichkeit, die Sie jedem Besucher erweisen würden.

MORENO: Weiter! Weiter! Welche weiteren Gegenleistungen - ?

NAVARRO: Nichts weiter. Ich habe mir zwar gedacht, daß Sie freiwillig einen kleinen Beitrag zu der Festlichkeit des Tages leisten könnten. Das ist mein ganz privater Vorschlag. Es wäre hübsch, wenn Sie zur Versöhnungsfeier eine Ode dichten und vortragen würden -

MORENO: Eine Ode? Ich?

NAVARRO: Warum nicht? Das wird Ihnen keine übermäßige Mühe bereiten. So etwas schreiben Sie zweifellos aus dem Handgelenk.

MORENO: *verächtlich* Sie kennen nur feile Seelen, die Ihnen auf Befehl oder gegen Sold Reime liefern. Ich kann nur dichten, wenn ich vom Innern her dazu gedrängt werde. Ohne Begeisterung kann ich nicht dichten.

NAVARRO: Wollen Sie sagen, daß die Glorie unserer Revolution, der Glanz des Ruhmes und des Schreckens, der von unserm Namen ausstrahlt, alles das, was die Begeisterung von Millionen erweckt, Sie kalt läßt?

MORENO: Ich denke an die Hekatomben, die für diese Glorie geblutet haben. Wenn ich eine Ode dichten sollte, würde es eine Trauerode für alle Entrechteten und Geknechteten, für die Verfemten und Hingemetzelten sein.

NAVARRO: Mit einer solchen Ode wäre uns allerdings nicht gedient. Ich mache Ihnen einen andern Vorschlag. Wir liefern Ihnen die Ode, die wir bei einem andern Dichter bestellen, und Sie rezitieren sie nur -

MORENO: Und eine solche Erbärmlichkeit trauen Sie mir zu?

NAVARRO: *lachend* Ich weiß, daß Sie sich lieber die Zunge ausreißen ließen, als daß Sie schlechte Verse in den Mund nähmen. Nun, die Ode soll uns nicht entzweien. Es genügt uns, als ein Zeichen der Versöhnung, daß Sie den Marschall in Ihrem Haus empfangen und ihm die Hand drücken.

MORENO: *bitter* Es genügt Ihnen, daß ich kapituliere. *Nach einer Pause:* Sie setzen alles daran, mich zu einer Entscheidung zu überreden, die ich verwerfe.

NAVARRO: *lebhaft* Aber mein lieber, hochverehrter Herr Moreno! Diese Entscheidung haben Sie ja längst getroffen!

MORENO: *völlig verdutzt* Ich... ? Wann hätte ich... ?

NAVARRO: Wissen Sie das wirklich nicht? Als Sie es verwarfen, das Land zu verlassen, wie so viele Ihrer Kollegen taten, damals haben Sie diese Entscheidung bereits unwiderruflich getroffen.

MORENO: Ich habe mich damals nur für meine Heimat entschieden.

NAVARRO: Wie ist es möglich, daß ein Mann, dessen allessehendes Auge die verschwiegensten Geheimnisse der Seele durchdringt, dessen kühnes Genie die ferne Zukunft entschleiert, zugleich mit so heilloser Blindheit geschlagen ist? Sie wußten nicht, daß die Heimat und wir identisch sind? Das weiß doch jeder halbwüchsige Schulbub. Und daß, wenn Sie sich zur Heimat bekannten, Sie unentrinnbar gezwungen sein würden, sich zu uns zu bekennen?

MORENO: Ich hoffte, in Ruhe gelassen zu werden, wenn ich in der Stille nur für meine Kunst lebte.

NAVARRO: Sie hofften, vom Mahlstrom der Revolution, der alle Höhen und Tiefen in seine Wirbel reißt, unberührt zu bleiben? Sie glaubten ernsthaft, sich vor der himmelansteigenden Flut in einer Arche bergen zu können, nur Sie, und nur weil Sie ein paar Dramen geschrieben haben? Bewunderungswürdige Dramen, zugegeben. Aber was wiegen schon einige Dramen bei einem Weltuntergang?

MORENO: Ich habe es wirklich geglaubt. Und ich schäme mich dessen nicht.

NAVARRO: Nein, nein, Sie haben willentlich und wissentlich sich selber betrogen. Sie bildeten sich ein, neutral zu sein. Sie spiegelten sich vor, in der inneren Emigration zu leben. Aber es war Ihnen gleichzeitig voll bewußt, daß es vor den apokalyptischen Reitern keine Neutralität gibt, und daß die innere Emigration ein frommer Schwindel ist. Sie wußten von Anfang an, daß diese Stunde der Entscheidung kommen wird. Sie wollten, daß sie schnell käme, um Sie von einem unerträglichen Zwiespalt zu befreien; Sie sehnten sie herbei -

MORENO: Ich kann es vor Gott beschwören, daß ich nichts wollte, als in Frieden schaffen zu können.

NAVARRO: Und Sie machten es sich nicht klar, daß es ganz in unserm Belieben stand, Ihnen diesen Frieden zu geben oder zu nehmen? Sie konnten auch nur einen Augenblick daran zweifeln, daß wir Ihnen den Frieden nur unter unseren Bedingungen lassen würden? Sie haben uns doch gekannt. Keiner in der Welt hat uns tiefer und gründlicher erkannt als Sie. Sie haben uns ja geschaffen, bevor wir existierten. Man sagt, die Zukunft entspringe im Geist der Dichter. Wir wären vielleicht nie existent geworden, hätten Sie uns nicht prophetisch verkündigt. Wir sind aus Ihrem

Geist geboren. Wir sind Ihnen zu höchstem Dank verpflichtet und durchaus bereit, ihn abzustatten -

MORENO: Strengen Sie sich nicht an! Es wird Ihnen nicht gelingen, mich auf diesen Weg zu drängen.

NAVARRO: Sie sind ja schon auf diesem Weg! Sie können gar nicht mehr zurück. Seit Sie die Fahne hißten, sind Sie für Ihre Freunde von einst ein Abtrünniger geworden. Sie können nur noch vorwärts, das heißt, zu uns. Ein schöpferischer Geist vermag nicht, in einer immerwährenden Einsamkeit zu gedeihen. In so einer trüben, stummen, kalten Einsamkeit erfriert der Geist. Gestehen Sie's: haben Sie in Ihrem vermeintlichen Frieden viel geschaffen? Sie haben nichts geschaffen! Sie sind es nicht nur Ihren vollendeten Werken, sondern auch Ihren noch ungeborenen schuldig, zum Frieden mit uns zu kommen -

MORENO: *sinkt in sich zusammen und flüstert* Mein Gott! Mein Gott!

NAVARRO: *nach einer Pause, ohne Spott, beinahe mit einem Anflug von Mitgefühl* Deuten Sie's nicht als eine Kapitulation! Sie haben einen tapfern Kampf gekämpft, und Sie schließen einen ehrenvollen Frieden. Wir werden uns beeilen, Ihre Wünsche zu erfüllen. Sie werden den Paß erhalten, den Sie sich so eifrig wünschen. Wir wissen, daß Sie zurückkehren werden -

MORENO: Sie wissen, daß ich mich nicht entfernen werde. Ich werde mich davor hüten, drüben als ein Abtrünniger verachtet zu werden.

NAVARRO: Sie werden vielen zum Segen werden. Sie kennen den Marschall nicht. Es ist ihm ernst mit dem Willen zur Toleranz. Er hat einen Spürsinn für Menschen, und Achtung vor der echten Größe. Sie werden Einfluß auf ihn gewinnen. Sie werden die Heimberufung der Verbannten bewirken und die Begnadigung der Verfemten -

MORENO: Sie glauben selber nicht, was Sie sagen.

NAVARRO: Und vergessen Sie eines nicht: Ihr Sohn wird vielleicht eines mächtigen Schutzes bedürfen. Junge Menschen lassen sich in mißverstandenem Idealismus leicht zu sinnlosen Entschlüssen verleiten. Ihr Sohn ist empfindsam, und Sie haben ihn von früh auf mit Idealismus genährt. Es ist Ihre Vaterpflicht, ihm diesen Schutz zu sichern. *Nach einer Pause.* Wir sind also einig.

MORENO: *sich aufbäumend* Triumphieren Sie nicht zu früh! Ich habe nicht Ja gesagt. Ich behalte mir eine Bedenkzeit vor!

NAVARRO: Sie haben aber auch nicht Nein gesagt. Ich begreife, daß Ihre Selbstachtung Ihnen gebietet, eine Bedenkzeit zu fordern. Ich habe nicht den leisesten Zweifel daran, wie Ihre Entscheidung schließlich fallen wird. Adieu für heute, Herr Moreno! Ich werde an Ihrem Ruhmestag zugegen sein.

Er geht ab. Moreno sinkt in einen Stuhl und bedeckt das Gesicht mit den Händen. So findet ihn Gabriela, die nach einer Weile eintritt.

GABRIELA: Womit hat er heute gedroht?

MORENO: Heute hat er geworben und gelockt. Er hat mir angeboten, daß mein Geburtstag von der ganzen Nation mit Pomp gefeiert wird. Meine Dramen werden wieder aufgeführt werden –

GABRIELA: Und was hat er von dir verlangt?

MORENO: Der Marschall wird in höchsteigener Person mir einen Besuch abstatten und mich zum Poeta laureatus ernennen. Von mir wird verlangt, daß ich ihn in meinem Haus begrüße und ihm die Hand drücke –

GABRIELA: Was hast du geantwortet?

MORENO: Ich habe das tückische Angebot nicht mit Empörung zurückgewiesen, wie es mein erstes Gefühl war. Ich habe einen schwächlichen Protest vorgebracht, den er verächtlich wegwischte. Ich habe mich nicht höher aufgeschwungen, als eine Bedenkzeit zu fordern –

GABRIELA: Eine Bedenkzeit? Wozu?

MORENO: Um das Eingeständnis meiner Niederlage hinauszuzögern. Er hat es aber bereits vorweggenommen und ist triumphierend abgezogen. Sprich's aus! Sprich es aus!

GABRIELA: Was soll ich aussprechen?

MORENO: Daß ich unmännlich und unwürdig gehandelt habe! Sprich das Wort aus! Daß es häßlich war –

GABRIELA: Es war nicht sehr männlich und kühn. Was konntest du anderes tun?
MORENO: Das fragst du noch? Das, wofür Fabio sich bedenkenlos entschieden hat. Aufschreien! Nein schreien!
GABRIELA: Sie würden diese Herausforderung nicht hinnehmen und die grausamste Rache an dir üben. Du konntest nichts anderes tun, wenn du dich nicht vernichten wolltest.
MORENO: Fabio hat nicht danach gefragt, ob er sich vernichten würde. Es war häßlich! Niedrig und häßlich -
GABRIELA: Ich freue mich darüber, daß du es als häßlich empfindest. Das zeigt nur, daß du so groß wie immer denkst. - *Nach einer Pause:* Du hast es um Fabios willen getan. Du wußtest es vorher, daß du es um seinetwillen tun würdest.
MORENO: Ich will mich nicht belügen. Und auch nicht dich. Ich habe nicht an Fabio gedacht. Ich habe es aus Schwäche getan, aus Feigheit, aus Eitelkeit. Navarro hat gesagt, ich hätte diese Versöhnung schon immer gewollt.
GABRIELA: Das lügt er! Es ist nicht wahr!
MORENO: Nicht mit meinem bewußten Willen. Im Menschen leben viele Willen und Gegenwillen. Vielleicht aber mit meinem unbewußten, und der ist vielleicht verderbt -
GABRIELA: Du hast dein ganzes Leben lang mit allen deinen Willen nur eines gewollt: deiner Kunst zu dienen.
MORENO: Ich würde mir jede Schwäche vergeben, jedes Versagen, selbst ein Verbrechen, wenn ich den Glauben hätte, meiner Kunst damit zu dienen. Ich habe diesen Glauben nicht mehr. Der Geist hat mich verlassen. Ich werde nichts mehr schaffen.
GABRIELA: Das hast du in Wochen und Monaten der Niedergeschlagenheit unzählige Male gefürchtet und geglaubt, die elendste Kreatur zu sein. Wenn der Geist dann wieder kam, hast du dich als den gesegnetsten und beglücktesten aller Menschen gefühlt.
MORENO: Es fällt mir ein, daß ich die Szene, die ich eben erlebt habe, vorahnend schon vor zwei Jahrzehnten geschrieben habe. Du erinnerst dich an die Szene im „Inquisitor", in welcher der

Versucher an Emilio herantritt. Emilio handelt anders als ich. Er hat die Kraft, Drohungen wie Verlockungen zu widerstehen und er selbst zu bleiben. Ich bin armseliger und schwächer als meine Geschöpfe. Ich bin es nicht wert, daß ich sie schuf. Ich habe nur einen frevelhaften Spaß getrieben!

GABRIELA: Vielleicht konntest du nur darum so kraftvolle Gestalten bilden, weil du selbst diese Kraft der Unbedingtheit nicht besitzt und dich nach ihr sehnst -

MORENO: *aufflammend* Navarro soll sich geirrt haben! Ich habe das letzte Wort noch nicht gesprochen. Ich werde die Kraft finden, ihm mein Nein ins Gesicht zu schleudern.

GABRIELA: Jetzt betrügst du dich selbst, mein Freund. Hättest du die Kraft, so hättest du das Nein sofort gesagt.

MORENO: *niedergeschlagen* Ich handle nicht nach dem Gebot meines Gefühls. Und deshalb wirst du mich verlassen.

GABRIELA: Du handelst nach deiner Natur und Bestimmung. Nein, ich werde dich nicht verlassen.

MORENO: *nach einer Pause* Ich verstehe dich nicht. Ich habe gefürchtet, daß du mich bedingungslos verurteilen wirst. Und du verteidigst mich gegen mich selbst?

GABRIELA: Das tue ich. Und ich tue es aus voller Überzeugung. *Nach einer Pause.* Du wirfst dir vor, entgegen deinem Gefühl zu handeln. Ich habe nicht das Recht, dich zu verurteilen. Ich habe das Gleiche getan.

MORENO: Du? Niemals.

GABRIELA: Als du mir damals sagtest, daß Capablanca dich zur Emigration gedrängt habe, hatte ich das klare, starke Gefühl, daß das die rechte Entscheidung ist. Alles schrie in mir: Weg! Nur weg! Sofort weg, um jeden Preis! Aber ich sprach das nicht aus, was in mir schrie. Ich verleugnete mein Gefühl.

MORENO: Du hast dich meinem Willen gebeugt. Du hast es aus Liebe getan, und einem noch stärkeren Gefühl gehorcht.

GABRIELA: Das glaubte anfangs auch ich. Ich mußte jedoch schnell erkennen, daß ich mich selbst betrog. Ich hatte geahnt, daß du in schwere Drangsale kommen würdest, wenn du bliebst. Und ich hoffte, daß du dann zu mir finden würdest und ich dich ganz für mich besitzen würde. Es war nicht Liebe. Es war Eigenliebe.

MORENO: Du wünschtest, mich zu besitzen, nicht um mich zu beherrschen, sondern um mir zu dienen. Es war Liebe.

GABRIELA: Darum werde ich dich nicht verlassen. Ich weiß, daß der Tag deines neuen Ruhms für dich ein Tag des Schmerzes sein wird. Ich werde an diesem Tag bei dir sein, um deinen Schmerz zu mildern.

MORENO: *bitter* Das sagst du so. In der Stunde der Prüfung würdest du versagen. Du würdest nicht an meiner Seite stehen, wenn ich den Marschall begrüße. Ein Entsetzen würde über dich kommen, und du würdest dich weigern, die blutige Hand zu drücken.

GABRIELA: Ich werde an deiner Seite stehen. Ich werde das Entsetzen überwinden und die blutige Hand drücken.

MORENO: Das willst du tun? Und du würdest mich nicht verachten, wenn ich mich erniedrigte?

GABRIELA: Wenn ich dich verachten müßte, könnte ich dich nicht mehr lieben. *Mit leisem Lächeln.* Du siehst, ich habe nicht aufgehört, dich zu lieben.

MORENO: *mit schmerzlichem Ausbruch* Aber ich verachte mich selbst! Ich fühle es im Innersten, daß ich falsch handle, wenn ich mich unterwerfe. Und ich werde mich trotzdem unterwerfen!

Vierter Akt

Wieder einige Wochen später.
Moreno und Ines.

INES: Der rote Teppich ist noch nicht ausgelegt. Ich werde Luis befehlen, ihn sofort auszubreiten.
MORENO: Befehlen Sie's ihm!
INES: Vergessen Sie nicht, Ihre Orden anzulegen!
MORENO: Möchten Sie mir erklären, warum ich die Orden -
INES: Es ist ein Befehl. Haben Sie Ihre Ansprache memoriert?
Sie zeigt auf einen auf dem Tisch liegenden Manuskriptbogen.
MORENO: Befehlen Sie mir, sie vor Ihnen zu rezitieren?
INES: Ich gebe nur die Befehle weiter, die ich selber erhalte. Ich trage die Verantwortung dafür, daß sie genau ausgeführt werden. Nochmals also: der Herr Marschall wird Punkt zwölf vorfahren. Sie stellen sich fünf vor zwölf an die Haustür. Sie blicken ihm entgegen, wenn er über den roten Teppich auf Sie zu schreitet. Sobald er zehn Schritte vor Ihnen ist, machen Sie eine tiefe Verbeugung. Er wird Ihnen die Hand reichen. Sie sprechen nicht eher, als bis er das Wort an Sie gerichtet hat. Dann halten Sie Ihre Ansprache.
MORENO: Noch andere Befehle?
INES: Das ist alles. Ich gehe jetzt. Der Herr Gouverneur hat mich eingeladen, am Empfang des Herrn Marschalls im Rathaus teilzunehmen. Ich komme rechtzeitig zurück, um mich zu überzeugen, daß alles befehlsgemäß durchgeführt ist.
MORENO: Wie's beliebt.
INES: *schon an der Tür, kehrt um und geht nahe an Moreno heran* Erlauben Sie mir, Ihnen meine ehrerbietigsten Glückwünsche auszusprechen, Herr Moreno! So hoch wie Sie ist noch kein Mensch geehrt worden.
Sie geht ab; gleich darauf tritt Gabriela ein.

GABRIELA: Die Schnüfflerin ist endlich aus dem Haus. Ein heimlicher Besucher ist gekommen. Ich konnte ihn gerade noch vor ihr verbergen. Es ist Capablanca.
MORENO: Capablanca! Das freut mich! Es freut mich unsagbar -
GABRIELA: Er hat eine Bitte an dich. Ich zweifle nicht, daß du sie erfüllen wirst. Ich mache mich indessen für den Empfang fertig. *Sie läßt Capablanca eintreten und geht ab.*
MORENO: *lebhaft auf diesen zugehend* Mein Freund! So darf ich Sie doch nennen? Ich habe mich noch nie nach einem Freund so gesehnt wie jetzt -
CAPABLANCA: Sie tun mir eine große Ehre an, wenn Sie mich Ihren Freund nennen, Herr Moreno.
MORENO: *die Worte stürzen aus ihm heraus, als seien sie sehr lang in ihm aufgestaut und zurückgedrängt gewesen* Sie wissen nicht, mein Freund, was es heißt, unter einem sich ständig steigernden Terror zu leben! Bei Tag und Nacht unter einer unheimlichen Drohung zu stehen! Als seien Sie in einer Stadt eingeschlossen, die von der Pest heimgesucht ist, und Sie zittern in jedem Augenblick davor, daß die Seuche auch Sie ergreift. Ich beneide Sie darum, daß Sie diesem Land des Grauens den Rücken kehrten -
CAPABLANCA: Wir Emigranten sind nicht beneidenswert. Wir werden verachtet und verdächtigt und leben im Elend.
MORENO: Im Elend, mag sein! Aber in Freiheit! Ich habe es unzählige Male bereut, daß ich damals Ihren Rat in den Wind schlug. Wäre ich ins Exil gegangen, so hätte ich mich vor Erniedrigungen und Demütigungen bewahrt und meinem Sohn ein vielleicht grausames Schicksal erspart.
CAPABLANCA: Das habe ich nicht erwartet, zu hören. Ich habe geglaubt, daß Sie in unangefochtener Sicherheit leben.
MORENO: Sie kommen in einem Augenblick, da mein Handeln Ihnen höchst fragwürdig erscheinen muß. Ich nehme Sie zum Zeugen, daß ich nicht um meines Wohlstandes oder meiner Bequemlichkeit willen im Lande verblieb, sondern weil ich überzeugt war, nur hier meine Werke schaffen zu können. Ich habe in dem ewigen Unfrieden und Zwiespalt nichts zu schaffen

vermocht. Ich mußte zum Frieden kommen, um jeden Preis. *Er unterbricht sich.* Ich errate, was Sie jetzt denken. Daß es ein Widerspruch ist, zu glauben, man könnte sich dem unerbittlichen Feind unterwerfen und zugleich den Frieden finden. Es ist ein Widerspruch! Ich selber bin ein verkörperter Widerspruch -
CAPABLANCA: Ich denke das nicht. Ich denke, daß Sie so handeln mußten, wenn Sie sich entschlossen, so zu handeln.
MORENO: Glauben Sie es mir! Wenn ich die Fahne aufzog, wenn ich dem Marschall die Hand drücke: es sind hohle, bedeutungslose Gesten, die die Übergewalt des Feindes mir abgenötigt hat. Ich bin gezwungen, eine Maske zu tragen. Im Innern bin ich unverändert: der Rebell gegen Ungerechtigkeit und Unterdrückung, der ich immer war, brennend von Haß gegen die mörderische Barbarei, von Sehnsucht verzehrt, die Maske abzuwerfen -
CAPABLANCA: Ich bin davon überzeugt. Ich habe diese Überzeugung auch gegen jeden vertreten, der sich herausnahm, an Ihnen zu zweifeln.
MORENO: Sie sind mir ein echter Freund. *Nach einer Pause* Entschuldigen Sie, daß ich nur von mir selber rede. Ich habe Sie noch nicht gefragt, was Sie bewogen hat, in unser unseliges Land zurückzukehren.
CAPABLANCA: Sie erinnern sich, daß meine Frau sehr krank war, als ich in die Emigration ging. Ich hoffte, daß sie bald imstande sein würde, mir nachzukommen. Aber alle ihre Bitten und Gesuche, das Land verlassen zu dürfen, wurden mit frechem Hohn zurückgewiesen. *Er unterbricht sich.* Ich danke Ihnen, Herr Moreno, daß Sie ihr großmütig Hilfe leisteten.
MORENO: Ich verdiene nicht Ihren Dank. Die Hilfreiche war meine Frau.
CAPABLANCA: Wir hatten in einer wunderbar glücklichen Ehe gelebt. Auch getrennt blieben wir auf das Innigste verbunden. Ich spürte es drüben, obgleich sie es verschwieg, daß sie unheilbar krank sei, und daß es ihr letzter, heißester Wunsch war, mich vor dem Ende noch einmal zu sehen. So bin ich also gekommen.
MORENO: Sie haben Ihre Frau sicherlich sehr glücklich gemacht.

CAPABLANCA: Ich bin zu spät gekommen. Sie ist gestern gestorben.
MORENO: Das tut mir leid. Sehr leid. Ich weiß, daß da jedes Wort des Trostes vergeblich ist.
CAPABLANCA: Sie hat schwer gelitten. Nun leidet sie nicht mehr. *Nach einer Pause.* Ich bin die Nacht hindurch an ihrem Bett gesessen. Ich habe unser ganzes Leben nochmals durchlebt und ihr für alle ihre Liebe gedankt. Ich habe das Gefühl, daß sie meinen Dank noch gehört hat. Ich brauche keinen Trost, Herr Moreno.
MORENO: *nach längerem Schweigen* Wenn es auch ein trauriger Anlaß war, der Sie zurückgeführt hat, bin ich doch froh, daß Sie gekommen sind. Ich werde in dieser tödlichen Einsamkeit eine vertraute Seele haben -
CAPABLANCA: Das wird leider nicht möglich sein.
MORENO: Sie werden es nicht zu bedauern haben. Ich kann wohl sagen, daß ich einen reichen Schatz an künstlerischer Erfahrung angesammelt habe. Ich werde Sie an ihm teilnehmen lassen. Sie werden sich unter meinen wachsamen Augen zu einem bedeutenden Schriftsteller entwickeln.
CAPABLANCA: Ich könnte mir kein erstrebenswerteres Glück vorstellen, als Ihr Angebot annehmen zu dürfen. Aber ich kann nicht bleiben.
MORENO: Warum nicht? Wenn man Ihnen erlaubt hat, zu kommen, wird man Ihnen nicht verwehren, zu bleiben.
CAPABLANCA: Ich habe mich nicht so entwürdigt, die Unmenschen um Erlaubnis zu bitten. Ich bin ohne ihre Erlaubnis gekommen.
MORENO: *jähe erschreckend* Was? Sie haben es gewagt? Sie wollen doch nicht sagen, daß Sie die Kühnheit hatten, ungesetzlich zu kommen?
CAPABLANCA: Ungesetzlich nur nach der Meinung jener, die alle Gesetze mit Füßen treten. Ich habe, seit ich das Land betrat, überall unverhoffte Helfer gefunden. Ich fühle mich von einem Schutzengel geleitet, den eine höhere Macht dem Kühnen zugesellt. Und ich habe die beglückende Erfahrung gemacht, daß ein unversöhnlicher Haß gegen die Tyrannei in zahllosen Herzen lebt -

MORENO: Ja, ja! Und da kommen Sie zu mir! Hat jemand Sie gesehen, als Sie kamen?
CAPABLANCA: Niemand hat mich gesehen. Vielmehr niemand hat mich bemerkt oder gar erkannt. Es ist, als schreite ich in einer Tarnkappe einher -
MORENO: Warum sind Sie zu mir gekommen?
CAPABLANCA: Es drängte mich, den Mann wiederzusehen, den ich unter allen lebenden Menschen am tiefsten verehre. Nur das hat mich ursprünglich zu Ihnen geführt. Ich bin beschämt, daß ich jetzt gezwungen bin, eine Bitte an Sie zu richten.
MORENO: Brauchen Sie Geld, um von hier wegzukommen? Das sollen Sie haben.
CAPABLANCA: *schüttelt den Kopf* Es war mit meinen Helfern vereinbart, daß ich noch heute das Land verlasse. Nun habe ich einen Wink bekommen, daß mein Grenzführer beobachtet wird und die Grenze dort, wo ich sie überschritt, scharf bewacht ist. Ich muß mich drei Tage verbergen, bis ein anderer Rückweg gefunden ist. Und ich bitte Sie, mich für diese drei Tage aufzunehmen.
MORENO: *heftig* Hier? Und heut? Haben Sie nicht gehört, daß der Marschall mich heute hier aufsucht?
CAPABLANCA: Ich hätte es nicht gewagt, diese Bitte auszusprechen, wenn Ihre Frau mich nicht dazu ermutigt hätte. Sie glaubt, ich könnte nirgends sicherer sein als in Ihrem Haus. Sie ist überzeugt, daß niemand mich hier suchen wird, gerade weil der Marschall kommt.
MORENO: Meine Frau! Meine Frau glaubt, was sie zu glauben wünscht. Wenn man Sie trotzdem sucht? Wenn man Sie findet?
CAPABLANCA: So werde ich für meine Kühnheit zahlen. Dazu war ich vom ersten Augenblick an bereit, als ich mich zu dieser Reise entschloß.
MORENO: Und wofür werde ich bezahlen?
CAPABLANCA: Sie werden nicht zu zahlen haben -

MORENO: So? Glauben Sie? Wissen Sie nicht, daß derjenige, der einen Verfemten verbirgt, selber verfemt ist und die Strafe des Verfemten erleidet?
CAPABLANCA: Das haben Sie nicht zu fürchten. Sie sind diesen Leuten als ein Aushängeschild viel zu kostbar -
MORENO: *in größter Erregung* Ich habe mich nach schwersten Kämpfen zu dieser Entscheidung durchgerungen! Ich hoffte, endlich Frieden zu finden. Und nun kommen Sie und bringen neuen Unfrieden und stürzen mich in noch schärferen Zwiespalt und reißen mich in Gefahren zurück, die ich überwunden glaubte! Ich will Ihnen gern jede andere Bitte erfüllen. Aber ich kann Sie nicht aufnehmen und verbergen; das müssen Sie begreifen -
CAPABLANCA: Ich begreife. *Nach einer Pause, ruhig* Sie haben sich sehr verändert, Herr Moreno.
MORENO: Ich habe mich nicht verändert. Sie können jedoch nicht verlangen, daß ich mich für Sie aufopfere!
CAPABLANCA: *immer ganz ruhig* Sie haben Ihre Bequemlichkeit und Ihren Ruhm zu sehr geliebt. Es sind nicht leere, bedeutungslose Gesten, die Sie ausführen. Ihre Maske ist zu Ihrem Gesicht geworden. Es tut mir weh, es auszusprechen: Sie sind wie jene andern geworden, die Sie selber hassen und verabscheuen -
MORENO: *nach einigem Schwanken* Gut. Ich will es wagen. Ich werde den Marschall darum bitten, Ihnen Gnade zu schenken.
CAPABLANCA: Ich bin zu stolz, um eine Gnade von diesem Marschall anzunehmen. Wenn Sie jetzt auf Knien darum bäten, würde ich doch keine Minute länger bleiben. Das verhüte Gott, daß ein so unbedeutender Mensch wie ich einen so großen Mann einer Gefahr aussetzte. Oder daß ich Ihrem Wiederaufstieg zum Ruhm im Wege stände. Ich beneide Sie nicht. Was nützt es Ihnen, wenn Sie die Welt gewinnen -
MORENO: Ich bitte Sie dennoch, zu bleiben. Ich will mein Gewissen nicht damit belasten, daß man Sie draußen erkennt und verhaftet.
CAPABLANCA: Ich vertraue auf meinen Schutzengel, der mich bisher geleitet hat. Aber ich gehe von Ihnen mit einem tiefen Schmerz:

ich werde keinen Menschen mehr verehren können. Leben Sie wohl!
Er geht schnell ab.
MORENO: *blickt ihm lange bewegungslos nach, dann murmelt er* Ja, was nützt es mir, wenn ich die Welt gewinne... und Schaden an meiner Seele nehme.
Gabriela tritt ein, in tiefer Erregung.
GABRIELA: Du hast ihn abgewiesen?
MORENO: Im ersten Schrecken -
GABRIELA: *heftig* Das war häßlich! Niedrig und häßlich! Jetzt hast du dich gezeigt, wie du bist: häßlich, häßlich -
MORENO: Ich habe ihn dann gebeten, zu bleiben -
GABRIELA: Nachdem du ihm die Tür gewiesen hattest! Du hast unser ganzes Leben häßlich gemacht! Alles, woran ich glaubte, häßlich gemacht -
MORENO: *mit gesenktem Kopf, leise* Was kann ich tun, um es gut zu machen?
GABRIELA: Nichts! Als du ihn aus dem Hause jagtest, hast du auch mich aus dem Haus gejagt! Ich werde nicht an deiner Seite stehen, wenn du den Marschall empfängst! Ich werde niemals wieder neben dir stehen -
MORENO: *noch leiser* Geh nicht von mir, Gabriela!
GABRIELA: Ich habe es dir vorausgesagt. Wir haben nichts mehr gemeinsam. Wir sind geschieden.
Sie geht schnell ab.
MORENO: *nach längerem Schweigen, murmelnd* Häßlich! Häßlich! Ich bin mir selbst verhaßt. *Nach einer Pause.* Es muß einen Weg geben. *Wieder nach einer Pause:* Das wäre ein Weg...
Ines tritt ein.
INES: Es war wunderbar. Dieser Jubel, mit dem die Massen unsern Marschall begrüßten - *Plötzlich scharf.* Sie haben die Orden noch nicht angelegt!
MORENO: Nein, ich habe sie nicht angelegt.
INES: Legen Sie sie sofort an! Wie es der Befehl ist.

MORENO: Ich bin nicht länger willens, Befehle entgegenzunehmen! Nicht von Ihnen, und von keinem andern. Solang ich Herr in meinem Haus bin, bin ich's, der befiehlt! Noch bin ich Herr über meinen Willen und meine Entschlüsse -
INES: Ich wasche meine Hände in Unschuld. Ich werde mich beim Herrn Gouverneur beschweren, daß Sie sich dem Befehl widersetzten.
MORENO: Beschweren Sie sich und fügen Sie hinzu... Nein, fügen Sie nichts hinzu! Das werde ich selber tun. Gehen Sie jetzt!
INES: Ich bin herbefohlen, um alles zu überwachen. Ich gehe nicht eher, als bis -
MORENO: Ganz recht. So ist es besser. Warten Sie im Arbeitszimmer! Ich werde Ihnen in fünf Minuten sagen, was ich beschlossen habe.
INES: Sie haben jetzt nichts zu beschließen. Sie haben die Anordnungen durchzuführen. Die Zeit drängt.
MORENO: Eben, die Zeit drängt. Rufen Sie meine Frau! Dann warten Sie fünf Minuten! *Ines geht nach kurzem Zögern ab. Er steht ein Weile ohne Regung; dann leise:* Das ist der Weg. *Nach einer Pause, in tiefer Bewegung:* Ich danke dir, mein Gott! Ja, das ist er! *Er ergreift das auf dem Tisch liegende Manuskript und reißt es in Stücke. Gabriela tritt ein.*
GABRIELA: Was hast du mir noch zu sagen? Was du auch sagst, du wirst meinen Entschluß nicht rückgängig machen.
MORENO: Das ist auch nicht meine Absicht. Ich will dir nur sagen, daß auch ich einen Entschluß gefaßt habe. Ich will mich aus der Tiefe erheben, in die ich gestürzt bin. Ich mußte wohl so tief stürzen, um mich wieder erheben zu können. Und ich danke dir, daß du mich die ganze Tiefe meines Falles erkennen ließest.
GABRIELA: Worte! Worte! Du willst mich nur überreden, zu bleiben.
MORENO: Ich will mich zum Geist bekennen, dem ich untreu geworden bin. Mich zu den Gestalten bekennen, die ich gebildet und verleugnet habe. Ohne dieses Bekenntnis wäre alles, was ich

geschaffen habe, ein lästerliches Spiel gewesen. Ich will für meine Werke einstehen -
GABRIELA: Zu spät!
MORENO: Es ist niemals zu spät, zu sich selbst zurückzufinden. Ich bin entschlossen, mich nicht zu unterwerfen. Ich werde den Marschall nicht empfangen.
GABRIELA: Unmöglich! In einer halben Stunde tritt er durch die Tür.
MORENO: Ich lasse ihm sagen, daß ich auf seinen Besuch verzichte. Er wird diese Schwelle nicht überschreiten.
GABRIELA: Unmöglich! Undenkbar! Sie würden dich verhaften und in ein Lager schleppen.
MORENO: Es steht ihnen frei, nach ihrer Lust zu tun. Mir liegt es ob, nach meinem klaren Gefühl zu handeln, was auch mit mir geschieht. Das wollte ich dir noch sagen. Und jetzt geh!
GABRIELA: Und das glaubst du? Das bist du fähig zu glauben?
MORENO: Ich glaube, daß ich die rechte Entscheidung getroffen habe. Ich glaube und weiß es mit innerster Sicherheit, daß keine Gewalt der Erde groß genug ist, um diese Entscheidung umzustürzen.
GABRIELA: Und du glaubst, daß ich dich jetzt verlassen werde?
MORENO: Ich glaube es. Und ich wünsche es. Geh!
GABRIELA: Jetzt, da du in der Wirklichkeit die Kraft und Unbedingtheit gefunden hast, die du in deiner Kunst schon immer besaßest? Und ich dich nicht nur als schaffenden Geist, sondern in deinem vollen Wesen voll und ganz verehren darf?
MORENO: Ich habe die Entscheidung für mich allein getroffen. Du hast kein Recht, dich in sie einzudrängen. Du hast dich von mir geschieden.
GABRIELA: Du weißt nicht, daß ich in diesem Augenblick mich mit dir neu verbunden habe. Mit der gleichen Bereitschaft und bangen Freude, mit der ich als junges Mädchen gelobte, mit dir eins zu sein.
MORENO: Ich nehme dein Gelöbnis nicht an. Ich bitte dich dringend, zu gehen.

GABRIELA: Ich gehe. Ich stelle mich auf den offenen Platz und stoße vor Hunderten Ohren die verletzendsten Schmähungen gegen den Marschall aus. Dann wird auch gegen deinen Willen dein Schicksal das meine sein.

MORENO: Du weißt nicht, was du wählst. Sie werden dich in ein Lager schleppen.

GABRIELA: Ich weiß mit untrüglicher Sicherheit, daß das die rechte Entscheidung ist. Und daß nicht du und keine Gewalt der Erde mich von dieser Entscheidung abzubringen vermag.

MORENO: *nach einer Pause, leise* Du willst es so.

Ines tritt ein.

INES: Die fünf Minuten sind um.

MORENO: Suchen Sie sofort den Gouverneur auf! Sagen Sie ihm in meinem Namen, daß ich den Marschall nicht empfangen kann!

INES: *wie betäubt* Sie... Sie können nicht... Das soll ich sagen?... Daß Sie nicht können?

MORENO: Nicht, daß ich nicht kann. Sondern so, wie es ist. Daß ich andern Sinns geworden bin. Und daß ich den Marschall nicht empfangen will.

INES: Sie müssen verrückt geworden sein. Das kann ich nicht sagen. Das bringe ich nicht über die Lippen.

MORENO: Wie Sie wollen. Dann zwingen Sie mich, die Tür zuzusperren. Wenn der Marschall vorfährt, wird er vor einer versperrten Tür stehen.

INES: Ich werde sagen, daß Sie plötzlich erkrankt sind. Das ist ja auch wahr. Daß Sie es tief bedauern und den Marschall bitten, seinen Besuch zu verschieben.

MORENO: Nein, wortwörtlich so: daß ich es tief bereue, in meine Kapitulation eingewilligt zu haben. Und daß ich mich deshalb weigere, ihn zu empfangen.

INES: Tun Sie es nicht, ich flehe Sie an. Sie kennen nicht den Zorn des Marschalls.

MORENO: Ich kenne ihn. Aber ich fürchte ihn nicht mehr. Gehen Sie! Die Zeit drängt.

INES: *zu Gabriela* Halten Sie ihn davon ab, daß er sich selbst vernichtet, Frau Moreno!
GABRIELA: Im Gegenteil. Sagen Sie dem Gouverneur auch in meinem Namen, daß ich mit meinem Mann eines Sinnes bin. Daß wir beide, er und ich, entschlossen sind, den Marschall abzuweisen.
INES: *stammelnd* Das... kann... ich nicht tun. Das... kann nicht sein.
MORENO: *herrisch* Führen Sie den Auftrag aus! Augenblicklich! Es ist ein Befehl!
Ines zuck bei diesem Wort zusammen, will noch etwas sagen, bringt es nicht hervor und stürzt hinaus. Eine lange Pause.
MORENO: Nun ist es entschieden.
GABRIELA: Ja, unwiderruflich entschieden.
MORENO: Und da es entschieden ist, ist alles gut. Ich war von Zweifeln zerfressen und von Zwiespalt zerrissen; nun bin ich frei. Ich war verloren in eisiger Einsamkeit; jetzt bin ich mit dem Heer der Unterdrückten und Verfemten, mit allen Leidenden und Elenden verbrüdert. Ich bin mit Fabio wiedervereinigt, der mir vorangegangen ist -
GABRIELA: Der arme Fabio! Er wird über dein Schicksal unendlich traurig sein.
MORENO: Er wird über mein Schicksal traurig sein. Aber er wird stolz darüber sein, daß ich dieses Schicksal freiwillig erwählte. Und der Stolz wird die Trauer überwältigen.
GABRIELA: *nach einer längeren Pause* Hast du keine Angst?
MORENO: Gewiß habe ich Angst. Doch es ist eine erwartungsvolle, beinahe eine frohe Angst. Ich werde im Leid eine Welt entdekken, die mir verschlossen war, und wissender, vielleicht reicher werden.
GABRIELA: Fürchtest du nicht, daß du verzagen wirst? Wenn sie dich entwürdigen werden, und quälen und foltern -
MORENO: Ich werde zweifellos verzagen. Dann werde ich mich der jähen, mächtigen Freude erinnern, die mich in dem Augenblick durchflutete, als ich die Entscheidung traf. Diese unerschöpfliche

Freude wird mir die Kraft geben, Entwürdigung und Qualen hinzunehmen.

GABRIELA: Ich glaubte mich stark; nun bin ich schwach. Als hätte ich alle meine Kraft dir abgetreten, und keine sei mir übrig geblieben. Ich fürchte, daß ich verzagen und verzweifeln werde, und meinen Entschluß bereuen, und keine Kraft, keine Kraft -

MORENO: *nach einer Pause, ruhig* Dann... ja dann... nehme ich meinen Entschluß zurück. Ich schicke Luis sofort ab, um dem Gouverneur zu sagen, daß alles ein Irrtum war. Ich hoffe, er kommt noch zurecht. Ich werde den Marschall empfangen.

GABRIELA: *erregt* Das willst du? Auf deine stolzeste Entscheidung verzichten? Aus Liebe zu mir auf sie verzichten?

MORENO: *sehr leise* Ich glaube, daß ich jetzt zur rechten Liebe gekommen bin. Und ich kann sie dir nicht anders beweisen als so.

GABRIELA: Jetzt fühle ich mich wieder stark. Du hast mir jetzt die Kraft gegeben, alles zu ertragen.

MORENO: Ich dir. Du mir. - *Nach einer Pause.* Und noch eine beseligende Hoffnung blüht in mir auf. Daß der Geist, der mich verlassen hat, mich wieder ergreift, wenn ich im Leid seiner würdig geworden bin. Dann werde ich ein gewaltiges Nein herausschreien -

GABRIELA: Mein lieber, alter Freund! Sie werden deine Stimme ersticken.

MORENO: Vielleicht werden sie sie ersticken. Vielleicht aber wird sie verhunderttausendfacht zu einem Orkan anschwellen, der das Reich der Verderber hinwegfegt.

GABRIELA: Möge es so sein! Ja, so wird es sein. *Sie schweigen eine längere Zeit. Gabriela horcht hinaus.* Hörst du? Ein Wagen fährt vor. Ines hat den Auftrag ausgeführt. Es sind die, die uns holen. Sie sind rasch gekommen -

MORENO: Wir erwarten sie.

GABRIELA: Sie treten ins Haus. Sie steigen die Stiege empor. Jetzt sind sie da - *Man hört schwere Schritte, die sich nähern. Die Tür wird aufgerissen.*

MORENO: *in völliger Fassung* Still! Still! Jetzt ist es Frieden.

Israel! Was tun?

I.

Dieser fiktive Brief, welcher mögliche zukünftige Entwicklungen als bereits vergangene Ereignisse schildert, ist bestrebt, die Aufmerksamkeit Israels auf Gefahren zu lenken, die allzu leicht genommen werden und die unter den zahlreichen das Volk bedrohenden Drangsalen dem Verfasser die allerbedrohlichsten zu sein scheinen, nicht heute oder morgen, aber in einigen Jahren oder Jahrzehnten.

Er hat für seine Darstellung die Form eines Briefes gewählt, weil diese ihm gestattet, ein politisches Thema nicht abstrakt, sondern konkret und anschaulich auszudrücken.

„Mein lieber Freund!
Du bittest mich, über die unglückseligen Geschehnisse in Israel und besonders auch über deren in zahlreichen einander widersprechenden Variationen erzählte Vorgeschichte, Dir einen möglichst genauen Bericht zu geben, da Du, in Neuseeland lebend, all dies nur in vagen Umrissen erfuhrst, während ich es in Israel miterlebte und außerdem mit ägyptischen Historikern in dauernder Verbindung stand. Ich will versuchen, deinen Wunsch zu erfüllen.

Es begann mit einem Vortrag, den ein bis dahin kaum bekannter Mann, welcher Ibrahim Ibn Ismail hieß oder vielleicht sich nur so nannte, in einem der größten Säle Kairos hielt. Da die für diesen Abend versandten Einladungen auch die Unterschriften namhafter Politiker und Schriftsteller trugen, war die intellektuelle Elite der Hauptstadt in dem Saal versammelt. Schon der Titel des Vortrags: „Das Arabische Großreich" hatte die Neugier geweckt; denn allen Zuhörern war es bewußt, daß dieser stolze Beiname keinem der heute existierenden arabischen Staaten zukam, und sie waren auf die Ausführungen des Redners gespannt. Dieser gewann, sowie er an das Pult trat, das Interesse und die Gunst der Anwesenden, weil er, im Gegensatz zu den meisten Vortragenden, die durch ihre ernste dunkle Kleidung und ihr feierliches Gebaren die zwischen ihnen und dem Publikum bestehende Kluft erweitern, einen einfachen grauen Straßenanzug trug und ohne das übliche Zeremoniell sofort zu reden begann. Er sprach ruhig und gesammelt, ohne jedes Pathos, in einem schönen Arabisch, das nicht mehr gebräuchlich ist; aber das Publikum fühlte, daß in seinen Worten mitunter eine dunkle Leidenschaft aufstieg, derer er schnell Herr wurde, um wieder gesammelt und ruhig fortzufahren. Gleich im ersten Satz erklärte er, welches arabische Reich er als das „Großreich" bezeichnete, nämlich das nach dem Tode Mohammeds aus blitzhaften Siegeszügen hervorgegangene. Es erstreckte sich vom Tigris bis zu den Pyrenäen; es drängte den einzigen Nebenbuhler, das glanzvolle Byzanz, immer weiter in den Schatten; seine Flotte beherrschte das Mittelmeer; seine Grenzen waren durch mächtige Heere gesichert, die auch den Frieden im Innern verbürgten; in seinen Städten und Häfen blühten Gewerbe und Handel. Diese erst vor kurzem aus ihrem geschichtslosen Dasein ausgebrochenen Wüstensöhne schufen eine neue, ihnen ureigene Kultur, welche bald solche wunderbaren Bauwerke wie die Omaijaden-Moschee in Damaskus und die Omar-Moschee in Jerusalem hervorbrachte.

Die Jahrhunderte überspringend, kam der Vortragende auf die arabischen Staaten zu sprechen, die heute auf dem Gebiete des einstigen Großreiches bestehen, und die verächtliche Ironie war unverkennbar, mit der er sie samt und sonders aufzählte, die großen, kleineren und kleinsten, all die Königreiche, Sultanate, Emirate, Republiken, faschistischen und kommunistischen Diktaturen, die einander haßten und befehdeten. Ihren kulturellen Grad und Wert stellte er mit geradezu mathematischer Präzision fest, indem er als Maßstab den Nobelpreis anlegte, welcher seit fast einem Jahrhundert alljährlich einem bedeutenden Dichter und mehreren erfolgreichen Forschern der verschiedensten Wissensgebiete verliehen wird. Er stellte die herausfordernde Frage, wieviele unter den Hunderten der Preisempfänger Araber gewesen seien, und beantwortete sie nach einer gespannten Pause mit einem eisigen: „Kein einziger". Ungeachtet der Woge des Unmuts, die, wie er sehr wohl bemerkte, ihm aus dem Publikum entgegen schlug, sprach er von einem anderen Volke, das, winzig und weit älter als die Araber, in kleinen Gruppen unter viele Völker zerstreut ist, immer wieder bedroht und vertrieben, und das eigentlich nicht ein Volk genannt werden konnte, da es bis vor kurzem kein eigenes Land, keinen Staat, keine Regierung oder Armee, nicht einmal eine eigene Sprache besessen hatte, sondern nur durch eine gemeinsame Gebetssprache verbunden gewesen war. Nachdem aber vor etwa 150 Jahren die Ghettomauern, hinter denen sie wie Aussätzige lebten, gefallen waren, entwickelte dieses verachtete Volk eine solche Fülle des Geistes, daß es relativ weit mehr Empfänger des Nobelpreises aufwies als alle alten und reichen Kulturvölker. Er übersah es geflissentlich, daß das Publikum, welches natürlich wußte, daß er von den verhaßten Juden sprach, mit unzweideutigen Zeichen des Unwillens nicht geizte, und fragte mit kalter Ironie, welches die Geschenke waren, die die Araber in den letzten Jahrhunderten zum Gemeinwohl der Völkerfamilie beigetragen hätten, welche hinreißende Idee, welches begeisternde Beispiel, und er antwortete mit schneidendem Hohn: „Den internationalen Terrorismus." Er beobachtete unbewegt den Tumult, der im Saale ausbrach. Da die Zuhörer von ihren Sitzen sprangen und leidenschaftlich zu disputieren begannen, hob er plötzlich, die Ruhe gebietend, den rechten Arm, sprach in die eintretende Stille nur: „Denket nach!" und verließ gelassen den Raum, den Widerstreit der Gegner und der Anhänger seiner Anschauungen den lärmend im Saal Zurückbleibenden überlassend.

II.

Die Kunde von diesem ungewöhnlichen Vortrag und dessen unerschrockenem Sprecher verbreitete sich überraschend schnell in der Stadt, nicht nur, weil die Presse entweder heftig ablehnend oder eifrig zustimmend berichtete, sondern auch, weil zahlreiche Hörer, betroffen und in ihren Überzeugungen unsicher geworden, das Bedürfnis fühlten, sich mit ihren Angehörigen und Freunden auszusprechen, und diese wiederum das Bedürfnis, das Gehörte an ihre eigenen Freunde weiterzugeben. Überdies waren alle sich einig, daß der Vortragende, auch wenn er tadelte oder grollte, aus Liebe zu dem Volk gesprochen hatte, und nicht, um Beifall oder einen anderen Vorteil für sich selber einzuheimsen. Als Ibrahim Ibn Ismail nach einiger Zeit einen zweiten Vortrag unter dem aufreizenden Titel: „Arabische Böden - sterbende Böden?" in einem anderen Bezirk der Stadt für andere geladene Gäste ankündigte, die vor allem aus Männern der Wirtschaft, Großgrundbesitzern und Vertretern der Hochfinanz bestanden, war es daher nicht verwunderlich, daß der Zudrang sehr stark war und die Polizei einschreiten mußte, um den Geladenen ihre Sitze zu sichern, und erst später den Nachdrängenden gestattete, den Saal zu betreten und bis zum letzten Winkel zu füllen.

Den Aufbau des Vortrags dem seines ersten angleichend, sprach Ibrahim Ibn Ismail zuerst von den Zuständen, dieses Mal wirtschaftlichen, einer längst dahingegangenen Zeit und später von denen der Gegenwart, um diese mit jenen zu vergleichen. Er erinnerte daran, daß bereits in der Epoche der frühen Pharaonen, die die Pyramiden erbauen ließen, der Wüstenboden Ägyptens nur dort Blüten und Früchte brachte, wo er von dem gesegneten Nilschlamm getränkt wurde, und in der römischen Zeit Mesopotamien, der heutige Irak, die Kornkammer des Weltreiches war. Aber Ägypten war zur Zeit der Pyramidenbauer nicht dicht besiedelt, so daß alle Einwohner nicht nur satt und reich wurden, sondern auch imstande waren, ihre weniger begünstigten Nachbarvölker von der Überfülle ihres Reichtums zu sättigen und diese daher friedlich blieben. Heute ist Ägypten so ungeheuerlich übervölkert, daß viele seiner Einwohner auf den Straßen und auf den Friedhöfen zwischen Gräbern schlafen müssen, und der Ertrag des Bodens hat sich seit der Zeit der großen Pharaonen nur in geringfügigem Maße erhöht (den nicht unerwarteten Zwischenruf: „Und der Staudamm von Assuan!?" wies er mit einem barschen: „Davon später!" zurück) und setzte hinzu: zumal da es noch heute nicht wenige Bauern gibt, die, wie in der Pharaonenzeit, mit einem von ihrem Ochsen gezogenen hölzernen oder eisernen Pflug ihren Acker bestellen. Das einst hoch gepriesene

Mesopotamien ist nach vielhundertjähriger Beherrschung durch die Araber eine trostlose Öde, von Staub- und Sandstürmen durchtobte Steppe geworden, die nur noch zur Wohnstätte für Schakale und Schlangen, aber nicht mehr für Menschen taugt. Der Redner gestand, wie weh es ihm immer um das Herz geworden sei, wenn er im Gespräch mit Europäern und Amerikanern wahrnehmen mußte, daß für sie die Bezeichnung „Arabische Böden" die Bedeutung von „gestorbenen" oder „zum Sterben verurteilten" angenommen habe, und er selber die Erfahrung machen mußte, daß diese Beurteilung nicht völlig unberechtigt sei. Obgleich er den wachsenden Mißmut des Publikums nicht mehr übersehen konnte, ließ er sich nicht davon abhalten, von einem Volke zu reden, welches im Exil unter zahlreiche Nationen verteilt lebt, von den Bürgern der Staaten durch Ghettomauern getrennt, überall gemieden, verhaßt und verfolgt. Als diesen Heimatlosen die Einwanderung in ein kleines Land gestattet wurde, das in grauer Vorzeit ihr Vaterland gewesen war, schuf dieses Volk, das seit 2000 Jahren keine Verbindung mehr mit der lebendigen Erde gehabt hatte, dieses unwirtliche, teils verkarstete, teils versumpfte, malariaverseuchte Gebiet zu einem Lande um, in welchem wieder Milch und Honig fließen, wie es in seinen Heiligen Schriften heißt. Dieses Wunderwerk haben sie dadurch vollbracht, daß zwei Generationen von Pionieren all ihre Körper- und Willenskraft, all ihren Glauben und Idealismus einsetzten, ja viele sogar ihr Leben für die Sache hingaben; aber nicht dadurch sei das Werk geglückt, fuhr er mit erhobener Stimme fort, als das mißfällige Gemurmel des Publikums immer bedrohlicher wurde, nicht dadurch, daß sie sich wie andere von einem fremden Volk Staudämme bauen ließen, von einem gewaltigen grausamen Volk, dessen erklärte Absicht es sei, sich den Erdkreis zu unterwerfen und alle Menschen zu versklaven und so diesem Todfeind die Gelegenheit gab, festen Fuß in ihrem Lande zu fassen, das sie nie wieder verlassen würden, ehe der letzte Bürger zum willenlosen Leibeigenen herabgewürdigt worden sei. Im Publikum, das von den Sitzen sprang, brach ein heilloses Gelärme aus, und Schimpfwörter aller Art prasselten auf den Redner nieder, der sie ruhig und gelassen hinnahm; als ihm aber von allen Seiten „Freund der Juden!" zugerufen wurde, das wohl als das erniedrigendste aller Schimpfwörter galt, nickte er heftig mit dem Kopf, sprach sehr entschieden: „Ahmet sie nach!" und ging weg, von niemandem gefolgt oder aufgehalten.

Obwohl die überwältigende Mehrheit der Zuhörer Ibrahim Ibn Ismail feindselig abgelehnt hatte, gab es hellere Köpfe - und es waren ihrer nicht so wenige, die sich sagten, daß dieser ungewöhnliche Mann unzweifelhaft ein sehr willensstarker, kluger und mutiger Mensch sein müsse -, und sie wünschten, ihn, von dem sie nur wußten, was er selbst erzählte, persönlich kennenzulernen und ihm die Fragen, die sie bedrängten, vorzulegen. Aber als Nachforschungen nach seinem Verbleiben angestellt wurden, konnte nur in Erfahrung gebracht werden, daß der Fremdling die Stadt bereits verlassen hatte, ohne ein Reiseziel anzugeben. Der eine oder andere versuchte, die Spur des Verschwundenen zu erspähen und ihm im geheimen aus der Ferne zu folgen, was durch gewissenhafte Prüfung der Presse und durch Freundesbriefe mühselig gelang. Die Nachforschenden konnten feststellen, daß Ibrahim Ibn Ismail alle arabischen Länder bereiste, in jeder größeren Stadt eine Ansprache hielt - in jeder eine andere -, welche zumeist, wie die in Kairo, abgelehnt wurden, für eine längere Zeit geheimnisvoll verschwand und plötzlich wieder auftauchte, um seine öffentliche Tätigkeit von neuem aufzunehmen.

Inzwischen war die Kenntnis dieses außerordentlichen Mannes in die Kreise des einfachen Volkes gelangt, in denen die Vorstellung von seinem Wesen eine seltsame Transformation erhielt. Man erhoffte und erwartete, daß er gleich einem Zauberer eine gewaltige Veränderung der Verhältnisse zugunsten der Benachteiligten herbeiführen würde. Etwa ein Jahr nach seinem ersten Auftreten in Kairo konnte man sagen, daß er, soweit die arabische Sprache gesprochen wurde, kein Unbekannter mehr war.

Das alles war umso unerklärlicher, als er die Hilfe des Radios und Fernsehens beharrlich zurückwies, und wenn er den Zeitungen erlaubte, über ihn zu schreiben, so nur darum, weil er es nicht verbieten konnte. Da er in jeder Stadt, in welcher er einen Vortrag hielt, zu kurz verweilte, um ein klares Bild seiner Persönlichkeit zurückzulassen, war es der wüst ausschweifenden orientalischen Phantasie unbenommen, die zurückgelassene Skizze zu ergänzen oder auszuschmücken, ja mit Legenden zu umranken, was jeder nach eigener Laune und Vorliebe tat. So erzählte einer einem anderen und bald wußten es Unzählige, Ibrahim Ibn Ismail habe in den meisten Ministerien der arabischen Staaten, sogar bei einigen Potentaten jederzeit freien Zutritt, aber niemals eine Einladung, geschweige denn ein Geschenk angenommen, um sich die uneingeschränkte Freiheit zu bewahren. Oder es vertraute in Alexandrien einer seinem Freunde an, er habe unter dem Siegel der Verschwiegenheit erfahren, daß der Ibrahim besonders zugeneigte König von Marocco diesem ein Privatflugzeug und einen eigenen Piloten angeboten habe, damit er die langen und beschwerlichen Reisen, welche er zum Wohle des Volkes unternehme, schneller und bequemer zurücklegen könnte; er aber habe dankend abgelehnt, mit der Begründung, er wolle es nicht besser haben als der einfache Mann, der in der Sonnenglut der Wüste auf seinen mit vielstündiger Verspätung eintreffenden Autobus warten müsse. Zwei Wochen später sprach man in Aleppo und in Algier schon in aller Öffentlichkeit davon.

Man wußte nichts von seiner Herkunft; jemand erfand, Ibrahim sei ein direkter Nachkomme des Propheten Mohammed, dessen Familie sich unbekannt und unerkannt durch die Jahrhunderte erhalten habe, bis der späte Sprößling es für richtig hielt, aus dem Schatten ans Licht zu treten, und dieses Gerücht setzte sich allgemein durch.

Als besonders erfinderisch erwiesen sich die Frauen, die instinktiv fühlten, daß ihnen in ihm ein Freund und Vorkämpfer erstanden sei. Die meisten von ihnen begriffen zwar nicht, was er unter dem übertriebenen und überalterten Patriarchat verstand, dem er die Schuld an allem Übel in den arabischen Ländern zuschrieb, aber fast alle begriffen sehr wohl das symbolische Bild, welches er von diesem Patriarchat entwarf: einen jungen Araber, der auf dem bequemen Sattel seines Maultieres unter einem breiten Sonnenschirm durch die glühend heiße Wüste einhertrabt und selbstsicher und selbstgefällig mit der Peitsche knallt, und in der ehrerbietigen Entfernung von einigen Metern hinter ihm das arme Arbeitstier, sein Weib, dahintorkelt, einen Säugling in einem Tragsack an der Brust, an der rechten und linken Hand zwei kleine Kinder, die noch nicht recht laufen können, mit sich zerrend, bereits wieder schwanger und auf dem Kopf und den Schultern schwere Lasten schleppend. Die dankbaren Frauen beschenkten Ibrahim in ihrer Vorstellung gutherzig mit einer Frau, die ihn leidenschaftlich liebte, und einer Kinderschar, die ihn in seinen kargen Mußestunden beglückte.

Vor zwei Jahren noch unbekannt, war er jetzt eine Berühmtheit. Sein Name war ein Begriff, ein Omen, ein dunkler Orakelspruch, dessen Entzifferung der Zukunft vorbehalten war. Ibrahim Ibn Ismail war eine Macht geworden.

Einige der Anhänger, die seinen Weg verfolgten, bedauerten es, daß er niemals von den Motiven sprach, die ihn getrieben hatten, dieses schwere Leben auf sich zu nehmen, noch von den Zielen, denen er zustrebte.

Andere Beobachter stellten befremdet fest, daß die im Munde eines heutigen erwachsenen Arabers gebräuchlichsten Wörter, nämlich „Israel" und „PLO" niemals über seine Lippen gekommen waren.

III.

Etwa vier Jahre nachdem Ibrahim Ibn Ismail die ersten Vorträge in Kairo gehalten hatte, richteten die Sendebehörden in sämtlichen arabischen Staaten die Aufforderung an die Bevölkerung, ihre Angehörigen und Freunde, die keinen eigenen Fernseher besaßen, zu einer bestimmten Stunde einzuladen, da die Regierung eine Entscheidung kundmachen werde, die für das Land und für jeden einzelnen von allerhöchster Wichtigkeit sei. Ebenso riefen die Muezzine von ihren Minaretten, durch Lautsprecher krächzend, die Gläubigen auf, nach der Beendigung des Freitag-Gottesdienstes auf den Plätzen vor den Moscheen zu verbleiben, um Zeugen eines festlichen Aktes der Regierung zu sein, welcher dem Volke öffentlich durch das Fernsehen übermittelt würde. Tatsächlich waren um die genannte Zeit die Straßen in den arabischen Ländern menschenleer und viele Wohnungen und die Plätze vor den Moscheen überfüllt.

Als erstes Bild wurde der riesige schwarze Würfel der Kaaba in Mekka gezeigt, des höchsten Heiligtums der Mohammedaner, und deren weit gedehnter Vorplatz, der von einer dichtgedrängten, vieltausendköpfigen Menge gefüllt war. An die Kaaba angelehnt hatte man eine gedeckte, breite, mit kostbaren, farbenprächtigen Teppichen belegte Tribüne errichtet, auf deren Dach die Flaggen aller arabischen Staaten flatterten. Die Zuschauer erblickten eine Versammlung, wie sie zuvor niemals gesehen worden war: die Könige, Emire und die anderen arabischen Potentaten waren friedfertig und heiter vereint, sie saßen in ihren prunkvollen, von Gold und Edelsteinen glitzernden und mit zahlreichen Orden geschmückten Paradeuniformen gekleidet auf breiten, thronartigen Stühlen. Sobald der Berichterstatter einen ihrer Namen nannte, hob dieser die rechte Hand ein wenig, um sich den Zuschauern erkennbar zu machen. Von einer Hintertreppe her erschien ein Mann mittleren Alters, in einem schlichten Straßenanzug, bei dessen Auftreten die Herrscher sich von den Stühlen erhoben, um ihn laut zu begrüßen; sowie sein Name „Ibrahim Ibn Ismail" verkündet wurde, brach die Volksmenge in einen lärmenden, lange anhaltenden Beifall aus. Ibrahim begrüßte die Herrscher durch ein kurzes Kopfnicken und die ihm Zujubelnden durch eine tiefe Verbeugung. Darauf dankte er den Fürstlichkeiten dafür, daß sie ihn erwählt hatten, ihr Bote an das Volk zu sein; zu diesem gewandt, sagte er, er sei beauftragt worden, ihnen eine gewaltige Freude zu bereiten: daß nämlich die „Vereinigten Staaten von Arabien" gegründet worden seien und in diesem Augenblick von ihm der Welt verkündet würden. Er teilte ihnen mit, daß alle arabischen Herrscher einmütig der Bildung dieses neuen Staatenbundes zugestimmt hätten; daß die Einzelstaaten vorerst bestehen blieben, bis nach zehn Jahren die Bürger in geheimen Wahlen darüber entscheiden sollten, ob sie das Weiterbestehen der Teilstaaten wünschten oder es vorzögen, sich der Zentralregierung der Vereinigten Staaten unmittelbar zu unterstellen; daß aber die Einzelstaaten schon jetzt auf die Ausübung gewisser Hoheitsrechte Verzicht leisteten und sämtliche Angelegenheiten der äußeren Politik, der Armee und der Finanzen das ausschließliche Vorrecht der Zentralregierung sei. Darauf trat der König von Saudien, der rangälteste der versammelten Herrscher, zu Ibrahim Ibn Ismail und erklärte den Massen, daß auch er die Ehre habe, dem Volke eine Freude mitzuteilen, daß die Regierung bereits den ersten Präsidenten der „Vereinigten Staaten von Arabien" gewählt habe: der Mann, in dessen Kopf diese glorreiche Idee nicht nur entstanden sei, sondern der auch eine geradezu übermenschliche Kraft eingesetzt habe, um die Idee zur Wirklichkeit zu machen, und ohne den die Araber vielleicht noch ein weiteres Jahrhundert ein zerstückeltes, machtloses, von anderen Nationen gering geschätztes Volk geblieben sein würden; und er umarmte Ibrahim Ibn Ismail im Namen aller, die dem arabischen Volke zugehörten.

Als der ungeheure Jubel verstummte, mit dem auch diese Zeremonie aufgenommen worden war, erklärte Ibrahim, daß er dem Volke das erste Gesetz kundtue, welches die Zentralregierung beschlossen habe und durch welches der abscheuliche Schandfleck, der den arabischen Namen seit Jahrzehnten besudelte, ausgetilgt werden sollte: das Gesetz erkläre die PLO zu einer verbrecherischen Organisation, und jeden ihr Zugehörigen von diesem Augenblick an zu einem strafwürdigen Verbrecher. Allen Mitgliedern der PLO und ihren Anhängern sei befohlen, ihre Waffen, Ausrüstungen und das Propagandamaterial, das sie von der PLO erhalten hatten, binnen einer Woche bei der zuständigen Militärbehörde abzuliefern; bei wem nach diesem Zeitpunkt noch eine Waffe oder ein anderer Gegenstand gefunden würde, der dessen fortdauernde Verbindung mit der PLO bewies, werde vor ein Standgericht gestellt, das nur berechtigt sei, zwei Urteile zu fällen: den Freispruch oder das Todesurteil, das sofort vollzogen werden würde. Als auch diese Erklärung mit nicht enden wollendem Beifall aufgenommen wurde, sah man, zum ersten und einzigen Mal, ein flüchtiges Lächeln über das ernste, ja traurige Gesicht Ibrahims huschen. Er beendete seine Ansprache mit der Ankündigung eines zweitägigen Festes, welches die neue

Regierung dem Volke schenke, damit es dieses mit Freude - und er setzte hinzu: „und mit Würde" - feiern möge; am dritten Tag sei aber jedermann verpflichtet, zur gewohnten Arbeit zurückzukehren, die von nun an strenger und gewissenhafter als bisher sein müsse, damit das arabische Volk endlich den Reichtum und die hohe Zivilisation erlange, in deren Besitz andere Völker durch ihren Fleiß, ihre Gewissenhaftigkeit und Arbeitsmoral gekommen waren. Als Vorbild führte er die Schweizer an.

IV.

Die Nachricht von der Gründung des neuen Staates wurde in allen Ländern der Welt mit größter Überraschung aufgenommen; ob auch mit Zustimmung, Gleichgültigkeit oder Ablehnung, hing von dem politischen Regime ab, das in dem Lande herrschend war. Die Meinung blieb aber unwidersprochen, daß hier eine Macht entstanden war, die schon wegen des Umfangs ihres Territoriums und der Anzahl ihrer Bürger bald den Anspruch erheben würde, zu den Großmächten gezählt zu werden, und deren Mitsprache bei der Entwerfung der Weltpolitik nicht überhört werden dürfte.

In Israel war die Wirkung dieser Nachricht wie die eines schwachen Erdbebens, das zwar keinen unmittelbaren Schaden stiftet, aber ein unübersehbares Warnungszeichen dafür ist, daß die Bewohner der heimgesuchten Landschaft von nun an in einem Erdenwinkel hausten, der von ständiger Gefahr bedroht sein würde.

Die berühmt-berüchtigte israelische Geheimpolizei, welche imstande war, den Ausbruch einer Rebellion in einem mittelamerikanischen Staat ein halbes Jahr früher ziemlich präzise vorauszusagen, war von dem Ereignis ebenso überrumpelt worden wie der Mann auf der Straße. Sie hatte die Beobachtung und Begutachtung der innerarabischen Vorgänge nicht zu ihrem Pflichtkreis gerechnet; unter das Sammelwort „Viel Lärm um nichts" subsumiert, erschienen sie zu unwichtig, um die Aufmerksamkeit einer so ernsthaften Behörde in Anspruch zu nehmen. Sie war natürlich über die Reisen und Vorträge Ibrahim Ibn Ismails unterrichtet, deutete sie aber als die stets erneuten Versuche eines außerordentlich ehrgeizigen Menschen, auf diese ungewöhnliche Weise zu Ansehen zu gelangen.

Der israelische Ministerpräsident, humanistisch und weltoffen, ein nicht unbekannter Schriftsteller, der den Ehrgeiz hatte, als Friedensstifter in die Geschichte einzugehen, neigte dazu, die Bildung eines großarabischen Staates eher günstig als bedrohlich zu beurteilen und wußte auch die anderen Minister davon zu überzeugen, daß es leichter möglich sein würde, mit einer großen Macht zu Verhandlungen und zum Abschluß eines Friedens zu gelangen, als mit vielen kleinen, von denen eine jede Forderungen stellte, die denen aller anderen entgegengesetzt waren. Er bat den Botschafter einer befreundeten Großmacht, seine persönlichen Grüße und warmen Wünsche dem Präsidenten des neuen Staates zu überbringen und vertraulich anzufragen, ob es dessen Regierung genehm sein würde, wenn Israel diese Grüße und Wünsche offiziell ausspräche und den Nachbarstaat einlüde, Friedensverhandlungen zu beginnen. Auf diese Frage erfolgte niemals eine Antwort.

Die eher optimistische Stimmung in Israel wurde getrübt, als einige Tage später bekannt wurde, daß die Kriegsminister der Teilstaaten und die Oberbefehlshaber der Armeen in Damaskus, der Hauptstadt Syriens, des Israel feindseligsten Staates, zu Verhandlungen zusammengetreten waren. Aber der Ministerpräsident Israels äußerte öffentlich, daß dieser Vorgang jeder Gefährdung entbehre, da nach der Vereinigung der Staaten Beratungen über den Zusammenschluß der Armeen nur logisch und natürlich seien.

Größeres Kopfzerbrechen verursachte eine wenige Tage später erfolgte Meldung, daß die arabischen Bürger aufgefordert wurden, wie am Tage der Ausrufung der Vereinigten Staaten von Arabien sich zu einer bestimmten Stunde in den Wohnungen und auf den Moscheeplätzen vor den Fernsehgeräten zu versammeln, um eine bedeutsame Erklärung der Regierung entgegenzunehmen.

Die sich zusammendrängenden arabischen Massen erwarteten auch diesmal, Augenzeugen prunkvoller Festlichkeiten zu werden, umso mehr, als angekündigt worden war, daß die Szene in einem Saal des ehemaligen Königlichen Palastes in Kairo, der provisorischen Hauptstadt des neuen Staates, spielen würde. Sie waren daher zunächst enttäuscht, einen riesigen, nüchternen und schmucklosen Raum zu erblicken, in welchem nur die hohen, bis auf den Fußboden reichenden Fenster an einen Palast erinnern mochten, und welchen der Ansager als den Arbeitsraum des Präsidenten bezeichnete. In dem großen Saal stand eine Menge von Schreibtischen, und in der Tat glaubte man, an einem von ihnen, der sich in nichts von den anderen unterschied, den Präsidenten zu erkennen, wie gewohnt in einem schlichten Straßenanzug, ohne ein Zeichen seiner Würde, unbekümmert um das, was rings um ihn vorging, während an den anderen Schreibtischen seine engsten Berater und Sekretärinnen ihre Arbeit taten.

Als die Uhr elf schlug, stand der Präsident auf und sprach, ohne eine einleitende Erklärung, zum maßlosen Erstaunen der Zuhörer, Israel an, das er mit klaren, kalten Worten aufforderte, mit den Vereinigten Staaten von Arabien sofort Frieden zu schließen. Als die Generalversammlung der UNO, führte er aus, im Jahr 1947 beschlossen hatte, daß auf dem Territorium des von der Mandatsmacht Großbritannien regierten Palästina zwei selbständige, voneinander unabhängige Staaten, ein arabischer und ein jüdischer, entstehen sollten, deren Grenzen auf einer Landkarte genau eingetragen worden waren, hatten die Juden, klug wie immer, die Vorteile dieses Angebots sofort erkannt und es angenommen. Die Araber, unweise und überheblich, hatten es abgelehnt und vorgezogen, mit fünf kriegsausgerüsteten Armeen in Palästina einzurücken, waren aber besiegt worden. Die Israelis hatten bereits in diesem ersten Kriege weite Gebiete gewonnen, die den Arabern zugesprochen worden waren, in mehreren folgenden Kriegen immer neues arabisches Gelände erobert, im Juni-Krieg 1967 sogar ein Land von der Größe des halben Palästina besetzt, in welchem seit der Römerzeit fast keine Juden mehr gelebt hatten. Die Stunde sei nun gekommen, daß die von den Vorfahren begangenen Fehler und Irrtümer von den Enkeln wieder gutgemacht würden, und er erklärte im Namen der Vereinigten Staaten von Arabien, daß diese jetzt bereit seien, den im Jahr 1947 vorgeschlagenen und damals zurückgewiesenen Plan anzunehmen. Ibrahim forderte Israel auf, die eroberten und besetzt gehaltenen, arabischen Gebiete in einem halben Jahr unbeschädigt zu räumen und sich hinter die von der UNO gezeichneten Grenzen zurückzuziehen. Die Araber seien unerschütterlich entschlossen, das ihnen legal zugesprochene Land, ihr Vaterland, judenrein zu machen. Jeder Jude, der nach diesem halben Jahr auf arabischem Boden angetroffen werde, habe sein Schicksal, das sicherlich nicht beneidenswert sein würde, sich selber zuzuschreiben.

Er forderte die israelische Regierung auf, den bereits vorliegenden, genau ausgearbeiteten Friedensvertrag zu unterzeichnen, ohne daß ein Buchstabe daran geändert würde.

Wenn dieser Friedensvertrag nach dem 30. Tag nicht unterschrieben sei, würden die Armeen der Vereinigten Staaten von Arabien den Angriff auf Israel eröffnen.

Hier endet die Vorgeschichte, um deren Nacherzählung Du, mein Freund, mich im besonderen gebeten hast und die in den arabischen Ländern spielt. Die Szene wechselt nun nach Israel hinüber, welches ihr Schauplatz bis zum Schlusse bleibt.

V.

Selten in der Geschichte war eine Regierung vor eine so furchtbare Entscheidung gestellt worden wie die israelische nach der Verkündigung des Ultimatums. Sie hatte zu beschließen, ob ein ganzes Volk in einem heroischen Krieg ausgerottet oder durch eine schimpfliche Kapitulation die Grundlagen des Staates erschüttert werden sollten. Der Ministerpräsident und die anderen Minister sahen mit unbeirrbarer Klarheit, daß Israel einen Krieg gegen eine so überwältigende Übermacht nicht gewinnen könne, es sei denn durch einen Blitzkrieg wie im Jahre 1967. Diese Überzeugung wurde von dem Generalstabschef bestätigt, der nüchtern erklärte, daß Israel den Krieg gegen einen Feind, der ihm an Mannschaft um das Zehnfache, an Waffen und Ausrüstung um das Fünffache überlegen sei, verlieren müsse, zumal da die Araber damit rechnen könnten, Waffen in unbeschränkter Menge von verschiedenen Staaten zu erhalten, während die USA, der einzige Verbündete Israels, vielleicht gezwungen sein würde, nur symbolische Gesten auszuführen. Ein Blitzkrieg wie 1967 sei diesmal unmöglich, weil die feindlichen Armeen bereits voll mobilisiert und bei allen Stäben höchste Alarmbereitschaft angeordnet sei. Die israelische Armee, fügte der Generalstabschef hinzu, würde jedoch unbedingt ihre Pflicht, wenn nötig bis zum letzten Mann, erfüllen.

Die Regierung machte sich auch keine Illusionen darüber, daß ein Rückzug hinter die von der UNO vorgeschlagenen Grenzen eine Sicherung der Existenz des Staates Israel darstellen würde. Die Landkarte, die damals entworfen worden war, wies den Juden außer dem Negev, der in seiner ganzen Länge und Breite eine Wüste war, nur lose Fetzen Landes zu, die zumeist aus volkreichen Städten und deren größerem oder kleinerem Hinterland bestanden und nur durch schmale Landstreifen verbunden waren. Ein so beschaffener Staat würde sofort existenzunfähig werden, wenn die Araber ihre Grenzen gegen ihn abschlössen, was sie zweifellos nach einigen Jahren tun würden, und den von Israel abfliegenden oder Israel anstrebenden Flugzeugen verböten, ihren Luftraum zu durchqueren. Ein solcher

Rückzug würde nicht nur keine Lebenssicherung Israels bedeuten, sondern nur dessen verlängertes, unrühmliches und daher noch grausameres Sterben.

Die Regierung war außerstande, sich zu einem einmütigen Entschluß aufzuschwingen. Sie fand, daß in dieser Frage um das Sein oder Nichtsein des Volkes dieses selber die Entscheidung fällen müsse; sie faßte nur einen einzigen Beschluß: geheime, freie Wahlen über die Annahme oder Ablehnung des Ultimatums auszuschreiben, und setzte den Tag der Wahl auf den dritten Tag vor dem Ablauf des Ultimatums fest. Darauf trat die Regierung zurück, nicht ohne daß der Ministerpräsident sich Kleinmut und Willensschwäche vorwarf, weil er eine Entscheidung, die vom Schicksal *ihm* aufgebürdet worden war, auf andere abwälzte, deren Schultern vielleicht nicht stärker als die seinen waren. Doch fand er Trost in der Vorstellung, daß es ihm nun gegeben sein würde, in ungestörter Ruhe seinen Essay zu beenden, an welchem er schon lange arbeitete und welcher ihm am Herzen lag.

Die neue Regierung wurde bald dessen gewahr, daß sie der Autorität ermangele, ohne welche nicht regiert werden kann. Diese war an eine andere Macht übergegangen, welche sich mit erstaunlicher Schnelligkeit in der kurzen Zwischenzeit gebildet hatte: an die Straße.

Es zeigte sich rasch, daß trotz zweitausendjähriger Verbannung und Verfolgung, trotz Hitlers Mordfabriken, in denen Millionen Menschen zu Asche verbrannt wurden, trotz der wunderbaren Wiederaufrichtung des jüdischen Staates, das jüdische Volk im Grundwesen seines Charakters sich nicht verändert hatte: es war das halsstarrige Volk geblieben, wie die Bibel es nennt.

Gleich nach dem Empfang des Ultimatums entstanden zahlreiche Gruppen und Parteien, von denen jede dessen sicher war, im Alleinbesitz der Wahrheit zu sein, und deren Führer eiferten, zahlreiche Anhänger zu gewinnen, mit deren Hilfe sie hofften, durch einen Regierungssturz zur Herrschaft zu gelangen. Es wurden in geschlossenen Räumen oder spontan auf den Straßen Versammlungen abgehalten und wahre Redeschlachten ausgetragen. Den größten

Zulauf hatten diejenigen Redner, die die extremsten Forderungen stellten, was die späteren nötigte, noch extremere zu erheben, um nicht hinter jenen zurückzubleiben.

Wie in der Zeit vor der Zerstörung des zweiten Tempels, als die römischen Heere Jerusalem bereits umzingelt hatten, die Zeloten es für ihre oberste Pflicht hielten, mit ihren andersdenkenden Mitbürgern abzurechnen, so waren auch die heutigen Zeloten entschlossen, diejenigen ausfindig zu machen und zu bestrafen, die an der unheilvollen Entwicklung die Schuld trügen. Die Schuldigen aufzuspüren bereitete keine Schwierigkeiten: es war die frühere Regierung, die auf die Macht verzichtet hatte.

Der ehemalige Ministerpräsident arbeitete eines Abends an seinem Manuskript, als die Tür des Zimmers aufgerissen wurde, eine bewaffnete Bande eindrang, deren Anführer rief: „Dieser ist es aber sicher!" (aus welchem Ausruf man später schloß, daß kurz vorher ein anderer umgebracht worden war, den man irrtümlicherweise für den Ministerpräsidenten gehalten hatte), und dieser, von mehreren Kugeln getroffen, zu Boden sank.

Der Essay, an dem er arbeitete und den zu Ende zu bringen ihm nun doch nicht gegeben worden war, trug den Titel: „Politik und Ethik". Der Verfasser untersuchte gewissenhaft, ob die bedeutsamen Entscheidungen der Politik in den letzten Jahrhunderten von der Ethik beeinflußt gewesen waren, ob umgekehrt die Politik auf die Ethik eine verändernde Wirkung ausgeübt hatte, oder ob Politik und Ethik ihrem Wesen nach miteinander unvergleichbare Begriffe waren. Er stellte fest, daß die die Welt umgestaltenden Entschlüsse des 20. Jahrhunderts, des wohl unheilvollsten der Menschengeschichte, fast sämtlich durch Besitzgier, Ruhmsucht, Eitelkeit, Neid und Haß motiviert gewesen waren, und machte zwei rühmliche Ausnahmen, bei denen die Beschlußfassenden nicht nur an den eigenen Vorteil gedacht hatten, sondern auch und sogar vorzüglich an das Wohl anderer: den Marshall-Plan, durch welchen die Vereinigten Staaten von Amerika den verbrecherischen Feind Deutschland, der endlich niedergerungen, zerschmettert, in ohnmächtiger Verzweiflung auf dem Boden lag, eine hilfreiche Hand boten, an der er sich aufrichten konnte, um durch redliche Arbeit wieder hochzukommen und sich wert zu erweisen, in den Kreis der zivilisierten Nationen zurückgenommen zu werden. Als das andere Beispiel einer ethischen Politik führte er den Teilungsplan der UNO 1947 an, durch den ein 2000-jähriges Unrecht wieder gutgemacht und ein jüdischer Staat gegründet wurde, in welchem das ewig verfolgte Volk auf eigenem Boden, nach eigenem Willen und Gesetz leben könnte. Auf der letzten Seite des von seinem Blut verschmierten Manuskripts konnte noch ein Satz entziffert werden: „Haben wir es wirklich wieder so weit gebracht, befürchten zu müssen, daß die segensreichen Wirkungen einer hochherzigen Entscheidung vernichtet werden?"

Da die Zeloten sich schon so stark fühlten, daß sie alles, was ihnen beliebte, straflos tun konnten, beschlossen sie ein Schauspiel darzubieten, welches ihnen neue Anhänger massenweise zuführen sollte. In der Frühdämmerung eines Morgens überfiel eine schwer bewaffnete Horde ein in der Nähe von Jerusalem gelegenes arabisches Dorf und machte die schlafende Bevölkerung, Männer, Frauen und Kinder, nieder. In der von Stolz geblähten Mitteilung dieser Heldentat gaben die Eiferer kund, daß es bei Beginn eines Krieges allen auf israelischem Boden befindlichen Arabern ebenso ergehen würde wie diesen Dorfbewohnern.

Die Regierung war außerstande, die Missetäter zur Verantwortung zu ziehen, da sie kein Vertrauen mehr zur Polizei und zu den Gerichten besaß. Die Mitglieder dieser Berufe, wie die fast aller anderen, waren in zahlreiche, einander wüst bekämpfende Parteien gespalten, und die Regierung wußte, daß es unter den Richtern nicht wenige gab, die mit den Terroristen sympathisierten. Sie konnte es nicht riskieren, daß die Verbrecher aus einem Prozeß vielleicht als umjubelte Nationalhelden hervorgingen.

In ihrer Not wandte sich die Regierung an den Generalstabschef mit der Bitte, die Armee möge bis zum Wahltage die Verantwortung für Sicherheit und Gesittung im Lande übernehmen. Er antwortete korrekt, aber wenig tröstlich, die Armee Israels sei geschaffen worden, um das Land und Volk gegen äußere Feinde zu verteidigen, und wenn er von der Regierung den Befehl erhielte, die Araber anzugreifen, würde er ihn augenblicklich ausführen. Dagegen sei es der Armee gesetzlich verboten, Politik zu treiben, geschweige denn, durch ihr Eingreifen innerpolitische Entscheidungen durchzusetzen. Daß das Verbrechen straflos blieb, war für Gleichgesinnte geradezu ein Signal, ähnliche Missetaten zu begehen. In den ersten Wochen waren solche Untaten noch selten und wurden darum entweder mit großem Beifall aufgenommen oder mit heftigem Ungestüm abgelehnt. Auch waren diese schrecklichen Ereignisse auf gewisse Örtlichkeiten beschränkt. Nur wenige Kilometer entfernt nahm das Leben seinen normalen Lauf: es wurde unter dem Baldachin geheiratet, Kinder wurden geboren, Tote begraben; die Landleute brachten frühmorgens ihre Waren auf den Markt, die Mitglieder der Kibbuzim fuhren auf ihre oft recht entlegenen Felder hinaus, in den Fabriken begann und endete die Arbeit zur bestimmten Stunde, die Ärzte behandelten die Kranken in den Spitälern, und wären nicht die Massenmedien gewesen, die fast stündlich neuen Zündstoff für Beängstigungen und Rachegelüste herbeischafften, hätte man fast glauben können, das Land erfreue sich eines ungestörten Friedens.

Ein gleichzeitig an vielen Orten auftauchendes Gerücht erhitzte die im Lande lodernden Leidenschaften bis zur Weißglut. Es war kein leeres Gerücht, sondern allem Anschein nach die übertriebene Wiedergabe einer Tatsache: die arabische Regierung habe beschlossen, Jerusalem, um dessen Wiederbesitz die Juden fast 2000 Jahre gebetet hatten, zur Hauptstadt ihres neuen Staates zu erklären und als erste Regierungshandlung nach der Eroberung der Stadt die Zerstörung der Westmauer des zweiten Tempels zu befehlen, der sogenannten Klagemauer, des einzigen den Juden noch aus ihrer Antike verbliebenen und von ihnen umso mehr geliebten und verehrten Überrestes ihres höchsten Heiligtums.

In der nächsten Nacht gelang es verhetzten Jugendlichen, auf den streng bewachten Tempelberg zu schleichen und die Omar-Moschee in die Luft zu sprengen.

Nichts Schlimmeres hätte der grimmigste Feind Israels zu ersinnen vermocht. Nun war es unbestreitbar, daß die Israelis nicht nur die ewigen Friedensstörer waren und bleiben würden, sondern Millionen und Abermillionen konnten es mit eigenen Augen im Fernsehen feststellen, daß die Israelis eine in die Barbarei zurückgesunkene Nation waren, die sich an den religiösen und kulturellen Heiligtümern anderer Völker frevelhaft vergriff.

Die Gerechtigkeit fordert es, nachdrücklich festzustellen, daß in dieser aus den Fugen geratenen Zeit nicht nur Handlungen des Hasses und der Grausamkeit, sondern in der Stille auch Taten des Mitgefühls und der Hilfsbereitschaft geschahen. Im besonderen waren es Frauen, in deren Herzen Erbarmen und Nächstenliebe ihren dauernden Wohnsitz gefunden hatten.

Wenn bewaffnete Fanatiker sich einem Haus näherten, in welchem sie einen „Volksfeind" zu finden glaubten, stellte sich nicht selten die Frau des Gesuchten, ein Kind im Arm oder an der Hand, in den Rahmen der Tür, hinter welcher sich ihr Mann befand, und rief den Angreifern mit herausfordernder Unerschrockenheit zu, daß sie nur über ihre und ihres Kindes Leiche hinweg das andere Zimmer betreten könnten. Eine solche bedingungslose Selbstpreisgabe machte sogar auf diese Männer, deren Herzen zu Eis geworden waren, einen Eindruck, und sie zogen sich nach einer kurzen Beratung zurück.

Ein junges Ehepaar, welches drei kleine Kinder besaß, nahm zwei zu Waisen gewordene einjährige Zwillinge eines befreundeten Nachbarpaares zu sich, welches zufällig auf der Straße in ein Revolverduell befeindeter Terroristen geraten und umgekommen war, und behandelte die Kinder wie die eigenen, obwohl der Familienernährer sich schon früher schwere Sorgen darüber gemacht hatte, wie er so viele hungrige Münder stopfen könne.

Inzwischen näherte sich unaufhaltsam der gefürchtete Tag der Wahl, für welche die Terroristen umfassende Vorsorge getroffen hatten, um aus ihr als glanzvolle Sieger hervorzugehen. Der Wahlakt spielte sich auf folgende Weise ab: wenn ein Mann oder eine Frau das Wahllokal betrat, erhielt jeder zwei verschiedene Münzen, von denen die helle die Ablehnung des von den Arabern entworfenen Friedensvertrages symbolisierte, die andere, die dunkle, dessen

Annahme. In einem anstoßenden Zimmer, welches jeder Wähler einzeln betreten sollte, stand auf dem Tisch eine geschlossene Urne, in welche der Wähler die Münze warf, für die er sich entschieden hatte, während die verschmähte in einen auf dem Boden stehenden Eimer wanderte. Nun hatten die Terroristen, teils durch Drohungen, teils unter Anwendung von Gewalt, es durchgesetzt, daß die Kommissionen, welche für die Gesetzmäßigkeit und Ordnung bei den Wahlen verantwortlich waren, aus ihren getreuesten und verläßlichsten Anhängern bestanden. Wenn ein Wähler die Münzen erhalten hatte, gesellte sich ihm ein Mitglied der Kommission unter irgendeinem Vorwand zu und begleitete ihn in das andere Zimmer, wo er ihm unmißverständlich deutlich machte, welche Münze er in die Urne zu werfen habe. Da dieses Verfahren aber zu umständlich und zeitraubend war, ging man nach bereits vorgesehenem Plan zu einer anderen Praxis über: man drückte dem Wähler gleich zwei helle Münzen in die Hand, so daß er der Qual der Wahl enthoben war und außerdem dem Sympathisanten die Möglichkeit geboten wurde, gleich zwei ablehnende Münzen in die Urne zu werfen. Als ein Mutiger, der aus freien Stücken für die Ablehnung gestimmt haben würde, den Schwindel durchschaute und empört auch die dunkle Münze forderte, händigte man ihm unter Entschuldigungen eine aus. Sowie er aber nach vollzogener Wahl dem Ausgang zuschritt, wurde er von zwei Kugeln getroffen und fiel tot zusammen, ohne daß je festgestellt oder auch nur nachgeforscht worden wäre, wessen Finger den Revolver abgedrückt hatte. Da sich die Kunde von diesem Vorfall mit Windeseile in der Stadt verbreitete und es klar geworden war, daß hier nicht geheime und freie Wahlen vorgenommen wurden, sondern befohlene und überwachte, zogen es viele vor, zu Hause zu bleiben, und die Wahllokale waren daraufhin fast leer. Um die Säumigen zur Erfüllung ihrer Pflicht zu bringen, wurden dazu bereitstehende, schon vorher darauf gedrillte Jugendliche ausgesandt, die in die Wohnungen eindrangen, alle, die sie vorfanden, auch Greise und Kranke, in Lastwagen zusammengepfercht in die Wahllokale beförderten, die plötzlich wieder voll waren. Die Auszählung der Stimmen erforderte keine lange Zeit, da es nur sehr wenige schwarze Münzen gab, die aus den geöffneten Urnen rollten. So konnte die Zentralkommission noch vor Mitternacht triumphal verkünden, daß 97% aller Stimmberechtigten ihrer Wahlpflicht genügt und 99% von diesen für die Verwerfung des Ultimatums gestimmt hatten. Ein Ergebnis, welches den mit der Handhabung dieser Wahl Vertrauten nicht einmal gefälscht zu sein schien.

Am nächsten Morgen erklärte die israelische Regierung, in welche inzwischen Vertreter der extremen Nationalisten aufgenommen worden waren, das israelische Volk habe am Vortag seine Würde und Reife bewiesen, indem es das schmachvolle Ultimatum fast einhellig abgelehnt habe; die Regierung erwarte, daß es nun zu einer bewaffneten Auseinandersetzung zwischen Israel und Arabien kommen werde; doch wolle sie vorerst jede kriegerische Aktion vermeiden und die Haltung des Gegners abwarten. Dagegen halte sie es für ihre Pflicht, jetzt schon den Feind wissen zu lassen, daß die israelische Armee eine genügende Anzahl von Atombomben besitze und den Befehl habe, sobald der erste feindliche Soldat israelischen Boden betrete oder das erste feindliche Flugzeug den israelischen Luftraum verletze, durch diese ferngesteuerten Atombomben die Hauptstädte aller arabischen Teilstaaten in Schutt und Asche zu verwandeln.

Zum großen Erstaunen Israels und der Welt antwortete die arabische Regierung zwei Tage lang nicht, und es erfolgte auch keine feindliche Handlung. Am dritten Tag jedoch veröffentlichte die Sowjetregierung eine Note, in der sie ihr Bedauern darüber aussprach, daß im Nahen Osten der Ausbruch eines Krieges drohe, und ihre Absicht, strenge Neutralität zu wahren. Aber ebenso sei sie entschlossen, jene Nation, welche als erste in diesem Krieg zur Atombombe greife, zum Todfeind der Menschheit zu erklären und die geballte Wucht der russischen Atommacht einzusetzen, um dieses verbrecherische Volk für alle Ewigkeit von der Oberfläche der Erde auszutilgen.

Darauf blieb den Vereinigten Staaten von Amerika nichts anderes übrig, als ebenfalls ihr Bedauern über die Gefahr eines Kriegsausbruchs und ihren Willen zur Neutralität zu bekunden. In einer geheimen Botschaft entschuldigten sie sich bei Israel, daß sie ihm keine Hilfe anbieten könnten, ohne den Haß und den Abscheu aller Völker auf sich zu lenken.

Was daraufhin geschah, gehört der Weltgeschichte an. Es wurde mit unzähligen Einzelheiten in allen Ländern berichtet, und ich darf annehmen, daß Du, mein lieber Freund, es auch in Neuseeland erfahren hast. Du wirst es mir daher erlassen, den grausamen Schmerz, den das Erlebte mir schuf, durch dessen getreue Wiedererzählung zu erneuern.

Es grüßt Dich
Dein Freund.."

Dieser fiktive Brief maßt sich nicht im geringsten an, eine Prophezeiung zu enthalten. Sein Inhalt ist die Frucht des Nachdenkens eines sehr alt gewordenen Mannes, der die Geschichte seines Jahrhunderts intensiv erlebte, aus ihr lernte und bange Sorge um das Schicksal seines Volkes fühlt.

Israel! Was kannst Du tun, damit die hier vorweg geschilderte unselige Vereinigung aller arabischen Staaten vermieden werde? Und wenn sie unvermeidlich ist, was wirst Du unternehmen oder unterlassen, damit es nicht zu einem neuen Holocaust komme?

Nachwort

„Mag die Entstehung eines Dramas unergründlich und das Werden des Werkes geheimnisvoll sein, so ist der Zweck des Gewordenen unbestreitbar: ein Drama soll aufgeführt werden.
 Hier habe ich nicht viel zu berichten. Die wenigsten meiner zweiundzwanzig Dramen wurden aufgeführt, und selbst die aufgeführten und mit Beifall bedachten wurden (mit wenigen Ausnahmen) nicht von anderen Theatern übernommen, so daß ich von keinem meiner Stücke sagen darf, es sei ein echter Erfolg gewesen.
 Bei einem solchen Resümee liegt die Frage nahe und sie wurde mir auch nicht selten gestellt, warum ich durch Jahrzehnte unentwegt Drama auf Drama türmte, wenn ich es ahnen, ja nach meiner Erfahrung fast wissen mußte, daß sie unaufgeführt bleiben, also ihren Zweck nicht erfüllen würden. Ich kann darauf nur antworten: weil ich von innen her dazu gezwungen war. [...] Die Dramen sind meine Kinder und ich liebe sie als meine Kinder. Ich habe keine anderen."[1]
 Diese Äußerung von Max Zweig aus seiner im hohen Alter von 93 Jahren verfaßten Autobiographie charakterisiert den Autor und sein Leben treffend. Max Zweig ist ein unbekannter bekannter Dramatiker; unbekannt ist er, weil nur sehr wenige seiner Werke an deutschsprachigen Bühnen aufgeführt wurden[2] und weil seine Dra-

---

[1] Max Zweig, Lebenserinnerungen. Gerlingen 1987, S. 216f.
[2] „Ragen" wurde 1924 in Mannheim und Koblenz aufgeführt. „Der Generalsekretär" wurde 1957 in Berlin aufgeführt, jedoch nicht von einem der großen Theater. „Pia Cameron" wurde 1960 in Wuppertal und 1964 in Wien inszeniert. „Saul" wurde 1962 am Schloßtheater in Celle gespielt. 1963 wurde „Franziskus" bei den Bregenzer Festspielen anläßlich der Preisverleihung an Zweig aufgeführt. Es folgten Aufführungen im Burgtheater 1963, in Wien und Krems 1982 und in Wien/Hütteldorf in einer Kirche 1991. „Ghetto Warschau" wurde 1993 in Stuttgart auf die Bühne gebracht und im selben Jahr von einem Laien-Tourneetheater aus Köln. In hebräischer Übersetzung wurden 1938 „Die Marranen", 1940 „1933", 1942 „Morituri", 1946 „Davidia" und 1949 „Saul" aufgeführt; „Davidia" wurde 1947 in Paris, 1948 in New York und 1949 in Buenos Aires aufgeführt, meist von jüdischen Laientruppen; 1949 gab es eine finnische Aufführung von „Ghetto Warschau".

men auch in gedruckter Form bislang kaum eine Öffentlichkeit gefunden haben[3]; bekannt ist der Autor jedoch sehr wohl, schließlich erwähnt zum Beispiel der mit ihm befreundete Max Brod ihn in seinen Schriften, ebenso wie der Freund Ralph Giordano dies tut, und auch von wissenschaftlicher Seite ist bereits einiges für Zweig und sein Werk getan worden.[4]

Max Zweig wurde am 22. Juni 1892 im mährischen Proßnitz, welches zur Habsburger Monarchie gehörte, als Sohn des deutschsprachigen jüdischen Rechtsanwaltes Gustav Zweig geboren. Ab 1902 besuchte Zweig das deutsche Gymnasium in Olmütz. In dieser Zeit entstand auch seine Liebe zum Drama. Um jede freie Minute im Theater verbringen zu können, schloß Zweig mit seinen Eltern

---

[3] „Ragen" erschien 1925 in einem Berliner Verlag; 1938 veröffentlichte Zweig „Die Marranen" im Selbstverlag. Die Dramenausgabe des Ernst-Deutsch-Verlages stand unter einem unglücklichen Stern: nachdem 1961 ein Band mit „Pia Cameron", „Franziskus", „Saul", „Tolstois Flucht" und „Ghetto Warschau" erschienen war, folgte 1963 Band zwei mit „Die Marranen", „Die deutsche Bartholomäusnacht", „Aufruhr des Herzens", „Der Abgrund" und „Morituri". Bevor das Projekt jedoch fortgesetzt werden konnte, geriet der Verlag in Zahlungsschwierigkeiten, die Bücher wurden nicht mehr verkauft. Freunde Zweigs vervielfältigten fotomechanisch die übrigen der zweiundzwanzig Dramen Zweigs in den Jahren 1976 und 1979 in drei Bänden; diese Bände waren jedoch nie für den Verkauf bestimmt und gelangten nur über Beziehungen in einige Bibliotheken. 1984 veröffentlichte der Universitätsverlag Wagner in Innsbruck unter dem Titel „Die Liebe in uns vergrößern" drei Dramen Zweigs („Tolstois Gefangenschaft und Flucht", „Pia Cameron" und „Franziskus"). „Die deutsche Bartholomäusnacht" erschien bei scaneg in München 1989.

[4] Hg. Eva Reichmann, Max Zweig, Kritische Betrachtungen, St. Ingbert 1995. Armin A. Wallas, Humanismus nach Auschwitz. Zum 100. Geburtstag des Dramatikers Max Zweig. In: Mnemosyne. ZEIT-Schrift für Geisteswissenschaften Heft 13, 1992, S. 6-9. Ders.: „Sie starben im Nirgendwo." Ein Drama des jüdischen Widerstands: „Ghetto Warschau" von Max Zweig. In: Sprachkunst 21, 1990, S. 251-283. Ders.: Ein jüdischer Dramatiker im Exil: Max Zweig. In: Das jüdische Echo 39, 1990, S. 159-164. Norbert Fürst, Das Dramenwerk Max Zweigs. Klagenfurt 1986. Auf die Nennung der zahlreichen Beiträge in von Freunden Zweigs veröffentlichten Bänden, welche nicht im Buchhandel erschienen, sei hier verzichtet.

den Handel ab, bei guten schulischen Leistungen die Ferien bei Verwandten in Wien verbringen zu dürfen - um dort ins Theater gehen zu können.

Der Wunsch des Sohnes, Dramatiker werden zu wollen, war Gustav Zweig nicht ganz geheuer; er nötigte Max dazu, erst einmal ein Studium zu absolvieren, mit dessen Hilfe er - falls es mit der dramatischen Kunst nicht klappte - später überleben könnte; für Max Zweig wurde das Jura-Studium zur Qual, er hatte den Kopf nicht frei fürs Schreiben. In dieser Zeit entstanden keine Dramen, sondern Gedichte und Novellen, deren Wert der Autor selbst aber nicht sehr hoch einschätzte: er fühlte sich als Dramatiker, die Gedichte und Novellen waren nicht wichtig für ihn. Stefan Zweig, der Cousin von Max, urteilte über diese frühen Werke: „Zweifellos eine starke Begabung, aber eine unzeitgemäße; er wird es im Leben sehr schwer haben."[5]

Der Erste Weltkrieg brachte einen weiteren Einschnitt; obwohl Max Zweig nicht an die vorderste Front mußte, sondern seinen Dienst im Hinterland in einem Spital absolvieren konnte, verlor er kostbare Jahre, in denen er nicht schreiben konnte. 1920 zog er nach Berlin. Diesen ungünstigen Umständen schrieb Zweig es zu, daß er erst sehr spät, mit über 30 Jahren und nach einem langen inneren Kampf, sein erstes Drama „Ragen" fertigstellen konnte. Dieses erste Drama war zugleich Zweigs erster Erfolg: es wurde am Nationaltheater in Mannheim und später in Koblenz aufgeführt. Zweig benötigte jedoch weitere 5 Jahre, bis sein nächstes Drama „Elimelech und die Jünger" fertiggestellt war. Paul Ernst, welcher Zweigs bisherige Arbeiten sehr schätzte, stand ihm mit Rat und Tat zur Seite. Dennoch gab es keine Aufführung des Stückes. 1931 war die Schreibblockade überwunden, Zweig verfaßte durchschnittlich alle eineinhalb Jahre ein Drama bis zum Jahr 1960; 1965 folgte als letztes Drama „Die Entscheidung Lorenzo Morenos".

1932 heiratete Zweig Grete Löhr, welche später aus Widerstand gegen Hitler den jüdischen Glauben annahm. 1934 mußte Zweig aus

---

[5] Zweig, Lebenserinnerungen, (Anm. 1), S. 62.

Sicherheitsgründen Berlin verlassen, er zog mit seiner Frau zurück nach Proßnitz. Doch auch dort wurde die Situation 1938 für den jüdischen Dramatiker bedrohlich. Zweig wollte nicht ins Exil; doch konnte Grete ihn überreden, die Einladung eines Freundes anzunehmen: Zweig reiste - mit der Absicht, nach nur wenigen Wochen zurückzukehren - nach Palästina, um der Aufführung des ins Hebräische übersetzten Stückes „Die Marranen" durch das Theater Habimah in Tel Aviv beizuwohnen. Israel wurde seine Heimat. Vier weitere seiner Stücke wurden in hebräischer Übersetzung aufgeführt. Doch Zweig lebte bis zu seinem Tod in der deutschen Sprache. Nachdem er so mühsam um seine Fähigkeit zu schreiben hatte ringen müssen, war er in der Angst, diese Fähigkeit wieder zu verlieren, wenn er es zuließe, in einer anderen Sprache als der deutschen zu leben. Der deutschen Sprache allein fühlte er sich verbunden, aufgrund der Werke deutscher Dichter, die er sehr verehrte.

Zweigs weiteres Schicksal als Dramatiker war durch seine Entscheidung, in Israel als deutschsprachiger Schriftsteller zu leben, vorgezeichnet: er hatte kaum mehr Möglichkeiten, im Inland oder im deutschsprachigen Ausland bekanntzuwerden. Zudem war er nicht der Mensch gewesen, der mit der Ware „Drama" im Korb hausieren gegangen wäre. Zweig lebte jahrzehntelang unter ärmlichsten Verhältnissen mit dem Wittgenstein-Spezialisten Paul Engelmann in einer Dachkammer in Tel Aviv, auf etwa acht Quadratmetern.

In späten Jahren lernte Zweig die Schweizer Harfenistin Wilhelmine Bucherer kennen, die sich über sein Werk in den Dramatiker verliebt hatte. Sie war wegen Zweig nach Israel gegangen, um bei ihm sein zu können, wenn er einmal ihrer Hilfe bedürfe. 1978 zog er zu ihr nach Jerusalem, nach dem Tod von Grete wurde Wilhelmine, wenige Jahre vor Max' Tod, seine Frau. Wilhelmine Bucherer kümmerte sich hingebungsvoll um Zweig und seine Dramen; sie führte, als sein Augenlicht schwächer wurde, seinen Schriftverkehr und unterstützte ihn bei seinen sehr späten Werken: 1985 begann Zweig mit dem Aufschreiben seiner „Lebenserinnerungen"; 1988 verfaßte er den in diesem Band zum erstenmal veröffentlichten fiktiven Brief „Israel! Was tun?" und 1989 den sehr umfangreichen Essay „Religion und Konfession".[6] Zweig starb Anfang 1992 an den gesundheitlichen Folgen des schweren Wintereinbruchs in Jerusalem.

Max Zweig sprach von sich selbst nicht als Verfasser von Theaterstücken, er bezeichnete sich als Dramatiker. Er schrieb also nicht unbedingt Stücke für ein Theater, er verfaßte Dramen, die auch - oder vor allem - gelesen werden sollen. Das Theater, das er verehrte und liebte, war das, was er am Wiener Burgtheater noch während der Zeit der Monarchie kennengelernt hatte: eine hohe Kunst der Sprache und der Form. Strömungen in der Literatur, wie zum Beispiel den Expressionismus, lehnte Zweig ab. Für ihn mußte ein Drama eine klare architektonische Form haben; auch inhaltlich ist seine Einstellung eigentlich als konservativ zu bezeichnen - was nicht im Widerspruch dazu steht, daß er, was die Aktualität der Themenwahl angeht, seiner Zeit oft voraus war. So schrieb er bereits 1934 ein Drama mit dem Titel „1933", in dem mit ungeheurer Schärfe die Entstehungsgründe für das Hitlerregime gezeichnet werden. Und auch die Darstellungen von totalitären Regimen - ob nun die kommunistische Regierung der Tschechoslowakei in „Medea in Prag" 1949, das totalitäre Regime eines Ostblockstaates (Zweig nennt den fiktiven Schauplatz „Danubien") in „Der Generalsekretär" 1955 oder eine lateinamerikanische Diktatur in „Die Entscheidung Lorenzo Morenos" 1965 - sind treffend und aktuell, und Zweig ahnt meist politische Veränderungen voraus, die später tatsächlich in ähnlicher Weise stattgefunden haben. Zweigs 1947 entstandenes Stück „Ghetto Warschau" ist die erste dramatische Reaktion auf den Ghettoaufstand.

Dennoch fehlt sehr vielen Dramen etwas, was sie für eine heutige Bühne und für unser heutiges Verständnis von Schauspielkunst

---

[6] In: Mnemosyne-Schriften, Band 2, Klagenfurt 1991.

aufführbar machen würde.[7] Für einen Theaterdichter ist ein enger Kontakt mit der Bühnenwirklichkeit unerläßlich für die praktische Gestaltung seiner Themen. Dieser praktische Kontakt, zum Beispiel Gespräche mit Regisseuren oder Schauspielern über deren Arbeit und deren Herangehensweise an eine Aufführung, fehlte Zweig. Zum einen, weil im deutschsprachigen Raum in der Anfangszeit seines Schaffens nur ein Drama aufgeführt worden war; zum anderen, weil Zweig sich um diese Kontakte selbst auch nicht gekümmert hat, sondern sich als sprachlicher Gestalter von Menschen empfand. Für die Bühnenwirksamkeit der Dramen ist dies mit Sicherheit ein Nachteil; allerdings macht dies Zweigs Dramen so ungeheuer leicht lesbar. Die Figuren sprechen offen über ihre innersten Gefühle und Beweggründe; ein Leser kann sehr leicht nachvollziehen, was in diesen Menschen vorgeht; einem Schauspieler bleibt leider sehr wenig, was er dramatisch gestalten könnte. Die Praxisferne Zweigs zeigt sich auch in seinen Bühnenanweisungen: Bewegung auf der Bühne besteht für ihn fast ausschließlich darin, daß Figuren auf und ab gehen. Wesentlich differenzierter sind seine Angaben, wie einzelne Textstellen gesprochen werden sollen, vor allem, wo und wann nicht gesprochen werden soll; dies ist von ihm teilweise so weit ins kleinste Detail geregelt worden, daß es auch bei einer Lektüre als störend, weil regulierend wirken kann.

Einzigartig sind seine Dramen vor allem, weil Zweig unerschütterlich an die Möglichkeit glaubt, daß der Mensch eindeutige und moralisch verantwortbare Entscheidungen treffen kann und muß. Dies thematisiert Zweig in fast jedem seiner Stücke: er zeigt uns Menschen, die darum kämpfen, eigenverantwortlich und gut zu sein, die Entscheidungen treffen müssen, die für sie selbst die einzig moralisch vertretbaren sind - auch wenn sie dadurch ihr Leben aufs Spiel setzen. Bei Zweig stehen die Ideale noch weit über praktischen Zwängen, nie jedoch ist Zweig schulmeisterlich oder hebt den mora-

---

[7] Vgl. hierzu Thomas Hölzl, Theater findet nur heute statt. Anmerkungen zu Max Zweig aus der Theaterpraxis. In: Max Zweig, Kritische Betrachtungen, (Anm. 4), S. 263-280.

lischen Zeigefinger: er will nicht belehren, er zeigt uns das Ringen der Figuren um ihre Entscheidung, er setzt Vorbilder - doch er urteilt oder verurteilt nie.

Die Entscheidung, eine Auswahl aus Zweigs Werk für einen Band zusammenzustellen, ist nicht gerade einfach. Es lassen sich verschiedene Stücke zu unterschiedlichen Themenkreisen zusammenfassen, doch: womit den Anfang machen? In diesem Band ist die Entscheidung auf drei Dramen gefallen, die thematisch nicht unbedingt miteinander in Beziehung stehen; des weiteren Zweigs fiktiver Brief „Israel! Was tun?" in der Hoffnung, daß der Autor diesmal nicht wieder zukünftige Entwicklungen vorausgeahnt haben möge.

Zu diesem fiktiven Brief schreibt Zweig am 5.11.1989: „Eine Bedrohung der Existenz Israels erblicke ich nicht in einer noch so massiven Stärkung der PLO als vielmehr in der Gefahr, daß die 30 arabischen Staaten eines Tages ihre erbärmlichen Zänkereien begraben und ein Bündnis zur Niederwerfung Israels schließen.

Vor einiger Zeit verfaßte ich eine nicht für die Öffentlichkeit bestimmte Schrift, in welcher ich diese Befürchtungen ausdrückte. In einem ausführlichen fiktiven Brief, der die möglichen zukünftigen Geschehnisse als bereits vollzogene, der Vergangenheit zugehörige Ereignisse darstellt, schildere ich, wie unter Einwirkung einer starken, undurchschaubaren Persönlichkeit charismatischen Wesens die einzelnen arabischen Regierungen dazu bewogen werden, auf einen Teil ihrer souveränen Rechte zu Gunsten einer gemeinsamen Aktion gegen Israel zu verzichten. Dieser Teil des Briefes schließt mit der von Arabern frenetisch begrüßten Verkündung eines an Israel gerichteten Ultimatums, schnellstens zu erklären, daß die Regierung Israels sich verpflichte, alle im ehemaligen englischen Mandatsgebiet Palästina lebenden Juden innerhalb dreier Jahre zur Auswanderung zu bringen, wobei ihnen gestattet würde, ihre bewegliche Habe mitzunehmen, oder es den arabischen Armeen zu überlassen, Palästina „judenrein" zu machen. Im folgenden Teil des Briefes stelle ich die Auswirkung dieses völlig unerwarteten, wie eine Bombe auf

Israel abgefeuerten Ultimatums dar. Es bilden sich sofort Gruppen, Bünde und Parteien, die die allerverschiedensten Überzeugungen hegen, ihre Gegner blutig bekämpfen, die Regierung stürzen und alle Ordnung über den Haufen werfen. Es kommt, wie in der der Zerstörung des zweiten Tempels in Jerusalem vorangegangenen Zeit, zu einer Selbstzerfleischung der Juden, noch ehe die vereinten arabischen Armeen anrücken, um das Vernichtungswerk zu vollenden.

Ich hoffe, daß alle diese Befürchtungen und Voraussagen unbegründet und eitel sind, und daß es Israel gegeben sei, in ungestörtem Frieden zu leben und zu gedeihen."[8]

Für Zweig ist es 1988 vor allem rätselhaft, daß die Sympathien der meisten Menschen auf Seiten der Palästinenser liegen; er versteht nicht, wie die ganze Welt offen ausgesprochene antisemitische Äußerungen der Araber hinnehmen kann - in Zweigs Augen ist Israel der Staat, der den Frieden will, was von den Arabern verhindert wird. Zweig ist jedoch nicht blind für die Situation im eigenen Land und bekennt, daß er auch mit den Maßnahmen der israelischen Regierung nicht einverstanden ist.[9] In diesem fiktiven Brief will Zweig warnen, vor etwas, das passieren kann, in der Hoffnung, daß beide Seiten - die Araber und die Israelis - imstande sein werden, das Inferno zu verhindern. Gerade in Anbetracht der heutigen politischen Lage ist dieser Essay ungeheuer aktuell.

Das Drama „Der Abgrund" - bis zum heutigen Tag nicht aufgeführt - entstand 1938. Den ersten Akt hatte Zweig noch in Proßnitz verfaßt, die beiden übrigen Akte entstanden in Tel Aviv. Zweig selbst bezeichnet das Stück als „psychologisches, bürgerliches Drama". Das Thema ist auch in heutiger Zeit hochaktuell: das Stück kann durchaus im Rahmen der Diskussion über das Für und Wider aktiver Sterbehilfe aufgeführt werden. Für Zweig steht jedoch wieder der einzelne Mensch und seine moralisch verantwortbaren Entscheidungen im Mittelpunkt. Cäcilie Ackermann, die an einer

---

[8] In: Mnemosyne-Schriften Band 2, (Anm. 6), S. 63f.
[9] Zweig in einem Brief an einen Freund, 1988.

unheilbaren aber sehr langwierigen Krankheit leidende Witwe, steht im Zentrum der Tragödie: sie leidet nicht nur unter ihrer Krankheit, sondern auch darunter, daß sie durch diese Krankheit das Leben ihrer Kinder zerstört; sie fühlt sich schuldig, weil sie zu sehr am Leben hängt; zugleich bringt sie aber nicht den Mut zum Selbstmord auf. Die Tochter, welche die Mutter scheinbar hingebungsvoll pflegt, straft sich selbst dafür, daß sie der kranken Mutter den Tod gewünscht hatte, indem sie sich selbst jedes Vergnügen und jedes Leben verbietet. Der Sohn schließlich, der seine wissenschaftliche Karriere opfert, gibt dem Wunsch der Mutter nach einer Überdosis Gift nach; er tötet sie auf ihren ausdrücklichen Wunsch, doch bringt der Tod der Mutter weder ihm noch seiner Schwester die gewünschte Erlösung.

Auch das 1949 entstandene Drama „Medea in Prag" ist unaufgeführt. Zweig selbst liebte es nicht so sehr, da er es nach einer literarischen Figur gebildet hatte, und somit blieb ihm immer das Gefühl, nicht einen eigenständigen, authentischen Menschen geschaffen zu haben. In der Tat erinnert Zweigs Medea teilweise stark an Grillparzers Bearbeitung des Stoffes.[10] Was die Ausführung der in das Prag nach 1945 verlegten Handlung angeht, steht Zweigs Medea Grillparzer wesentlich näher als der Figur des Euripides. Entscheidend ist jedoch, daß Zweig als erster und bislang einziger Dramatiker die Tötung der Kinder durch die Mutter auf eine einleuchtende und nachvollziehbare Weise gestaltet, indem er nicht mehr Rache als Motiv für Medea zugrundelegt: Leila tötet ihre Kinder in einer spontanen Verzweiflungstat, getrieben durch die unmenschlichen Umstände, eine Handlung im Affekt.

Zweig legt teilweise seine eigenen erniedrigenden Erfahrungen zugrunde: als er nach Ende des Zweiten Weltkriegs Proßnitz und die Tschechoslowakei wieder besuchte, um seine Frau und Freunde wiederzusehen, mußte er die sehr schmerzliche Erfahrung machen,

---

[10] Vgl. hierzu Angela Corvasce, Eine emanzipierte Medea. Ein textimmanenter Vergleich zwischen Zweigs „Medea in Prag" und den Bearbeitungen des Medea-Stoffes durch Grillparzer und Euripides. In: Max Zweig, Kritische Betrachtung, (Anm. 4), S. 373-382.

ein völlig verändertes Land, veränderte Menschen und eine unmenschliche Bürokratie, die ihm selbst fast noch zum Verhängnis geworden wäre, vorzufinden. Jedoch hat er in „Medea in Prag" nicht nur ein Zeitstück geschaffen, welches die Zustände im kommunistischen Prag zeigt. Das Drama ist in seiner Thematik vielmehr überzeitlich: Zweig gestaltete ein Stück, welches die sozialen, politischen und individuellen Mechanismen von Fremdenhaß und Nationalismus aufzeigt und zugleich jedes totalitäre Regime kritisiert.[11]

„Die Entscheidung Lorenzo Morenos" entstand 1965 und ist Zweigs letztes, ebenfalls nie aufgeführtes Drama. Obwohl Max Zweig abstritt, daß das Drama autobiographische Züge trägt - er gab an, die Situation von Thomas Mann im Exil vor Augen gehabt zu haben - sind die Zusammenhänge mit Zweigs eigener Person unübersehbar. Wie Zweig will Moreno nicht ins Exil gehen; wie Zweig bezeichnet Moreno sich als jemanden, der unpolitisch ist und seine einzige Lebensaufgabe in der Kunst, im Schreiben sieht. Moreno vertritt dieselben dichterischen und menschlichen Ideale wie Zweig, und selbst die Rolle der Frau für das Leben eines Dichters ist sowohl bei Zweig privat als auch für die Figur Moreno dieselbe.[12] Einige Bemerkungen Zweigs aus den „Lebens-erinnerungen" finden sich fast wörtlich im Drama wieder, so zum Beispiel, wenn Moreno dem Gouverneur Navarro sagt, daß er auch schreiben würde, wenn er auf einer einsamen Insel leben würde, ohne die Gewißheit, daß jemals jemand die Dramen zu sehen bekäme. In den „Lebenserinnerungen" heißt es: „Ich darf mit einiger Sicherheit von mir sagen, daß ich, wenn ich einsam, aber mit Papier und Bleistift versehen, auf einer Insel, wie Salsa y Gomez, ausgesetzt worden wäre, ich auch dann Dramen (freilich anderer Art) geschrieben haben würde, unge-

---

[11] Vgl. hierzu Eva Reichmann, Ein brisantes Stück über Fremdenfeindlichkeit und Nationalismus: Zweigs „Medea in Prag". In: Max Zweig, Kritische Betrachtungen, (Anm. 4), S. 295-310.

[12] Vgl. hierzu Margret Abraham, Max Zweigs Drama „Die Entscheidung des Lorenzo Moreno", in: Max Zweig, Kritische Betrachtungen, (Anm. 4) , S. 310-330.

achtet der Gewißheit, daß kein Menschenauge je das von mir Geschriebene erblicken könnte."[13] Zweigs „Moreno" ist also nicht nur ein Zeitstück, welches die Situation eines Schriftstellers in einer lateinamerikanischen Diktatur schildert; dadurch, daß allzu konkrete politische Anspielungen vermieden werden, ist es auch ein Stück, welches problemlos auf jedes andere totalitäre Regime übertragbar ist. Vor allem aber ist es eine Art Lebensbeichte des Dichters Max Zweig, der sich im nachhinein vielleicht dafür rechtfertigt, selbst nie politisch aktiv gewesen zu sein.

---

[13] Lebenserinnerungen, (Anm. 1), S. 217.

Editorische Notiz

Der Abdruck von **Der Abgrund** in dieser Ausgabe folgt nicht dem Erstdruck von 1963, der im Ernst Deutsch Verlag in Wien erschien, sondern dem Originaltyposkript von Max Zweig. Für den Erstabdruck hatte der Autor auf Wunsch des Verlegers zahlreiche Änderungen vorgenommen, die ihm selbst nicht sehr lieb waren.

Medea in Prag folgt bis auf wenige Änderungen der Fassung, welche von Freunden Zweigs 1979 in dem Band *Der Generalsekretär und andere Dramen* fotomechanisch vervielfältigt wurde, da hier kaum Abweichungen gegenüber dem Originaltyposkript Zweigs vorliegen.

Die Entscheidung Lorenzo Morenos ist identisch mit der Fassung, welche Zweigs Freunde 1976 in dem Band *Die Entscheidung des Lorenzo Moreno und andere Dramen* fotomechanisch vervielfältigten, da keinerlei Abweichungen gegenüber dem Typoskript Zweigs festgestellt werden konnten.

Israel! Was tun? folgt der Kopie, welche Frau Wilhelmine Bucherer-Zweig der Herausgeberin zur Verfügung stellte.

Orthographie und Zeichensetzung wurden, bei Wahrung des Lautstandes, behutsam modernisiert und vereinheitlicht. Schreibeigenheiten des Autors und Besonderheiten, die auf die altösterreichische Schulbildung Zweigs zurückgehen, wurden beibehalten.

Die Folgebände der Max-Zweig-Werkausgabe:

Max Zweig: Dramen 2. Die Dritte-Reich-Dramen.
Igel Verlag 1999, Br. 357 S., 24,00 €, ISBN 978-3-89621-092-0
    enthält: Der Moloch, die deutsche Bartholomäusnacht,
            Ghetto Warschau, Die Verdammten,
            Aufruhr des Herzens

Max Zweig: Dramen 3. Die jüdischen Dramen.
Igel Verlag 1999, Br. 338 S., 24,00 €, ISBN 978-3-89621-093-7.
    enthält: Elimelech und die Jünger, Die Marranen, Davidia, Saul

Max Zweig: Dramen 4: Verstreute Dramen.
Igel Verlag 2000, Br. 295 S., 24,00 €, ISBN 978-3-89621-119-4
    enthält: Morituri, Lilith, Franziskus, Pia Cameron,
            Das Wunder des Hilarius

Max Zweig: Dramen 5: Die politisch-historischen Dramen.
Igel Verlag 2000, Br. 364 S., 24,00 €, ISBN 978-3-89621-120-0
    enthält: Ragen, St. Helena, Rasputin,
            Tolstois Gefangenschaft und Flucht, Der Generalsekretär

Max Zweig: Autobiographisches und verstreute Schriften.
Igel Verlag 2002, Br. 457 S., 24,00 €, ISBN 978-3-89621-155-2
    enthält: Lebenserinnerungen, Baracke 23,
            Novellen, Briefe, Gedichte